Hirai kazuomi
平井一臣

ベ平連とその時代

身ぶりとしての政治

有志舎

ベ平連とその時代

――身ぶりとしての政治――

【目次】

プロローグ　青空の下で

一九六四年一〇月の青空

一九六四年一〇月一〇日。戦後日本の奇跡の復興と成長を世界に誇示するビッグイベント、東京オリンピックの開会式が行われた。会場となった国立競技場は七万人以上の観衆で埋め尽くされていた。

多くの作家が開会式の観客席にいた。少なくない作家たちが言及しているのは、当日の天気だった。「アジアの東　東京の　秋十月の空の色　澄んで青いぞ　抜けるほど」[*1]（堀口大學）、「日本列島は千二百年目の秋晴れ」[*2]（井上靖）、「十月十日は、前日まで天候が気づかわれていたにもかかわらず絶好の秋びよりだった」[*3]（石坂洋次郎）、「日本の秋晴れ。……この日はまことに美しい秋晴れだった」[*4]（石川達三）、「雲ひとつない晴天である。すべてを天候のせいにするわけではないが、もしも雨の日だったら、効果は半減しただろう。晴天を喜ぶ声が場内にみちていた。秋晴れの太陽の下で、選手も八万の大観衆も、色とりどりに咲きみだれているといった感じであった。まず色彩の祭典である」[*5]（亀井勝

写真１　東京オリンピック開会式
国立競技場の大観衆のなかに、小田実や三島由紀夫らの作家たちもいた。

一郎）と、それぞれの趣向を凝らしてこの日の天気を表現した。なかでも三島由紀夫は、「思いつめ、はりつめて、長年これを一つのシコリにして心にかかえ、ついに赤心は天をも動かし、きのうまでの雨天にかわる絶好の秋日和に開会式がひらかれる。[*6]」と感情移入たっぷりに華麗な文章を綴った。確かにこの日の東京は、前日の悪天候が嘘のようにスッキリとした青空におおわれていた。

五輪のなかの戦争の記憶

青空に包まれた国立競技場は、一九五八年に開催されたアジア競技大会のために建設され、さらに東京オリンピックのメイン会場としての機能を果たすべく、観客席が増築されていた。実はこの地にはかつて明治神宮外苑競技場があり、東京オリンピックから遡ることちょうど二一年前、一九四三年一〇月には学徒出陣壮行会が行われた場所だった。歴史を回顧する映像でもしばしば登場する直立不動の東條英機の前を学徒兵たちが行進する雨のなかの壮行会である。開会式の観客席にいた作家の杉本苑子は、二つのシーンを重ね合わせて次のように記した。

「二十年前のやはり十月、同じ競技場に私はいた。女子学生のひとりであった。出征してゆく学徒兵たちを秋雨のグラウンドに立って見送ったのである。場内のもようはまったく変わったが、トラックの大きさは変わらない。位置も二十年前と同じだという。オリンピック開会式の進行とダブって、出陣学徒壮行会の日の記憶が、いやおうなくよみがえってくるのを、私は押えることができなかった[*7]」。

日本の敗戦からまだ二〇年も経っていない時期であるので、杉本のような感慨を抱いた人びとも少なくなかっただろう。もう一つ例をあげておこう。戦前の代々木練兵場、戦後には米軍の住宅施設ワシントンハイツがあった跡地に建てられた選手村を見た際の作家・阿川弘之の印象は次のようなものだった。

「私は実はこの土地には、あまりよくない思い出があって、今から二十四年前、『紀元二千六百年』で、学生服に銃をかつぎ、砂塵の中の大分列行進をやらされたとき、ここは代々木の練兵場であった。そのつぎ、戦後用があって、守衛に怪しい者扱いをされながらはいって来た時は、駐留軍のワシントンハイツであった。そのおもかげは、今はいずれも消えている。これは、少なくとも悪い変わりようではない[*8]」。

実は「オリンピック関連施設の多くが、もともと軍用地・皇室用地だった場所、防空計画によって確保された緑地などに集中していた」[*9]。したがって、「六四年大会というイベントは、東京という都市の形成史から見れば、高度経済成長の成果というよりは、戦前・戦中に用意された軍事・天皇制の空間が解放されて『敗戦の遺産』ないし『平和の財産』となったことで可能になったイベントだった」[*10]とも言える。『敗戦の記憶』の著者・五十嵐惠邦が言うように「オリンピックは新しい始まりを指し示しながらも、戦争と破壊の記憶を同時に呼び起こした」[*11]のである。

よく知られているように、開会式の最終聖火ランナーは、広島出身の若者であり、「原爆の子」と報じられた。「原爆の子」への思いを綴ったのは後のノーベル賞作家・大江健三郎だった。

「かれが聖火の最終ランナーに選ばれたとき、日本在住の米人ジャーナリストは、それが原爆を思いださせて不愉快だといった。そこで、われわれは、あらためて、かれが原爆投下の日、広島で生れた青年であることを意識したのだった。ぼくは、この春、広島で死んだひとりのハイ・ティーンの娘のことを思わずにはいられない。彼女もまた、この青年とほぼおなじ時刻、おなじ広島で生れたのだった。彼女は、おそらくは不思議な死の予感に急がされて早すぎる結婚をし、ひとりの健康な赤んぼうを残して、原爆症で死んだ。ヒロシマの悲惨を背後にひかえて、なお健康にみちあふれた広島生れの青年が、いっさんに聖火台に駆けのぼる光景に、ぼくは感動する。ぼくは愉快だ」[*12]。

ただしかし、聖火ランナーの青年・坂井義則が生まれたのは爆心から離れた三次市であり、「選考は、メディア向けの性格が強かったよう」[*13]だったという。「日本は、戦争の破壊から見事に立ち直った。喪失の記憶と坂井の美しい肉体の結びつきは、この復興のすばらしさを強調した」[*14]というイメージと結びつけられた最終聖火ランナーの演出のなかに大江も取りこまれていたといえよう。

いずれにせよ、東京オリンピックが開催されたこの時期は、「戦後」がひとつの曲がり角にさしかかっていた時期だった。東京オリンピックの翌年、作家の安岡章太郎は、次のように述べている。

「昭和四十年――、これは新たな〝戦後〟のはじまった年かと思われる。もはや〝戦後〟ではないとか、〝戦後〟は終わったとか、これまでに何度も言われてきたが、僕は何か本気に出来ない心持がした。たしかに僕らは、敗戦前後の頃の飢餓状態からはとうの昔に抜け出していた。食糧ばかりではない。革靴は何十年に一足、コウモリ傘は生涯にほぼ一本の配給しかない、そんなことをいわれた物資不足の事態も、いつか嘘のように解消されていた。そういう意味では、〝戦後〟はよほど以前に終りを告げていたにちがいない。だが僕の内部には、敗戦の焼土がそのまま残っており、振り返ると直ぐうしろに荒涼たる廃墟が拡がっている」[*15]。

青空の下で始まった東京オリンピックは、奇跡の成長のなかで大きな変貌を遂げる日本という姿を演出した祭典だった。しかし、一皮むくと、戦争と戦後の混乱の時代に対する人びとの記憶は未だ濃厚に残っていたのである。

身ぶりへのまなざし

満員の国立競技場の三等席から、開会式を見ていた若い作家がいた。この日の晴れ上がった空を、彼は「晴れていた」とタイトルにしてはいるもの、天気そのものについての描写は素っ気ない[*16]。彼にとって最も印象的な青空は、空襲による焼け野原から眺めた敗戦直後の青空だった。「あんなにすみきって高い蒼空を、私はもうずっと見たことがないような気がする。後年になって、ピラミッドのそばであんなふうに高い蒼空を見たことがあるが、そのとき、まっさきに思い出したのは、ふしぎなことに、大阪の焼跡のことだった[*17]。」というほどに、八月一五日の青空は、彼にとって鮮明な記憶として残っていた。

さて、彼の眼は入場行進に向けられるが、三等席の悲しさか、行進は彼の手前で折れ曲がり、彼の眼に映るのは整列した選手たちの背中だった。しかし、好奇心旺盛な彼には、それはそれで興味深い光景に思えた。彼は、その様子を次のように記している。

「まず、どこかの国の女の子が二人、まえのほうからは列のかげにかくれて見えないのをいいことに、芝生にべったりと腰をおろしてしまったことである。彼女らは、ハイヒールをほうり出して、やれやれ、どっこいしょという感じである。

おまけに二人はベチャクチャと喋りあっているように見える。

そのお喋りは、あたりがしずまって、ブランデージ氏の大演説や、天皇の『おことば』などがあったあいだもつづいていたようだったから、みごとなものだ[*18]」。

こうした光景は彼にとって「むしろ救い」だった。続けて彼は次のように言う。

「みんなが歩調をそろえてはいって来て、みんなが列を乱さないで、みんなが国旗に注目し、ナショナリズムに涙を流し、金メダル、金メダルとさわぎ、惨敗、涙、ファイト、根性、気合い……といったことでは、どうにもこうにも首筋がいたくなるというしだいである。

オリンピックとは、つまり世界の運動会であって、それ以外のことではない。

オリンピックは、もともと、気楽なものだ[*19]」。

「国民の祭典」と言われたイベント会場がまさに大きな盛り上がりを示していたその時、それを冷めた眼で見ながら、オリンピックの入場行進という、あらかじめ周到に準備された枠組みからはみ出す人間的な行為、彼はそこに「運動会の気楽さ」を見出している。「国民」という不可視の縛りから自由な、そしてまた規律やしきたりからも解放された自由な身ぶり。オリンピックというビッグイベントのなかにあってさえ、彼はそうした身ぶりに着目した。規律からはみ出した自由な身ぶり。それは、オリンピックの翌年に彼が参加していく新たなタイプの市民運動のなかで追求しようとしたものだった。

この若い作家の名前は小田実。本書が扱うべ平連[※]の「代表」を務めた人物である。東京オリンピックが終わった半年後にべ平連は発足するが、オリンピック会場にいた小田自身は、そのような運動に参加することも、ましてや「代表」として運動を牽引していくことになることも、全く予想さえしていなかった。というよりも、当時の日本の社会運動の担い手たちにとって、小田の存在はほとんど関心の対象の外にあった。

※これから詳述するベ平連について、全く知らない読者のために概略を説明しておこう。ベ平連は、一九六五年二月にアメリカが北ベトナム爆撃（北爆）を開始した二カ月後の四月に発足した。正式名称は、当初はベトナムに平和を！市民文化団体連合だったが、一年後にベトナムに平和を！市民連合と改称する。「ベトナムはベトナム人の手に」、「アメリカはベトナムから手をひけ」、「日本政府はベトナム戦争に協力するな」という三つのスローガンを掲げ多様な運動を展開した。東京から始まったベ平連の運動だったが、全国各地に○○ベ平連といった地域ベ平連や大学ベ平連が誕生し、市民運動のネットワークを拡大していった。七三年一月のベトナム和平協定の調印から一年後の七四年一月、東京のベ平連は解散し、それと相前後して各地のベ平連も解散したり自然消滅した。

小田実と三島由紀夫

身ぶりという観点から小田と対照的な眼でオリンピックを見、表現したのが三島由紀夫だった。小田の眼が緊張や秩序から逸脱していく自由な身ぶりに向けられていたのに対して、三島の眼は、緊張の頂点に向かう肉体美に向けられていた。たとえば三島は、体操競技を絢爛な文章で次のように表現している。

「双眼鏡で遠い鉄棒の演技をながめていると、手を逆に持ちかえるときに、掌にいっぱいまぶしたすべりどめの粉がパッと散る。それは人体が描く虚空の花の花粉である。徒手体操では、人体が白い鋏のように大きくひらき、空中から飛んできて、白い蝶みたいに羽根を立てて休み……ともかく、われわれの体が、さびついた蝶番の、少ししか開かないドアならば、体操選手の体は、回転ドアのようなものだ。そして、極度の柔らかさから極度の緊張へ、空虚から突然の充実へ、力は自在に変転して、とどまるところを知らない。もっともバランスと力を要する演技が、もっとも優美な静かな形で示される。そのとき、われわれは肉体というよりも、人間の精神が演じる無上の形を見る」[*20]。

実は、身ぶりに対する三島との違いを小田はかなり意識していた。このことは、次のような小田の発言からうかがうことができる。

「これをもっと文学にひきよせて考えてみると、建設を、それはいったい誰のために、何のために、何をつくっているのかという根本問題をさておいて、とにかく、ダム建設に働く技師の美しい顔を見よ、ということになってしまう。その美だけを捉えようとする。そして、それは実際美しいのだから、成功する確率は大きい。三島さんの文学の特徴的な方法はそれだと思うんですが、彼がオリンピックについて書いた文章を見ているとそのことがよく判ります。他のすべては捨象してたとえば筋肉の美というようなものだけを賛美するんですね」[*21]。

身ぶりを日常へと引きつけて捉える小田。日常から超越する身ぶりに焦点を定める三島。この違いは、二人の作家の六〇年代後半の軌跡を暗示するものだった。べ平連の運動に飛び込んでいった小田は、街頭のデモを歩き、道行く人々にともに歩くよう呼びかける。それは日常と連続したところに成立する市民運動の追求であり実践であった。一方三島は、彼を信奉する若者とともに自衛隊へ体験入隊し、楯の会という擬似軍隊組織を結成し、七〇年一一月に自衛隊に突入し自刃する。[*22]彼を支えていたのは、日常から超越した行動の美学であった。

こうした全く相異なる軌跡をたどった二人の作家ではあるが、二人がこだわったのが人々の日常だったという点では共通していた。ただし、日常とのつながりのなかに自由な身ぶりの可能性を見出そうとした小田に対し、日常への絶望をバネとして、そこから超越する身ぶりの追及に向かったのが三島だった。

東京、ベトナム、大阪

小田に誘われてべ平連の運動に参加し、とくに初期のべ平連運動で活躍した作家も、東京オリンピック開会式の会場で見学していた。一九五八年に「裸の王様」で芥川賞を受賞した開高健である。彼は当時、『週刊朝日』で六三年十月から開始した「ずばり東京」という連載をもっており、そこでオリンピックへと突き進んでいく東京の変貌とそのなかでの人びとの様子を描いていた。東京オリンピックに関する記事は、この評判を得た連載の最後を飾るものだった。開高もまた、オリンピック開会式の空模様を彼らしい軽快なタッチで描いている。

「前夜まで氷雨様のものがしとしとと降りつづけてどうなることかと気づかわれてなりませんでしたが一夜明ければ、嬉しや嬉し、超世の悲願成就、クヮラーンッと晴れわたった秋空は気が遠くなるほどでございます[23]」。

開会式の取材で風邪を引いてしまった開高ではあったが、連載の成功に対して「何かご褒美を」という話しを持ちかけられ、戦乱が続くベトナム取材を申し入れていた[24]。オリンピック開催前から彼の気持はすでにベトナムに向いていたのかもしれない。開会式観戦記の最後に次のような文章が登場するのである。

「近頃会った一人の仏教学生はたった一人で南ヴェトナムの村から村へ托鉢して歩いたといって私をおどろかせた。夜な夜な銃声を聞きつつ眠り、二度ほど命をおとしかけた[25]」。

一〇月下旬、かつての勤務先であったサントリー宣伝部を訪れた開高は、宣伝部の社員たちに「来月、ベトナムに行くのや[26]」と言った。開高が朝日新聞のカメラマン秋元啓一を伴い、当時分断国家として存在していた南ベトナムに出発したのは一一月一五日。戦乱がつづくベトナムで、開高が出会った仏教学生と同様の、あるいはそれ以上の緊迫した戦場のなかに身を置くことになった。秋元によれば、ベトナム行きの企画自体は東京オリンピック前につくられていたものの、「お互い忙しかったせいか、たいした打合せもせずにヴェトナムに向う飛行機のなかでブドー酒で乾杯し、よろしくと挨拶した時から、ほとんど初対面といっていい二人の弥次喜多道中が始まった[27]」のである。開高が現地から送ったルポは『週刊朝日』に掲載され、「『週刊朝日』の多くの企画のなかでも話題を独占[28]」するほど好評を博した。この原稿を、六五年二月二四日に帰国した開高が「箱根に一週間こもって書きなおした[29]」のが『ベトナム戦記』であり、三月に出版されたこの本も話題を集めた。そのわずか一か月後のべ平連の最初の集会で、小田とともに開高もまたマイクを握っていた。

小田、開高とほぼ同世代であり同様に関西出身のＳＦ作家・小松左京（七三年出版の『日本沈没』で知られる）も、べ平連の運動に参加した。最初の集会とデモには参加しなかったものの、翌年開催された日米反戦市民会議に参加したり、ワシントン・ポスト紙への意見広告運動の呼びかけ人になるなど、熱心な参加者の一人だった。だが小松の場合、人びとの関心がもっぱら東京オリンピックに向けられていたこの時期、もう一つのビッグイベントへのかかわりを強めていた。大阪万博である。

小松が万博に関心をもつきっかけになったのは、「三十九年の四月、五月のころ」の万博開催に関する新聞記事だった。[*30] そして、東京オリンピック開会の三カ月前の七月、小松は当時大阪大学助教授だった梅棹忠夫、京都大学人文研究所助手だった加藤秀俊と初めて会った。大阪朝日放送の関係者によってお膳立てされたこの席で、三人は「万国博を考える会」結成について話し合ったという。[*31]

この頃すでに東京では万博開催に向けての動きが始まっていた。大阪万博を熱心に推進していた若き通産官僚、池口小太郎。彼は後に作家・堺屋太一としてデビューし、「団塊の世代」という言葉の生みの親にもなった。堺屋によれば、万博開催がはじめて閣議で話題になったのが、一九六三年一〇月八日、[*32] 六四年四月には通産省企業局内に「国際博覧会準備室」が設けられ、堺屋は係長に任命された。[*33] 同年六月に万博開催構想は閣議決定され、東京オリンピック開会式の前日、国会で通産大臣が博覧会国際事務局に日本開催を申し込みたいと表明したのであった。[*34]

周知のように、万博の会場は、大阪の郊外、千里丘陵だった。誘致合戦の末千里丘陵での開催が決まったのは、ベ平連が発足した六五年四月のことだった[35]。東京都心部を中心に開催されたオリンピックが、国立競技場や選手村に見られたように、戦争と占領期の記憶の消しがたい痕跡を残していたのに対し、万博会場となった千里丘陵は、「細かくひだが入り組んで丘や谷がつづき、斜面には孟宗竹が生い茂り、全国的にも知られた筍の産地」だった。「すっかり開発され」た千里ニュータウンが隣接しており、「万博会場となったのは、まさにそうした自然の丘陵と人工のニュータウンの接する変化のきれ」にあった[36]。万博会場として千里丘陵が選ばれた背景には、六十年代的な刻印も押されていた。土地買収をめぐって激しい反対運動が起きつつあった成田空港問題を反面教師として、当時の左藤義詮大阪府知事が「公園などの国有地のある場所はすべて外す。全くの民有地をゼロから買収する方針を固めた[37]」のである。戦争の時代の延長線上に整備されたのが東京オリンピックの諸施設であったとすれば、戦争の痕跡など全くない丘陵地にゼロから造りあげられたのが、そして会場をめぐる反対運動を未然に防止して準備されたのが、大阪万博の会場だった。その結果、大阪万博は「高度成長を達成した自分たちの社会の自画像としての、戦後日本の経済的復活と高度成長の成果を一億人が自己確認する壮大なモニュメント」という「集合的なイメージ[38]」をもたらした。それは、戦争についての記憶が年を経るにつれて遠ざかっていった当時の日本社会を象徴しているかのようである。

一九六四年の東京五輪と七〇年の大阪万博、この二つの《祝祭》に日本全国が注目し興奮もした。東京オリンピックは、戦後の荒廃から立ち上がり先進国の仲間入りを果たした日本の姿を内外に誇示するものであり、その推進力が経済発展という名の「進歩」であった。戦争の記憶は「進歩」の奇跡性を強調するツールにもなった。一方、大阪万博のスローガン「人類の進歩と調和」は、すでにその「進歩」に懐疑の目を向けざるをえない状況にあることを示していた。戦争の記憶の濃度という観点からいえば、東京オリンピックから大阪万博への流れは、濃から淡への流れであり、高度成長期の豊かさの実感という観点からいえば、急速に人びとのなかでそれが大きくなっていく流れであった。小松をベ平連の活動に駆り立てたのは戦争の記憶であったが、その小松はやがて大阪万博にのめりこんでいくことになる。

ベ平連の時代

再び、東京オリンピックのメイン会場、国立競技場に目を向けてみよう。ロイヤルボックスには、時の首相、池田勇人の姿もあった。約一カ月前から入院していた国立がんセンターの外出許可を得ての出席だった。[*39]池田のライバル、佐藤栄作はこの日の日記に次のように記した。

「見事。何もかも準備万端至極良好。九四ヶ国の参加で有史以来初めてのもの。大成功。陛下もことの他の御機嫌の御様子。池田首相も病気をおしての見物。此の世の想出の一つか[*40]」。

池田から佐藤へ。権力の移行が進みつつあるなかでの佐藤の冷厳な認識を垣間見るかのような記述である。池田が辞意を表明するのはオリンピック閉会式の翌日の一〇月二五日。病床にあった池田が後継として佐藤を推薦したのは翌月九日のことだった。周知の通り、池田からバトンを受け取った佐藤は、高度成長期の後半、長期政権を維持することになる。ベ平連が活動した時代は、ちょうど佐藤長期政権の時代と重なっている。

一九七四年一月にベ平連が解散するまで運動にかかわり続けた小田に対して、開高も小松も途中からベ平連とは距離をとっていった。そうした違いはあるにしろ、作風のかなり異なる三人の作家が、ある一時期に、ベ平連という運動体のなかで非常に熱心にベトナム反戦運動を行ったのである。この三人の作家だけではない。かかわり方の濃淡はあるにしても、多くの知識人・文化人や活動家がこの運動に加わった。そしてそれ以上に、多くの無名の人びとがこの運動の担い手になっていった。全国各地の様々な人びとがベ平連のデモに参加した。手作りのプラカードをせっせと作って参加した人もいた。デモを眺めている人びとに配るための花を準備する人もいた。チラシやニュースの原稿を鉄筆でシコシコと書き、ガリ版印刷する人もいた。あるいは、アコースティックギターを抱えて反戦歌やパロディーを歌う若者もいた。

ベ平連の運動はそれまでの反戦平和運動とはかなり違ったスタイルの運動だった。このような運動がなぜ一九六〇年代なかばに登場し、どのように全国に拡大していったのだろうか。そして、ベ平連の運動が始まり広がっていった時代とはどのような時代だったのだろうか。まずは、ベ平連の「代表」となった小田がベ平連にたどり着いた足跡を中心に、どのような人びとがどのようなかたちでベ平連誕生にかかわったのかということから見ていくことにしよう。

第一章　べ平連まで

一九六五年四月二四日

その日、約七〇〇人の人びとが東京の清水谷公園に集まった。ハンドマイクを手にして、小田実が、開高健が、思いを述べた。ＮＨＫを首になり無職となっていた小中陽太郎（のちに作家）の姿もあった[*1]。小田も開高も小中も三十代前半。集会の雰囲気は、それまでの政党や労働組合主催のそれとも、また、学生運動のそれとも随分と違っていた。集会のあと、プラカードやチラシを手にした人びとのデモ隊は、新橋まで歩いた。六〇年安保の渦中で「声なき声の会」[※]を立ち上げた画家・小林トミも参加者の一人だった。彼女によれば、デモの様子は次のようなものだった。

「先頭に高畠通敏さん（政治学者・当時立教大学助教授——筆者注）の苦心の横断幕『誰デモ入れる市民の行進、ベトナムに平和を』をたてる。人びとは意思表示の場がなかったのだろう。つとめ帰りのサラリーマンや女性、買物ブクロをさげた主婦、それに子供や老人が参加し、平和のために手をつなぐ会の人が用意した風船を手にして歩いた。虎の門でうしろをふりむくと長い長いデモの列、いろいろな色の旗がみえる。道行く人も北爆に怒っていたのだろう。それにフンイ気がなんとなくおだやかで雑然として入りやすいのか、何人も入ってくる。七百人から千五百人にふくれあがった[*2]」。

※「声なき声の会」は、一九六〇年の安保改定に反対する大規模なデモが連日国会周辺で繰り広げられていたなか、六月四日に小林トミらによって始められた市民運動である。それより先、五月一九日から二〇日にかけて岸信介内閣は、改定安保条約の強行採決を行い、これが人びとの危機感に火をつけ、反対運動は一気に拡大した。五月二八日の記者会見で岸は、デモに参加しているのは国民の一部にすぎず、「声なき声」に耳を傾けたいと発言した。この岸発言にも触発されたかたちで発足したのが「声なき声の会」であり、戦後日本の市民運動の嚆矢となった。

デモ終了後、参加者のうちの約三〇〇名が国労会館に移動し、今後の運動について意見交換を行った。次の集会とデモを五月二二日に行うことなどがその場で決められた。

小田が執筆し集会で配られた「呼びかけ」のなかには、次の一節があった。

「私たちは、ふつうの市民です。

ふつうの市民ということは、会社員がいて、小学校の先生がいて、大工さんがいて、おかみさんがいて、新聞記者がいて、花屋さんがいて、小説を書く男がいて、英語を勉強している少年が

写真2　べ平連最初の集会
1965年4月24日、清水谷公園で開かれた集会には700人が集まった。左が小田実。

いて、
　つまり、このパンフレットを読むあなたご自身がいて、
　その私たちが言いたいことは、ただ一つ、『ベトナムに平和を！[*3]』」。

「ふつうの市民」が「ベトナムに平和を！」という一つの目標の下に結集する。そこには階級や階層も、大人であるか子どもであるかも、男であるか女であるかも関係のない平場での平等・対等の思想が表明されていた。このシンプルな訴えは、政党や労働組合といった大組織を中心としたそれまでの平和運動とはひと味もふた味も違う印象を人びとに与えた。小林トミは、「集会には活気というか、熱気があった。小田さんは活動的で、今までの地味な市民運動をいっぺんさせるほどの力があった[*4]」と従来の運動にはない新鮮さを見出している。もちろん「ふつうの市民」に参加を呼びかけるという発想はべ平連が初めてではない。「声なき声の会」こそが先駆的な存在だった。しかし、「声なき声の会」が六〇年安保闘争のなかで組織のデモに入れない、こぼれ落ちた人びとをすくい上げるという意味において、既存の組織中心

の運動の同伴者的性格を残していたのに対して、べ平連が掲げた市民像はよりポジティブなものだった。組織の運動はどうであれ、市民自らが課題を設定し市民自らが行動し社会運動の中心に市民をせり上げる発想がそこにはあった。[*5]

感性の運動、つなぎの運動

べ平連の発足は、この年二月七日に始まったアメリカによる北ベトナム爆撃（北爆）に対する危機感と結びついていた。万単位の抗議行動が世界各地で起こっていたが、日本では原水爆禁止運動の分裂[※]の影響もあり、大規模な抗議行動は起こらなかった。とはいえ、発足当初のべ平連から距離をとっていた吉川勇一（後の東京のべ平連事務局長）が述べるように「三月、四月、五月とあっちこっちでいっせいに自主的な動きがはじまった」[*6]のである。べ平連発足時からのメンバーの一人・いいだもも（作家・評論家）によれば、日本の最初の大衆的抗議行動は、二月一五日の沖縄のデモ・集会だったという。[*7]また、市民の自然発生的な動きとしては、「W・F・P（平和のために歩こう）の五名の市民が、日比谷公園とアメリカ大使館付近を〈ゼッケン・デモ〉した」三月一九日を皮切りに、三月二〇日の三名の市民による銀ブラ・デモ、三月二五日の二二名の市民による東京駅周辺でのサンドイッチマン・デモ、「アメリカの北ベトナム爆撃に抗議する市民有志」のよびかけによる自発的抗議デモなどがあった。[*8]さらに、四月二二日には「ベトナムの平和をねがう市民の集会」に八百名が集まったという。[*9]また、神戸では四月六日、神戸アメリカ総領事館の前での抗議の座り込みが始まっていた。[*10]

※原水爆禁止運動は、一九五四年三月、アメリカによるビキニ環礁での水爆実験によってマグロ漁船が大量被爆した第五福竜丸事件をきっかけに始まり、一九五五年には第一回原水爆禁止世界大会が広島で開催された。自民党や民社党まで含む運動として出発した原水禁運動であったが、その後、社会党と共産党を中心とした体制に移行し、六〇年代に入りソ連の核実験の評価、中ソ対立への対応、部分的核実験禁止条約の評価などをめぐり社会党と共産党の対立が激化し、六三年大会は分裂大会となった。

べ平連の発足もそうした動きのひとつであり、戦争に対する止むに止まれぬ気持ちと結びついたものだった。小田が、べ平連は「きわめて感性的なところからはじまった[*11]」、「『いやだ』っていう感覚、『戦争はいやだ』というところからはじまった[*12]」と述べているように、べ平連の運動は「感性」の運動として始まった。このような「感性の運動」に対して、べ平連に参加した人びとのなかには違和感を持った人もいた。たとえば、マルクス主義の立場に立っていた栗原幸夫（文芸評論家、脱走兵支援の初期の責任者）は、集会の際に歌われた「平和讃歌」という歌を聴き「これはなんという歌だ、おれはイヤだよ、と言って歌わなかった」。彼は、発足時のべ平連は「ずぶずぶの平和と民主主義[*13]」だったと振り返っている。栗原同様、マルクス主義の立場に立つ武藤一羊（評論家、後のアジア太平洋資料センター（ＰＡＲＣ）代表）もまた「最初のころのデモに参加していて〝やっても無駄だ〟という感じがあった[*14]」と述べている。※

※ここに登場する吉川勇一、いいだもも、栗原幸夫、武藤一羊の四人は、べ平連の運動や、後のジャテックを中心とする脱走兵支援運動で重要な役割を果たしていく。この四人はいずれも共産党からの除名ないし離党の経験を有し、べ平連の活動期間中、共産主義労働者党（共労党）の党員でもあった。しかし、彼らは、「党の大衆運動に対するひきまわしだけはしたくない」[*15]と考え、共労党の活動をべ平連に持ち込むことはなかった。

また、べ平連の発足に関与した人びとは、この運動は一時的で過渡的なものと考えてもいた。小田自身「私は自分たちが準備しているデモ行進が一回きりのものでないにせよ、さして長つづきするものだとは考えていなかった」、「これは臨時の、もっとまともで本格的なものが始まるまでのつなぎの運動」[*16]と考えていた。

　このように当初は、さまざまな小さな動きの一つとして、そして、一時的な運動と思われていたべ平連であるが、解散したのは七四年一月のことであった。その間、北は北海道から、七二年まで日本から分離され米軍支配下に置かれていた沖縄まで、全国各地にべ平連が誕生した。

　これから私たちは、このユニークな反戦平和運動の歩みを追っていくことにしたい。最初に、どのような人々がべ平連に集ったのか、を見ることにしよう。そして次に、べ平連に多くの人びとが引きつけられていった背景として戦争体験とそれについての記憶の問題があることに着目し、「代表」をつとめた小田実が「『難死』の思想」を執筆するに至るプロセスを追ってみることにしよう。

「満州事変の頃」の世代

プロローグで紹介したべ平連に参加した関西出身の三人の作家（小田、開高、小松）は、一九三〇年代前半に生まれた世代である。実は、べ平連の運動を主導した知識人・文化人にはこの世代の者が比較的多い。そして、この世代の人びとには戦争と結びついた世代特有の自己認識があったように思われる。

べ平連の運動がピークを過ぎた一九七〇年九月一八日、東京の豊島公会堂で「満州事変からインドシナ戦争まで」という集会が開かれた[*17]。この集会の呼びかけ人には、大江健三郎、小田実、柴田翔、高橋和巳、真継伸彦、無着成恭、武藤一羊、吉川勇一が名前を連ねている。七〇年安保をめぐる運動が終わった時期に開かれたこの集会の趣旨のなかには、「私たちが一員である一九三〇年代に生まれた人間には共通するものがあるようです」と述べられている。この世代には「一九三一年、つまり『満州事変』という日本の中国侵略開始の時期に前後して生まれたということ」、「言葉をかえれば、軍国主義、帝国主義、そして侵略戦争を呼吸しながら育ってきた[*18]」という共通の世代経験があるというのである。八人の呼びかけ人の生年は、一番年長の無着が一九二七年生まれ、武藤、高橋、吉川が三一年、真継と小田が三二年、最も若い柴田と大江が三五年生まれである[※]。

※柴田翔はドイツ文学者で、『されどわれらが日々』で芥川賞を受賞。高橋和巳は中国文学者で、『邪宗門』、『憂鬱なる党派』などが代表作。真継伸彦は、『鮫』など仏教を素材とした作品を残した。無着成恭は「やまびこ学

校」で知られる教育者。このうち、柴田、高橋、真継は、小田、開高と五人で同人誌『人間として』を一九七〇年に創刊している（一九七二年の第一二号で終刊）。

この八人のなかで、東京のべ平連の運動に積極的にかかわっていたのは、小田、吉川、武藤の三人だった。三人はまさに「満州事変の頃」に生まれた世代にあたるのであるが、同世代のべ平連関係者は彼らだけではない。鶴見俊輔（哲学者、べ平連発足時は同志社大学教授）に話を持ちかけてべ平連発足のきっかけをつくった高畠通敏が三三年生まれ、小田の誘いでべ平連に参加し、『ニューヨーク・タイムズ』への意見広告掲載運動など初期のべ平連の運動を精力的に行った開高健は、三〇年生まれである。やはり初期のべ平連の運動に積極的に参加した小松左京も三一年生まれ、声なき声の会から参加した小林トミも開高と同じ三〇年生まれである。さらに三〇年代前半生まれのべ平連参加者としては、小中陽太郎（三四年生まれ、元ＮＨＫ、作家・評論家）、高橋武智（三五年生まれ、フランス文学者、立教大学助教授を辞職し脱走兵支援の中心的担い手の一人に）もいる。こうしてみると、東京のべ平連の運動は、とくに初期の段階にあっては、「満州事変の頃」に生まれた世代によって牽引された運動だったとみることもできる。また、札幌べ平連の花崎皋平（哲学者）、福岡べ平連の母体となった福岡十の日デモの会の倉田令二朗（数学者）はいずれも三一年生まれであり、東京のべ平連に限らず、べ平連運動全体のなかで「満州事変の頃」に生まれた世代が果たした役割は大きかったとも言える。

べ平連運動を支えた世代

べ平連に関係した知識人・文化人の世代的な特徴についてもう少し見てみよう。興味深いのは、世代的な偏りが認められる点である。「満州事変の頃」に生まれた世代以外について見れば、より上の世代が比較的多かった。一つ上の世代には、一九二〇年代生まれの鶴見俊輔（二二年）、鶴見良行（二六年生まれ、鶴見俊輔の従弟、べ平連発足時は国際文化会館勤務、後に『バナナと日本人』などアジア研究で新境地を切り開く）、いいだもも（二六年）らがおり、さらに上の世代には、桑原武夫（フランス文学者）（〇四年）、松田道雄（医者、ロシア史研究者）（〇八年）、久野収（哲学者）（一〇年）、日高六郎（社会学者）（一七年）、飯沼二郎（経済学者）（一八年）らがいる。これに対して、「満州事変の頃」に生まれた世代よりもひと世代下、つまり三〇年代後半から四〇年代前半にかけて生まれた世代は非常に少ない。この世代を飛び越えて、べ平連が発足した当時の高校生・大学生の世代、つまり団塊の世代が数多く参加している。すなわち、東京のべ平連に関して言うならば、小田らの「満州事変の頃」に生まれた世代（三〇年代前半生まれ）を中心とし、一九〇〇年代から二〇年代にかけての戦前・戦中派世代が加わり、運動の進展のなかで団塊の世代と言われた戦後世代が参集したとみることができよう。そして、六〇年安保前後に大学生活を送った、小田らよりも一つ若い世代からの参加は比較的少なかったのである。

この「満州事変の頃」に生まれた世代という世代認識は、実はかなり早い段階から小田に意識されていたものだった。小田が高校在学中に執筆し出版した小説『明後日の手記』の後記のなかで彼は

「ぼくは、この小説によって或る一つの世代を描こうとした。主として満州事変当時に生れ、戦争とともに成長し、平和の到来をむしろ奇異の感情でむかえた《奇妙》な世代[*19]」と記している。

この世代は、歴史学者・赤澤史朗が指摘しているように、安田武（評論家・わだつみ会の中心人物）や橋川文三（日本政治思想史研究者）らのいわゆる「わだつみ世代」とは異なる戦争体験とそれに起因する意識を有していた[*20]。戦時中にすでに青年期を迎え戦争を経験した戦中派世代とは異なり、多感な少年少女期にもっぱら「銃後」での戦争を経験した世代なのである。同時にまた、戦争の経験がほとんど、もしくは全くない戦後派世代とも戦争経験の有無という点で決定的に異なっていた。この世代の特徴を三つ指摘しておくことにしよう。

第一は、空襲や飢えなど、戦時下の悲惨な体験を直に経験するとともに、小田が自らを皇国少年として育ったと述べているように、戦前の天皇制下での教育をまともに受けた世代であった。第二は、少年期から青年期にかけての最も多感な時期に、社会の価値観の大転換を経験した世代であった。第三にこの世代は、戦後の廃墟のなかのある種の自由で平等な雰囲気を肌で感じた世代でもあった。いわゆる「焼け跡闇市」のなかで育った世代と言ってもよいだろう。既存の権威が崩れ、また、敗戦による一億総貧乏状態ともいうべき状況下、人びとが自らが生きるために毎日を必死に生きた時代のなかで大人へと成長した世代なのである。このような世代的な経験を思想化する試みが、べ平連に参加するまでにたどった小田の軌跡であった。

「満州事変の頃」の世代の戦争経験――小松左京の場合

小田の代表的な評論「『難死』の思想」は、「満州事変の頃」に生まれた小田自身の戦争体験をもとに書かれたものであったが、それは小田個人の特殊な体験だったというわけではなく、この世代に属する少なくない人びとに共有された体験でもあった。このことを確認するために、小松左京の例を取り上げてみよう。

小松は東京のべ平連の中心メンバーというわけではなかったが、初期のべ平連の運動に積極的にかかわった作家の一人だった。彼のべ平連参加の動機となった戦争体験とはどのようなものだったのだろうか。

戦争末期、神戸一中に在学していた小松は、西宮の自宅で父親と二人で暮らしていた（母親と弟、妹は京都の丹波に疎開、兄は名古屋大学に在学）。小松は、その頃の自らの生活を「授業は二週間に一回、五時間ぐらいお座なりにあるだけになって、勤労学徒動員生の工場に通うのが日課になっていた。神戸市の中山手にあった川崎重工の潜水艦工場である。電車は動いたり動かなかったりで不通の日には延々と三時間も歩いて通わなければならない。やせてしなびたサツマイモばかり食べているのでやせこけ、疲労と空腹でとげとげしい目つきの、汚らしい格好の少年の群れがとぼとぼと工場に向かうのだ[*21]」と振り返っている。このような勤労動員の日々のなかで彼が経験したのは、空襲のなかでの無意味な労働と生活だった。彼は次のように記している。

「私は旋盤工場で『罫描き』という作業を担当させられた。潜水艦の部品の材料になる鋳物に、罫針と呼ぶ針で加工するための寸法を描くのだが、熱々の大きな鋳物はどんどん出来上がっても組み立て工場が空襲でやられて機能せず、加工できない鋳物は山のように積み重なって、空しさが込み上げてきた。工場で働いているさなか、緊急退避の命令が出て、山の中腹に慌てて逃れる。戻ると、工場の一切が瓦礫の塊になり、熱と煙を吐き出していた」[22]。

こうした生活を送っていた小松にとって、戦時中の人間の死は、強烈な印象として脳裏に焼き付いた。すなわち「空襲で焼けたままになっている家の遺体を片づけるアルバイトをしたこともある。戸板に乗せて、臨時の火葬場に運ぶのである。あの光景が今でも夢にでてくることがある」[23]という彼の記憶は、空襲後の多くの死を「無意味な死」と受けとめた小田の経験と相通じるのである。

神戸にいた小松は、小田が戦争体験の軸においていた大阪大空襲を直接経験してはいないが、その記憶は次のように鮮明に残っていた。

「八月十四日、動員先の工場で働いていると空襲警報が鳴って慌てて避難した。大阪は砲兵工廠の辺りがひどくやられ、大勢の人々が亡くなった、とあとで聞いた。B29が工場の周りにも『伝単』と呼んでいたビラを落として悠々と帰って行った。『敵機のビラを拾うと憲兵に引っ張られる』と注意されていたので、地面の上のビラを棒で引っくり返して読んだ。正確な文面は忘れてしまったが、『日本の皆さん、天皇陛下はポツダム宣言を受諾しました。戦争は終わりました』という意味のことが書いてあった」[24]。

空襲に逃げまどう日々、直接目にする多くの死体、そして米軍機が撒いたビラで知った敗戦の事実。これらはいずれも小田の「『難死』の思想」に描かれた戦争体験と同様のものであった。

二重写しの視点

こうした経験をもつ小松は、初期のべ平連運動に積極的に参加した。たとえば、六五年五月二二日に行われた日米同時デモの呼びかけ人に名を連ねており[*25]、六六年から翌年にかけて行われたワシントン・ポストへの意見広告運動の呼びかけ人にもなっている[*26]。自らの戦争体験とべ平連運動への参加とを小松がどのように結びつけて考えていたのか、六六年八月に開催された日米市民会議に出席した小松の参加記のなかの一部を紹介しておこう。

「同じような顔をして、同じようなコメをつくっている小さな国（ベトナムのこと――筆者注）で、長年支配していたよそものをやっと追い出し、首相と称する血みどろのカトリック教徒（ゴ・ジン・ジェム（ベトナム共和国（南ベトナム））初代大統領のこと――筆者注）をやっと始末したと思ったら、今度は、関係のない国の爆撃機が、爆弾やナパームや毒ガスや植物枯死剤をまきちらす。――その時、ふたたびあの記憶が、人びとの胸にうずくような共感をもってよみがえってきたのであろう。空からふる火の雨に家をやかれ、肌を焼かれ、愛児を鉄片に貫かれ、丹誠こめた貧しい田をちりちりに枯らされて、硝煙の中をにげまどっているのは――私たち自身であり、私たちの肉親であり、私たちの恋人であった。あつい泥田の中をはいまわっている、私たちの両親であり、祖父母だった。私自身が、嘘でも誇張でもなく、北爆のはじまった頃から、十数年来見なかった空襲の夢を度度《ママ》——はっきり記憶しているだけでも両三度——見るようになった[*27]」。

小松のベトナム戦争に対する見方のなかにあるのは、日本が経験し、そのなかの一人として自らも経験した空襲の体験との二重写しの視点であった。この戦争体験の二重写しという視点は、初期のベ平連の運動を支える重要な視点だった。二重写しの視点は、「満州事変の頃」に生まれた世代に限られたものではなく、戦場に出ることなく「銃後」の生活を送っていた人びとに共有されうる視点だったからである。たとえば、ニューヨーク・タイムズへの意見広告運動の際に寄せられた次のような便りのなかにも、こうした二重写しの視点を確認することができる。

「私達が受けた忘れ得ない爆撃の恐怖をベトナムの人達も受けて苦しんでいるのだと思うと、何とかせねばとあせります。一人の死によって起こる遺族の不幸という波紋の大きさと、いつまでもその波紋の消えて去らない事、アメリカはそれを知りませんのね[*28]」。

さらに、ワシントン・ポストの意見広告に掲載された広島の詩人・栗原貞子の次の文章も二重写しの視点に立ったものだと言えよう。

「私は広島の原爆で肉親と財産を失い、今も後遺症で苦しんでいます。一九四五年八月六日、広島は人間に対する最初の原爆実験場として使われました。そして今、ベトナムが同じようにアメリカの新兵器の実験場として使われていることを、私は八月六日の体験を通して実感しています。同じ運命をもつ人間同士として、爆撃にさらされているベトナムの人びとへの深い連帯の上に立って私は広島から世界に向って叫びます。『戦争をやめよ、ベトナムに平和を！』と」[29]。

二重写しの視点については、べ平連の若手活動家の一人だった室謙二が彼の家族について述べた次の文章にも明確に示されている。

「北ベトナム爆撃（北爆）は、日本の多くの人をいたたまれない気持ちにした。（中略）東京爆撃のときに死ぬのがいやだと恐怖にとらわれた私の姉は十六歳で、北爆の始まったときは三十六歳になっていた。四十一歳のとき東京の焼け野原と、そこに横たわる多くの焼死体を見た私の両親は、そのとき六十一歳であった。私はその人たちが北爆を自分が爆撃されたときの経験と重ね合わせて感じているのを身近に見ていた」[30]。

こうした二重写しの視点は、戦後二〇年を経てもなお人びとのなかに残る戦争の記憶の重さを意味している。初期のべ平連の運動を支えたのはなによりもまず、戦争体験に基づく二重写しの視点だった。そして、二重写しの視点をより丹念に思想的に展開したのが小田の「『難死』の思想」だった。

小田実と空襲体験

「『難死』の思想」が発表されたのは雑誌『展望』六五年一月号。べ平連の発足は雑誌の発売（六四年一二月）から四カ月後のことである。最初に、小田の代表的な評論である「『難死』の思想」について、それまでの彼の思想形成をたどることを通して、なぜこの時期に彼が「『難死』の思想」を書くにいたったのかを跡づけることにしよう。

周知のとおり小田の思想形成の原点には大阪大空襲の体験があり、この体験を出発点として、自らの戦争体験をどのように考えるかということが常に小田の問題意識のなかで重要な位置を占めていた。彼にとって処女出版となった小説『明後日の手記』では、主人公の友人に空襲体験を語らせているが、その内容は明らかに小田自身の経験とかなりの部分で重なっている。ベ平連の発足以前の時期に小田はすでに『明後日の手記』を含め四冊の小説を出版しているが、そのうちの三冊（『明後日の手記』、『アメリカ』、『泥の世界』）で、主人公もしくは重要な登場人物に空襲体験を語らせており、空襲体験が小説のストーリー展開のなかで重要な位置を占めている。

フルブライト留学生としてのアメリカでの滞在とその後の世界貧乏旅行での見聞をもとに執筆された『何でも見てやろう』がベストセラーになり、※小田はあちこちにエッセイや評論を発表するようになるが、そこでもしばしば自らの戦争体験を記している。

写真３　小田　実

『何でも見てやろう』で一躍有名になった小田は、自らの原点を大阪での空襲体験に置き、反戦平和運動へと進んでいった。

※小田がフルブライト留学生として渡米したのは一九五八年。留学先はハーバード大学だったが、大学に生真面目に通うのではなく、彼は大学外の様々な人びとと接触することを

優先させた。アメリカ国内のあちこちに足を運び、メキシコにも行き、その後、ヨーロッパ諸国をめぐりインドを経る旅を一日一ドルで行い、安保闘争の渦中にあった一九六〇年に帰国した。『何でも見てやろう』は、彼の当時としてはかなり異色なアメリカ留学体験記であり世界旅行体験記でもあった。帰国直後の小田に旅行記執筆の話を持ちかけたのは河出書房の編集者・坂本一亀（音楽家・坂本龍一の父）だった。坂本はその時の様子を次のように記している。

> 「あまり飲めない彼は、それでもビールをちびちびなめながら、アメリカでのこと、ヨーロッパでのこと、それからインドのこと等を話した。聞きながら私は感銘をうけた。風物よりも人間の生きる姿勢というもの、そして、この二十七歳になる青年の無鉄砲とも言える逞しい精神と行動というもの……
>
> 　小田君、君のいま話してくれたことを書かないか、ぼくひとりで聞くには惜しい、と私は言った[*31]」。

出版された『何でも見てやろう』は飛ぶように売れた。『何でも見てやろう』が与えたインパクトについて、編集者の粕谷一希は「かつての留学イメージを百八十度展開させた新世代[*32]」の登場を意味したと指摘している。また、文芸評論家の斎藤美奈子は、アメリカ留学以前の小田は、普通の文学青年だったが、これ以後行動派の知識人へと変貌していき、それは新たなタイプの知識人の登場を意味したと指摘している[*33]。

たとえば、『マドモアゼル』という雑誌の六一年一一月号に寄せた文では「飢餓。米はほとんど食ったことがなかった。大豆ばかりくって、そしてゲリばかりしてくらしていた。空襲。何度となく死にかけた。死に無関心になっていた[*34]」と記し、同年の八月一四日付『朝日新聞』には、「『難死』の思想」のプロットがほぼ出そろっていると言ってもよい次のような文章を掲載している。

「文字通りの大空襲だった。それまでふしぎに砲兵工廠はほとんど無傷だったのが、その日、午後いっぱい続いた空襲のあとで、夕刻には、まったくのガレキの山に化し去ってしまっていた。むろん、ガレキの山ばかりではない。そのあいだにころがっていた死体。私は翌日そこを訪れたのだが、死臭は鼻をついた。

この記憶は腹立たしい記憶だ。すでに日本の敗北が確定していたのに、何故、アメリカ空軍は空襲に出かけて来たのだろう。何故、あんなにもたくさんの人が死ななければならなかったのだろう。まったくの無意味の死――その空襲のさなか、私はビラを拾った。そこには明らかに、『戦争は終わった』とあった。私はそれを、防空ゴウのなかでふるえながら読んだ[*35]※」。

※社会学者・小熊英二によれば、空襲体験は小田の小説の方法論も規定したという。すなわち、「人間の愚劣さも、政治の非情さも、すべて描きだすことなくしては、大阪空襲で死んだ人びとを表現することは不可能だった」という認識が小田の全体小説への志向を生みだし、「空襲を行ったパイロットの視点からではなく、逃げまどいながら死んでいった人びとの視点から『何もかも』を表現するもの」「特定の中心をもたず、『多くの人間の複合的視野』から全体を構成する思想[*36]」がそこには込められていたという。

空襲体験の思想化

このように小田の思想の基底部分に彼の戦争体験とりわけ空襲体験があったことは明白である。ここでは、空襲体験から出発した小田が、それをどのように思想化していったのかを、①アメリカ経験を通した「内」と「外」の視点、②世代経験、③時代の画期性と戦後の出発、という三つの観点から検討しておこう。

小田の空襲体験の思想化において重要な意味をもったのは、彼のアメリカ経験であった。小田を一躍有名にした『何でも見てやろう』には、彼が物怖じすることなく海外の社会に入っていき、そこで実際に目にしたこと感じたことが生き生きとした筆致で描かれている。日本はまだ海外渡航の自由化以前の時代であったこともあるが（自由化になったのは一九六四年）、二〇歳代半ばの青年がわずかな持ち金で世界中を旅する姿が人びとの関心を引きつけたと言えよう。

『何でも見てやろう』には様々なエピソードが盛り込まれているが、小田の戦争体験、空襲体験にまつわる話もしばしば登場する。ここでは二つのエピソードを取り上げておこう。

エピソードの一つは講演会での出来事である。アメリカの小説家パール・バックの講演を聞きに行った小田は次のような体験をしている。

パール・バックの講演は「原爆、水爆が人類の生存をおびやかしている今日、アメリカの芸術はこれではたしてよいのか？」という内容のものだった。講演会場で小田は立ち上がり、パール・バックに対して「原爆投下のことを知ったとき、あなたはそのとき何をしていたのか、またいったいそのとき何を感じたのか？という意味のことを訊ねた」。すると「聴衆のあいだにざわめきが起った。ただならぬ気配さえがした。司会者があわてて質問打ち切りを宣して話題を強引に転じるまでに、その気配はただならぬものがあった[*37]」のである。

この体験は小田に、原爆を落とした側と落とされた側という二つの立場の間に深い溝があることを痛感させたに違いない。このように、アメリカでの小田は、戦争体験についての日米の差異についての問いを発し、両者の間に戦争の受け止め方についての大きな差異があると痛感する場面にしばしば出くわした。日米の戦争に対する、とくに戦死者に対する断絶ともいうべき違いは、もう一つのエピソード、アメリカからヨーロッパに渡った小田が、パリでアメリカ人女性と交わした次のようなやりとりのなかにも鮮明に表れている。

「パリをアメリカの女の子とぶらついていたとき、ある夕べ、私は凱旋門で予期しない光景に出会った。門の真下には無名戦士の墓があって、そこにはフランスがこれまでに参加した戦争の戦死者の霊が祀られているのだが、毎夕、ある種の儀式が行われていることになっている。その夕べ、私たちはそれに行き合ったのである。（中略）『なぜ、あなたは泣いたのであるか？』あとで彼女は当然の疑問を発した。『おれの国の戦死者たちのことを思い出したからだ』私は答えた。『アイ・シー』彼女は短く言い、『私にもその気持は判る。私たちはおたがいに戦ったのだから』とつけ加えた。

しかし、ほんとうのところは、彼女には私の気持が判らなかっただろう。私が泣いたのは、むくわれず死んで行った同胞たちのことを、そのとき思い出したからだった。戦死者はフランスにもアメリカにもあった、というのなら、私はただ一つのことだけ言っておこう。彼らには、ともかくにも、ナチズム、ファシズム打倒という目的があった。だが、私の同胞たちには、いったい何があったのか。彼らの死はまったくの犬死であり、彼らをその犬死に追いやった張本人の一人は、ついこの間まで、われらの『民主政府』の首相であり（岸信介のこと――筆者注）、口をぬぐって『民主主義』（彼らはたしかそれとの闘いのなかで殺されたのではなかったのか）と説いている[*38]」。

以上のような小田の思考に見られるのは、戦勝国と戦敗国、攻撃する側と攻撃される側、武器をもつ者ともたざる者、大義名分が成り立つ戦争とそうでない戦争という異なる観点ないし立場から見た戦争像をめぐる問いであった。それは単に対照的な二つの側面から戦争という事象を見るということに留まらず、そうした二項対立がその後の戦争の記憶化にどのように結びついているのかという点にまで及ぶのである。戦争体験のあり様の違いがその後の記憶の違いに結びつき、それが現在をどのように形作っているのかという小田の問題意識は、海外や日本の各地、そして当時は日本から分離されていた米軍支配下にあった沖縄など、様々な場所に実際に足を運び対話を重ねるなかでさらに研ぎ澄まされていく。

「『難死』の思想」に結びつく第二の観点は、世代認識である。小田は自らを「戦争のなかに生れ、戦争とともに育った[*39]」と述べ、そうした立場から、戦争による死への過剰な意味づけ、否、一切の意味づけを拒否する。先に述べたように、自分自身を含む「満州事変の頃」生まれた世代がいかなる特徴をもつ世代なのかという問題は、常に小田の問題関心の圏内にあった。「『難死』の思想」の「私は幼かったから、保田与重郎などいなかった。高坂正顕も高山岩男もいなかった。『総力戦理論』も

『世界史の哲学』も『近代の超克』もなかった。『万葉集』の文庫本も『葉隠』も、いかにして死ぬかの考察もなかった。私の世界には、そのとき、そうしたものは何一つなかった[*40]」という鮮烈な書き出しは、戦争期にすでに一定の判断とそれを支える知的蓄えをもっていた小田よりも上の世代に属する知識人に対する痛烈な批判なのであり、小田らの世代固有の戦争体験についての表現でもあった。

　戦時期にあってはまだ少年であった小田の世代は、戦争を正当化したり自らを納得させる理屈やイデオロギーをもつには若すぎた。また、戦争を対象化し批判したり抵抗したりする理屈やイデオロギーをもち合わせていたわけでもない。そのことによりかえって、「死」に対する冷めた目、突き放した姿勢を小田らの世代はもつことができたのである。

　しかし、このような小田らの世代特有の経験とそれに基づく認識は、他の世代に対して閉ざされたものでもなかった。小田の戦争体験のとらえ方は、戦争をあくまで人びとの生活の視点からとらえるものであり、それ故に戦争を経験していない若い世代との対話も可能だと彼は考えていた。たとえば、若い世代との対話のなかで小田は次のように語っている。

　「私が原点に置きたいのは、むしろ戦争中の日常性ですよ。それをもっと考えてみようじゃないかということ。それだ。現在の平和な日常性とのつながりですね」、「戦争中の非日常性をもってきて、現在の日常性を裁断することはやりたくない。やっていないつもりです」、「私、戦争体験なんてそんなものないと思うんですよ。自分ではね。戦時中における生活体験なんですよ[*41]」。

身体感覚としての戦後民主主義

これまで述べてきた二つの観点は、小田にとっての戦争体験の意味づけと関連するものであった。もう一つの重要な観点は、そうした「満州事変の頃」に生まれた世代がもつ固有の戦争体験が、まさにそれゆえに戦後思想、戦後秩序の出発点を準備したという考えである。戦前と戦後を架橋する思想を小田は模索していたのである。

小田らの世代は、戦争について観念やイデオロギーをもちえなかった世代であるとともに、戦後という時代の始まりを敗戦時の価値観の大転換を通して経験した世代でもあった。小田によれば、そのため、新憲法を含む戦後民主主義を思弁的にではなく一種の身体感覚レベルで吸収していったという。『世界』六二年六月号に掲載された「『あたりまえ』意識のなかの憲法」で彼は、「根本的には、私は、『新憲法』がかたちづくる秩序、感覚」を、「すでに『新憲法発布』以前にもち始めていた。敗戦からそれまでに至る短かい時間のあいだに身につけ始めていた」と述べ、次のように続ける。

「『何を今さら』という気がした。天皇は人間であり、戦争は放棄すべきものであり、基本的人権はどんなことがあってもまもられるべきものであり、男女は平等であり……。それらは私にとって、すでに自明のこと、あたりまえのことであった。正直言うと、発布に至るまでの憲法論議をきくにつけ、私は思った――『何をぐずぐずまだそんなことを問題にしているのか』そして、そう思ったのは、ふたたび言うが、私のみではなかったのである。たしかに、当時の日本にみなぎっていた新しい日本をつくり出そうという理想主義的な欲求は、政治より一歩先んじたところにいたのだろう」[*42]※。

※このような身体感覚としての戦後民主主義について、小田とはかなりタイプが異なるが、六〇年代に活躍した作家・寺山修司（三五年生まれ）から室謙二が聞いたという次のような話にも共通性を見出すことができるだろう。

> 「戦後の都会の焼け跡にボールを持った人がひとりいる。そこに知らない人があらわれて、見知らぬ二人はキャッチボールをはじめる。そこにまた人がくわわり、何人もの人間が一つのボールを投げて受けて、多角形になってコミュニケーションをあそぶ。それが爆撃で無茶苦茶になった日本の焼け跡ではじまる新しい人間関係であり、それが戦後民主主義の原初的イメージなのだ[*43]」。

身体感覚としての憲法を含む戦後民主主義の受容はなぜおきたのだろうか。この点を戦争体験と結びつけて解くカギとして小田が提示したのが、「公状況」と「私状況」というとらえ方であった。小田によれば「公状況」とは「公の大義名分」であり、それは「大東亜共栄圏の理想」や「天皇陛下のために」をさす。これに対して「私状況」とは「私の事情」であり、「言論の弾圧であり徴用であり飢えであり、戦場に駆り出されることで、究極的には死ぬこと[*44]」である。戦況が悪化するなかで小田が見たのは、「公状況」と「私状況」との乖離であり、そこで決定的だったのは、空襲のなかで見た死であった。彼は次のように述べる。

「私が見たのは無意味な死だった。その『公状況』のためには何の役にも立っていない、ただもう死にたくないと逃げまわっているうちに黒焦げになってしまった、いわば、虫ケラどもの死であった[*45]」。

このように述べる小田は、敗戦と戦後の出発においては、こうした「公状況」と「私状況」の間に完全な立場の逆転がおこったとし、そして「難死」を起点とする「私状況」による新たな「公状況」の再構築の時代を迎えたのだという。この点について小田は次のように説明している。

「敗戦はその事情を逆転させる。その逆転は、『難死』の側に、それが完全な成功であると錯覚させるほどに完全な逆転であったのだろう。民主主義の『到来』は、『難死』を歴史の主役としたが、また同時に、社会、歴史に対して責任ある地位においた。ということは、戦争のイデオロギーの『公状況』が打ち倒されたあとで、新しい『公状況』を打ちたて、それと『私状況』との結びつきを考えなければならなかったということだったが、『難死』はそれを十分にやったとは言えなかった[*46]」。

小田の「『難死』の思想」は、戦争体験の思想化であるだけではなく、「難死」を体験した世代の戦後の出発点、戦後思想の原点であることを意味していた。戦後の始まりとともに価値観の大転換がおこり、しばしば指摘されるように、昨日までの軍国主義者が一夜明けると民主主義者に変貌を遂げるという珍しくない例が、小田らの若い世代にショックを与えた。そのことは、既存のあらゆる価値観をいったんは懐疑のフィルターを通して見ることにもつながる一方、「私状況」優先のなかで身体感覚として戦後民主主義の空気を吸ったことそれ自体が、日本社会を考え批判する際に繰り返し立ち戻る引照基準にもなったのである。
　こうした小田の「『難死』の思想」は、三〇年代前半に生まれた世代の戦争体験をバネに形成されたものであるが、その世代のみにしか共鳴をよばない、あるいは知識人のなかでしか流通しない閉じた思想ではなく、世代を超え非エリートの人びとの意識にもつながるものであった。知識人ではない民衆の戦争体験記録を掘り起こして、それが戦後にどうのようにつながったかを検討した歴史学者・吉見義明は、当時の人びとについて「未曽有の惨劇にみまわれた人びとは、その惨劇を繰り返さないために、戦争放棄と平和実現の意思を固めていた[*47]」と指摘している。吉見の研究で取り上げられている人物の一人、三菱重工横浜造船所工員であった花村耕一（一九二六年生まれ）は、彼自身の戦争の見方を、当時出版され話題になった『きけわだつみのこえ』への違和感とともに次のように述べている。

　「当時の気持ふつ〱とよみがへる。しかし、生へのあくがれにもえし人いかに多かりしかと感じる。たゞその様な人の遺作を集めし所に問題は有ると、自分は思ふ。余りにも軍国主義をのろふために、一方的に収録したとも解せられて?・不幸にして、ほとんど同年令の人達で有り乍ら、学校に学ばぬ身にとって、単なる自己の周囲にのみしか知らざる身で有り、主義も知らず、たゞ与へられた範囲での知識によって、この書に残せし人のごとくに国家、社会を広く見る事の出来ぬ自分だったので、たゞ〝死〟さへと思ってゐたその点に喰いちがいを生じたので一方的と解すのかも知れぬ。たゞ家へ帰りたい、死ぬ前に一度と、それ丈はこの人達と変らぬ意志を持ってゐた点にのみ断言出来る[*48]」。

ここには、小田が指摘するような観念やイデオロギーではないレベルで戦争と死をとらえ、それをバネにして生を希求する見方が示されており、小田の「『難死』の思想」と通底する考え方を見て取ることができるだろう。

こうした民衆の意識を指摘する一方、吉見は、「対アジア侵略戦争の事実を踏まえて、平和を構想するという発想」は「ほとんどなかったことも事実[*49]」と指摘しているが、この点は民衆ばかりではなく小田のような知識人にも見られることであり、小田の「加害」の論理の形成の問題と深くかかわっている。この点については後に改めて触れることにしよう。

第二章　べ平連発足

小田の起用

小田実が「『難死』の思想」を発表して間もなく、アメリカによる北爆が開始された（一九六五年二月七日）。べ平連結成の動きが始まるのは、それから二か月が経過した三月後半になってのことだった。第一章でみたように、少なくとも小田の六〇年代半ばまでの言論活動をみる限り、すでに小田自身は、べ平連かどうかはともかく、ベトナム反戦運動に主体的にかかわるだけの思想的なバックボーンは十分にできていたと言えるだろう。では、小田にべ平連「代表」の白羽の矢が立ったのはなぜなのだろうか。べ平連発足の際に小田を代表として起用したことが、その後のべ平連の広がりの大きな要因にもなり、また、べ平連運動のスタイルや方向性にも影響を与えることになった。本章では、小田起用をめぐる動きについて、小田自身の行動も含めて見ていくことにしよう。

べ平連の立ち上げに際しての小田の起用は、高畠通敏と鶴見俊輔の話し合いが発端となった。高畠は気鋭の政治学者であり、当時は立教大学助教授だった。高畠はまた、思想の科学研究会の事務局長をつとめていたが、戦後思想に大きな影響を与えたこの雑誌を始めたのが鶴見だった。鶴見と高畠は思想の科学研究会の中心メンバーであるとともに、一九六〇年安保闘争のさ中に誕生した「声なき声の会」のメンバーでもあった。二人は、それまで社会運動にかかわりのなかった人物に依頼しようということにし、鶴見が小田に連絡をとった。鶴見は次のように回想している。

「六〇年安保のときに旗を振ったわけじゃない人を代表に頼もうということになって、それで小田さんに白羽の矢を立てて、私は正確に言えば二編会った程度で、※付き合いはないんだけどね。電話をしたんだ。小田さんは大阪にいた。これこれのことやるから代表になってくれないかって。そしたら、電話一本で彼『うん』って言ったんだよ」[*1]。

※鶴見は小田とは「二編会った程度」と述べているが、小田は「そのときまで私は鶴見さんにたしか一度しか会ったことがなかった」[*2]と回想している。

石原慎太郎は代表候補だったのか？

鶴見の回想では、社会運動の未経験者という理由のみで小田に依頼したこと以外にはとくに説明もなされていない。回想を読む限り積極的に小田を推していたようには見えない。このような文脈のなかで、小田以外の候補者、そして小田以上に有力な候補者として石原慎太郎の名前があがっていたという説明が登場する。

実際に、小田か石原かという選択肢が当時話題になったのだろうか。その可能性はゼロとまでは言えないが、限りなくゼロに近かったように思われる。この点を検討する前に、石原が有力な候補者だったという小熊英二と竹内洋（教育社会学者）の説明を紹介しておこう。

小熊は「ベ平連結成時には、小田よりも、同世代の石原慎太郎を推す意見もあったという。当時の石原は、若者に人気のある行動派作家で、まだ右傾化しておらず、むしろ六〇年安保闘争で、同世代の大江健三郎や谷川俊太郎などと『若い日本の会』を結成して行動した経緯を評価されていた[*3]」と述べている。この小熊の説明のなかで疑問なのは、鶴見と高畠が小田に依頼した唯一の理由が六〇年安保にかかわっていなかった点であったにもかかわらず、石原に対しては六〇年安保への積極的なかかわりが評価されている点である。鶴見と高畠の人選においての重要な基準は六〇年安保にかかわっていない、あるいは社会運動にかかわっていないということではなかったのか。

小熊の説明以上に、石原が代表になった可能性についてより積極的な議論を展開しているのが竹内である。竹内は「小田と石原の名前は並列して挙がったというより、『小田というのはどうも新右翼ではないか、石原の方がいいんじゃないか』という見方が強かったほどだった[*4]」と述べ、石原の方がむしろ有力であったと指摘する。そして「ベ平連代表の打診があったら、石原は引き受けていたかどうか」という問いを立て、「いまとなってはあり得ないことだが、当時の石原ならその可能性はあった[*5]」という。石原が引き受けた可能性があったとする根拠として竹内が取り上げるのが、小熊の著書で紹介されている石原のエッセイ「君たちにも何か出来る」である。このエッセイは当時の慶応大学での学生運動に石原が理解を示すものであり、石原とべ平連関係者との立ち位置はそう遠くなかったと推察されている[*6]。この竹内の議論についても、先ほどの小熊の説明について指摘したのと同様の疑問を投げかけることができる。つまり、そもそも社会運動の未経験者ということが小田起用の理由ではなかったのか。小田については社会運動の未経験、石原については社会運動の経験と関心、というダブルスタンダードが存在していたのだろうか。

また、竹内は石原が学生運動を積極的に支持していたことを理由に、仮に代表就任の依頼があれば石原は引き受けていた可能性があったと述べているが、この点も疑問である。当時の石原は社会の権威に反発する学生運動に一定の共感をもっていたのかもしれない。しかし、そこではべ平連の運動は反戦運動・平和運動だったという基本的な事実が見落とされているのではないか。たとえば作家・佐野洋による石原の伝記によれば、当時の石原は「戦争体験などというものにいつまでも拘泥しているのは懐古趣味であり女々しい、それよりもこの現実の過酷さを正視することの方が重要だ[*7]」と考えていたという。「『難死』の思想」執筆に至るまで持続的に戦争体験の意味を問い続けていた小田とは対照的な地点に立っていたのが石原だったのである。

石原説の出どころ

このように、小熊や竹内の石原をめぐる説明は必ずしも説得的ではないように思われる。ここまで両者の説明の中身に即して疑問を述べてきたが、石原が有力候補だったとする二人の議論の出発点そのものに問題が孕まれているのではないのだろうか。

実は二人がともに依拠しているのは、『諸君！』一九七三年四月号に掲載された「べ平連に何が起っているか」というレポートである。このレポートの筆者は上之郷利昭という人物であり、当時は東京新聞特報部記者であった。このレポートのなかで上之郷は次のように記している。

「べ平連が創設されるとき、看板になる男が必要だというのであれこれあげつらったところ、小田実氏とともに石原慎太郎氏の名前が上がった。しかも、『小田というのはどうも新右翼ではないか、石原の方がいいんじゃないか』という見方が強かった、というエピソードはべ平連発足当時の事情を物語っていて面白い[*8]」。

上之郷は、このエピソードをどこから聞いてきたものなのか記していないし、出典も記されていない。べ平連関係者が記した様々な記録類を見ても石原という名前が出てこない。べ平連関係者の記録のなかで、この問題に関連するであろう石原関係の記述は、吉川勇一によるもの、そしてもう一つは、高畠と久野収の対談のなかにある。とくに重要なのは、吉川の記録であると思われる[※]。

※高畠との対談のなかで久野は「〝リーダー〟としては、いろんな人々の名前が挙がりましたよ。石原慎太郎君、大江健三郎君……。もちろん、石原君は『安保闘争』当時『若い日本の会』をつくっていた一人としてで、〝右傾〟する前の石原君[*9]（笑）」と述べている。このインタビューは一九九四年七月と一〇月に行われ、同年末から

翌年にかけて週刊『エコノミスト』に掲載された。この対談について吉川勇一は「あのインタビューでは、久野さんの思い込みや思い違いが多く入っているんですよ。記憶が曖昧になってきていて、事実関係の誤りがかなりあるわけね」と述べ、例えば新宿べ平連の古屋能子が横浜べ平連になっていたり、小中陽太郎が映画プロデューサー出身となっている点などを指摘している。[10] 久野と高畠の対談が吉川の著書『市民運動の宿題』が発刊された後であることを考慮すると、べ平連代表に関する久野の発言もまた、久野の思い違いである可能性が高い。

吉川は、べ平連についての彼の回想をまとめた『市民運動の宿題』という著書のなかで、小田の『何でも見てやろう』の読後感として「これはひょっとすると日本のネオナショナリズムのリーダーになりかねぬ人物かも知れない、というものだった」と述べ、「それに対し、六〇年安保闘争の中で『若い日本の会』をつくったりした『太陽の季節』の石原慎太郎の方にむしろ期待をもっていた」[11]と記している。そして小田自身もまた「あとで長年『べ平連』の運動の仲間になる『左』の人たち――私はこの『「左」の人たち』という言い方を愛して使うのだが、その人たちは、『また新手の右翼が出て来たと思った』とよく私に言ったものだ」[12]と述べている。上之郷の上記レポートを読むと、上之郷はべ平連取材においてかなり吉川からの情報に依拠している。べ平連代表候補として小田と石原の名前があがったというエピソードは、吉川を取材する上之郷のなかで情報が錯綜した結果つくりあげられた可能性が高いように思われる。すなわち、共産党の活動家として平和運動に携わった吉川は、当時ベストセラーになった小田の『何でも見てやろう』を読み、新手のナショナリストではないかと受けとめ、一方六〇年安保における石原の行動を見て一定の期待感をもっていた。これは吉川の回想通りなのだろう。新聞記者としてべ平連の取材をしていた上之郷は、当時東京のべ平連の事務局長をしていた吉川から様々な話を聞いていたが、そのなかで、べ平連以前の小田に対する吉川のイメージを聞き、それがべ平連誕生時の話に結びついてしまったのではないか。しかし、吉川はべ平連の立ち上げには全くかかわっていなかったのである。

『ヴェトナム・デモ』ノート

もちろん、吉川の情報が上之郷によりデフォルメされ生み出されたのではないかというのも推測の域を出るものではない。しかし、石原が候補者と考えられる可能性が極めて低かったことを示唆する資料が存在する。立教大学共生社会研究センターが所蔵し、二〇一七年に国立歴史民俗博物館で開催された企画展示「『1968年』無数の問いの噴出の時代」でも展示された『ヴェトナム・デモ』ノートである。[*13]

鶴見俊輔が残した『ヴェトナム・デモ』と表紙に記されたノート四冊には、べ平連の立ち上げから六五年八月に行われた徹夜ティーチ・イン[※]にかけてのメモ書きが残されている。このノートに記されている記述に依拠して、べ平連立ち上げの経緯を整理してみることにしよう。

※ティーチ・インとは、座り込み（Sit-in）を参考にして名付けられた討論形式の集会のことを指し、六五年三月

写真4　『ヴェトナム・デモ』ノート
べ平連の立ち上げから初期の活動についての鶴見俊輔によるメモは、試行錯誤を繰り返しながらべ平連運動が拡大していったことを伝えている。

にミシガン大学アナーバー校で徹夜ティーチ・インが初めて行われ、その後全米の大学に広まった。[*14]

まず三月二七日に文春画廊で開催中の富士正晴個展の会場で高畠と鶴見が会い、鶴見は高畠から「ベトナムについてのデモを、声なき声で呼びかけておこしたいが、事務連絡責任者が見つからない、現在の自分にはムリだという相談」を受ける。翌々日の二九日に鶴見俊輔と鶴見良行が相談し、その際、経済学者・都留重人から「しずかなデモのプラン、新聞広告のプラン」というアイデアが寄せられている。翌三〇日に『中井正一全集』の集まりがあり、「久野収の意見で安保の際のリーダーより若い層で、新しい指導部をつくる案」が示される。三一日、鶴見俊輔と高畠が再び会い、四月三日に打合せ会、二四日にデモの予定で連絡を開始することにした。そしてメモによると四月一日に「スポークスマンは小田実」という記載があり、二

日に「小田実、スポークスマンになることを承知」とある。※

※以上の記載は、『ヴェトナム・デモ』ノートの第一分冊に記されたメモによる。このノートに記載されているメモは、打ち合わせや話し合いの際の走り書きと、しばらく時間をおいて書かれたメモが混在している。べ平連発足の経緯に関するメモのかなりの部分は楷書体で書かれており、しばらく後に備忘録的に書かれたものと思われる。しかし、記されている情報が詳細な経過についてのものであり、べ平連発足からそれほど間を置かない時期に記されたものと考えられる。なお、『ヴェトナム・デモ』ノートには頁数が入っていないため、以下での引用の場合、本文のなかで引用が分かるかたちをとる。

このような『ヴェトナム・デモ』ノートに残されたメモを踏まえると、三月二七日の鶴見と高畠の話し合いの際に小田の名前が出たのかどうかは微妙である。これまでは、最初の鶴見と高畠の話し合いの後すぐに鶴見が小田に電話をかけたかのように思われていたが、実際に鶴見が小田に電話をかけたのは、四月一日ないしは二日である。三〇日の『中井正一全集』の集まりでの久野の発言を受け、翌三一日の鶴見と高畠の二度目の相談の際に小田に声をかけてみることとなり、鶴見が小田に電話をして承諾を得たという経緯ではなかったかと考えられる。このような推測が成り立つのは、鶴見から小田への連絡は一度だけであり、そこで小田が即答するかたちで参加を承諾したというのは動かしがたい事実だと考えられるからである。

こうした経緯を見ると、小田をスポークスマンにというアイデアは久野のアイデアだった可能性も否定できない。実は、この時期、小田と久野の接点がなかったわけではない。久野が編集した（そして三月三〇日に出版記念の集まりが催された）『中井正一全集』第二巻の別冊の付録に小田が小文を寄稿しているのである。この小文で小田は「私にとって、中井正一氏の著作の魅力は、ひねこびない、裏からのねちねちさのない正面きった明るさにある。明るさということばが誤解をまねくなら、正攻法の魅力だと言ってもよい[*15]」と述べ、久野の盟友だった中井を高く評価している。小田起用に関しての久野の関与の可能性については、小熊も美術評論家で新日本文学会の会員でもあった針生一郎の回想を引き、小田の起用が久野の発案だった可能性に触れてはいるが[*16]、注記で「久野が鶴見らと連絡があってこうした提起をしたのかは不明[*17]」としている。だが、『中井正一全集』出版の集まりの後に鶴見が小田に電話をかけていること、そしてノートに久野の発言が記されていることから、久野の影響があった可能性は非常に高かったように思われる。

一方、『ヴェトナム・ノート』のなかには石原の名前はまったく登場していない。もし、小田よりもむしろ石原を推す声の方が強かったとするならば、石原の名前が一度は登場してもよいはずである。さらに言えば、四月六日の時点で「呼びかけ人素案」が作成されるが、そこには開高健や高橋和巳、小松左京などの作家の名前も確認できるものの石原の名前はない。

以上のことから、小田とともに、あるいは小田以上に有力な代表候補者として石原の名前があがったというエピソードは、後にできあがった作り話だった可能性が高いと言ってよいだろう。

小田実は右翼とみられていたのか？

では、なぜ小田だったのだろうか。もちろん、高畠と鶴見にとって、当時の小田は未知数の存在だったことも事実だろう。久野の発案の影響はかなりあったと思われるが、最初に小田に依頼したのには、それなりの背景があったように思われる。この問題を、小田のサイドから考察してみることにしよう。

当時の小田が「右」に位置する人物と見られていたという点について、小田の幼馴染でもある作家・米谷ふみ子は小田から次のような話を聞いたという。

「僕はなあ。アメリカから帰ってきた頃は日本の社会が左に傾いていたから皆僕のことを右翼やと呼んどったんや。それが僕は全然変わってへんのに、今は社会が右に傾いてるやろ。僕のことを左翼と呼んどるわ。あはは」[*18]。

小田がかつて「右」と見られていたことについては、小田の晩年の二〇〇二年に行われた座談会でも小田自身が次のように振り返っている。

「あの頃は（一九六一年の『何でも見てやろう』出版の後の六〇年代前半の頃——筆者注）、ラジオやテレビの番組によく呼ばれたけど、私は最初、右翼の代表だった。ところが、そのうちに真ん中に、やがて左翼から極左になって、今はまったく呼ばれなくなった（笑）。私は全然変わっていないけど、世の中の方が変わっていったんだね」[*19]。

しかし、たしかに小田は左翼ではなかったものの、右翼とまで見られていたかどうかは微妙である。小田は六〇年安保には参加しておらず、その後も社会運動にかかわった経験はなかった。ところが、彼の代表的な評論であり、ベ平連の思想的な核の一つとなった「『難死』の思想」が掲載された『展望』は、右翼系の雑誌ではなく左翼系ないしリベラルに位置する雑誌だった。「『難死』の思想」を掲載した『展望』一月号の発売は前月の一二月であるから、高畠と鶴見が話し合う数か月前に発表されていたことになる。当時の『展望』を、鶴見、高畠のどちらも目を通していないとは考えにくい。そして、すでに論じたように、小田は「『難死』の思想」に至るまでの時期、様々な場所で戦争体験の問題をはじめとして社会的な発言を行っていたのである。

都留重人の小田評価

少なくとも鶴見や高畠の周辺において、小田の言論はある程度注目を浴びるようになっていたように思われる。たとえば、『ヴェトナム・デモ』ノートのメモによれば、ベ平連結成の準備段階で鶴見に対して運動の新しいアイデアを提示した一人に経済学者・都留重人がいたことが確認できる。鶴見にとって都留は、ハーバード留学時代以来世話になっており、鶴見自身が「私にとって生涯唯一の先生」というほどに尊敬の対象でもあった。[*20] 実は都留は、小田に注目していた知識人の一人でもあった。当時都留は、『朝日新聞』紙上で論壇時評を担当しており、小田の評論「アメリカの作ったもう一つの日本」（『中央公論』一九六三年六月号）について「小田はここで、現代日本社会の『繁栄』の一側面を、たくみにえぐりだしている」、「日本に二つの『日本』がある。そこで挙げられている驚くべき事例を、私などは初耳であったという事実こそ『もう一つの日本』の存在を実証することになるのかもしれない[*21]」と述べている。

さらに六五年の論壇時評では、小田の「沖縄の中のアメリカ」（『中央公論』一九六五年三月号）を取り上げ、「あらためて多くのことを考えさせられる」、「小田は、気どらぬ普通人の良識で、いろんな人に会い、いろんな所を見、ぶしつけともいわれそうな質問もし、小さなことの中にも小田特有の観察眼をはたらかせ、生き生きとしたルポルタージュを書いた[*22]」と高く評価し、さらに「『難死』の思想」についても、「『私状況』と『公状況』とを区別し、『私』を『公』に埋没させないよう、『私』をどこまでも『私』として確立させようと説いているが、堀田（善衛――筆者注）の『我慢論』と一脈通じるものがあって、興味深い[*23]」と論評している。このように都留の論壇時評での小田の取り上げ方は、いずれも好意的なものであった。

桑原武夫と小田

また、人脈の点からいえば、小田の場合、高畠はともかく鶴見とは比較的近い場所にいたように思われる。先述したように、小田は高校在学中の一九五一年に最初の小説『明後日の手記』を河出書房から出版しているが、このデビュー作には、当時京都大学の人文研究所教授であった桑原武夫による序文が添えられている。桑原は「旧文壇的基準にてらして不手際を指摘するのはむしろ容易だろうが、作者は恐らく、そのような基準を無視して、外国文学ならびに中村真一郎氏、椎名麟三氏らの影響の下に数年来丸山薫氏の指導の下に作詩した経験を生かしつつ、いきなり大胆にフィクションによる自己主張を試みたのであろう。その冒険は評価されるべきであり、一つの新しい方向をひらいたとさえいえよう[*24]」と小田への期待をこめた文章を寄せているのである。

高校時代の小田は桑原とかなり親しい関係にあったようである。たとえば、両者の関係を物語るエピソードを作家の安岡章太郎は次のように記している。

「高校生の時分に小田は京大教授の桑原武夫氏のところへ遊びに行き、東大と京大とどっちへ入ったらいいだろう、と相談を持ちかけたという。桑原教授は、ずうずうしいとも人を食ったとも言いようのない質問にアキれながら、

『そりゃ、どっちも好え学校やけど、入学試験いうもんがあることを忘れンようにな』

とこたえたところ、小田は落ち着きはらって、

『それやったら、べつに心配ないと思います』

と返答した由[*25]」。

周知のとおり、京都大学人文研究所教授の桑原は、東京にいた鶴見俊輔を京都大学に招き、鶴見は一九四九年からの五年間、同研究所に籍があった。[*26]高校生の小田が桑原の研究室に出入りしていたのはちょうどその頃だった。[※]

※東大入学後の小田は、どの学科に入るか、当時新聞研究所にいた日高六郎の研究室を訪ね相談したようであ

る。日高は次のように回想している。

「小田実が学生として教養学部にいたとき、『英語英文学科にいこうか、言語学科にいこうか、迷っているんだけど、日高さんどう思うね？』って、僕の研究室にずけずけと来て、相談を受けたことがある。彼はわりと頻繁に来た。教養だから、まだ駒場にいるときに。僕は、『英語英文科はやめなさいよ、行くなら言語学科のほうがましかな』と、こう言った」[*27]。

このように、高校在学中は桑原、大学在学中は日高というように、後のべ平連の運動で多大な協力を得る二人の知識人と積極的に接触を重ねていたのが学生時代の小田だった。

また、『何でも見てやろう』以後の言論活動により、小田は徐々に当時のリベラルな立場に立つ知識人とのつながりを深めていった。たとえば、一九六三年には中国研究者で思想家の竹内好が主宰する中国の会が発行する雑誌『中国』第六号に小文を寄せており[*28]、さらに、すでに指摘したように一九六四年に久野収編で出版された『中井正一全集』の「月報」にも小文を寄せている。したがって、小田の人間関係から見ても言論活動から見ても、六五年時点でべ平連の代表を小田に依頼するということは、それほど意外なことではなかったのではなかろうか。

鶴見俊輔と小田

とはいえ、鶴見の回想を読むと、べ平連以前の小田について鶴見自身は非常に素っ気なかった印象を受ける。実際、その頃の鶴見は小田を必ずしも高くは評価していなかったように思われる。そのことは、べ平連発足以前に行われた二人の対談に示されている。対談は小田が出版した『日本の知識人』[*29]をめぐって行われており、鶴見はこの本について「留学三代記みたいなもの、これはたいへんおもしろいと思いましたね[*30]」と評価する一方、「ここで落ちているのは、外国に行かない知識人なんですよね。にもかかわらず、結論はね、外国に行かない日本の知識人についての結論を出しているわけなんだ。（中略）そこのところが、論証の手続としてまずい[*31]」と小田の著書における方法論上の問題点を指摘している。対談の最後に小田が「個人と社会との中で、どこまで自分を守るかという点に、倫理がかかってくるわけでしょう。（中略）一つ一つの状況に応じて変わる場合に、どっか一つのきめ手がないといけないと思う。ぼくの場合だったら、それはリベラリズムだと思うし、リベラリズムを非常に戦闘的なものとして考えたい。そういうものを自分の倫理の基調にしたいと僕は思うんです[*32]」と自らの政治的な立ち位置を述べているが、この小田の発言に対して鶴見は特段の反応を示していない。

　このように見てくると、当時の鶴見や高畠の周辺にいたリベラルな立場に立つ知識人・文化人のなかで小田の存在は徐々に注目されるようになっていたが、鶴見自身はこの時点でさほど小田の思想を高く評価しているわけでもなかった、ということができるだろう。しかし、六〇年安保の経験からは自由であり、なおかつ反戦平和運動に理解を示し、リベラルな潮流に近いと思われる小田に代表を依頼することについて、鶴見には抵抗感もなかったのであろう。

小田にとってのべ平連——竹内説への疑問

べ平連の代表への小田起用の背景について検討を加えてきたが、鶴見の電話に対して小田が即答で承諾したのはなぜなのだろうか。この点について検討を加えておくことにしよう。従来もっぱら鶴見や高畠らの依頼する側からの説明がなされてきたが、即答で承諾した小田の側の事情についてはあまり考慮されてこなかったからである。

小田がべ平連代表を引き受けた理由について、かなり大胆な仮説を提示したのが竹内洋である。竹内は、べ平連時代の小田は長期の躁状態にあったのではないかと指摘し「初期の自己批判とユーモアに溢れた柔軟な小田と、後半期の陰鬱で硬直した小田の大きな落差[*33]」があったという。竹内は『何でも見てやろう』出版以前の小田についての河出書房編集者・坂本一亀らの回想を引用して、「陰鬱で不機嫌な晩期の小田実は、高校生から大学生の小田の隠伏したパーソナリティの再現ではなかったろうか[*34]」、「小田は、その生涯で鬱状態（高校時代から大学生まで）から躁状態（留学時代から初期べ平連まで）、そして鬱状態（後期べ平連以後）へと周期を描いて駆け巡ったということになる[*35]」としている。べ平連への参加とその後の活動は、長期の躁状態にあったがゆえに可能となったというのである。しかし、小田の精神状態による説明には果たしてどこまで説得力があるのだろうか。そもそも青年期の小田は竹内が指摘するような陰鬱で神経質な青年だったのだろうか。

小田の二面性

高校時代に出版した最初の小説『明後日の手記』以来、小田の作品の編集にあたっていた坂本一亀についての伝記は、「坂本一亀が抑圧から解き放たれて、楽しそうに接していた相手の一人を挙げるとしたら、それは小田実であるだろう」[*36]、「ざっくばらんで、言いたいことを忌憚なくしゃべる小田実を、坂本一亀はとても愛していたのではないかと思う。いつも気むずかしい顔をしていた坂本一亀は、小田実が現れると、子供のように邪気のない、人懐っこい可愛い笑顔を見せたのが印象に残っている」[*37]と述べている。このように、少なくとも坂本の伝記に登場する小田の人物像は暗く陰鬱な青年ではない。

小田の古くからの知人であった作家・真継伸彦の例を見てみよう。真継は『小田実全仕事1』（一九七〇年）の解説のなかで「はじめて会ったのはたしか昭和三十一年の初頭で、場所は世田谷区三軒茶屋のさる喫茶店」[*38]での小田の様子を次のように記している。

> 「私は小田と最初からうまが合った。小田の人をもてなすたくみな饒舌とあけっぴろげな性格は、だれをも初対面から友人にしてしまうのだが、それだけではない。私は長身痩躯の彼が暗く鋭い目をかがやかせて熱烈に語る文学理念、すなわち全体小説論にもとから共鳴していたのである」[*39]。

真継が小田と初めて会った一九五六年は、小田がアメリカに留学する前の時期であり、竹内によれば長期の鬱状態にあった時期にあたる。しかし「人をもてなすたくみな饒舌」、「あけっぴろげな性格」が当時の小田の特徴だったのである。

この真継の回想について、小熊はなぜか後半の「暗く鋭い目」の部分の方を引用して当時の小田の性格を説明しているが、[*40]「たくみな饒舌とあけっぴろげな性格」により「だれをも初対面から友人にしてしまう」という、べ平連の時代の小田のイメージにつながる面も確かに存在していたのである。

小田の性格については、彼を知る様々な人々の様々な言及があるが、竹内のように、ある時期には躁状態、ある時期には鬱状態として時間軸でみるのではなく、元々小田には豪放磊落な面と神経質な面が同居しており、局面に応じてそのどちらかがより強くでたと考えた方が自然ではなかろうか。小田の性格の二面性について、小田に誘われてべ平連に参加し、初期のべ平連運動の牽引者の一人であった開高健のエッセイが巧みに描写している。

「たしか彼が放浪記を出版して間もない頃だった。それまでまったく面識がなかったので、ある日、新宿の喫茶店で初のお手合わせを試みることとなった。

約束の時刻に約束の場所へいってみると、写真のとおりの大きな男がよれよれのレインコートを着て、猫背、もじゃもじゃ髪であらわれた。ひどくせかせかした口調で、待ったか、わア、すまん、すまんといった。

ジュースを飲みながら、まず御挨拶にと思って、タバコをさしだしてみたら彼は手をふった。

いきなり大きな声で、

『タバコは吸えへんねん。オレはそんな非本質的なもンとかかわりあえへんねん』

そういったあと、とつぜん発作的にケッ、ケッ、ケッと笑った。大げさなことをいう男だと思ったが、何となくその笑声を聞くと、これはかなりな躁鬱症だとも思わせられた。自分が日頃から苦しめられているから、つい、人にもおなじものの影を読んでしまうのかも知れないが……」[*41]。

このように小田は一方で豪放磊落、しかし一方では極めて繊細でナイーブな部分をもっていた人物であったように思われる。いずれにせよ、小田の精神状態からべ平連との関係を説明するのではなく、小田の政治や社会、そして戦争そのものに対する思想形成から説明する必要があるだろう。

戦闘的リベラリストと沖縄体験

先に取り上げた鶴見との対談のなかで、小田が「リベラリズムを非常に戦闘的なものとして考えたい。そういうものを自分の倫理の基調にしたい」と述べているように、『何でも見てやろう』以後の小田は、戦闘的リベラリズムへの志向性を強めていた。

こうしたリベラルへの共感は、当時の論壇に対する小田の次のような評価のなかにも端的に示されている。

「日高六郎氏の『歴史の役割と理性の立場』（『展望』）は、まさに『あたりまえ』のこと、原理的に『あたりまえ』のことを、人を説得できる口調と論理をもって述べていた。この文章の趣旨を一口で言えば、現実追随の現実主義（私自身はほんとうの現実主義とは考えない）に対して、戦後民主主義と平和主義の積極的価値を考えなおそうということであろう。同じ文脈のなかで読まれるべきものとして、同じ『展望』の、私は深く同感したが、本多秋五氏の『戦後文学史論』がある。あるいはまた、松田道雄氏の『一市民のマルクス主義体験』（『展望』）、加藤周一氏の『十年の道の半ばで』（『世界』）戦後このかたの思想状況を手ぎわよく説明してくれる座談会『革新思想の問題状況』（『現代の理論』）も、そこから出発してよむことができる[*42]」。

こうしたリベラルへの共感に加え、小田がベ平連に積極的に参加する決定的な契機となったのは、沖縄での経験だった。小田が沖縄を訪れたのは、『展望』に「『難死』の思想」が掲載された後の一九六四年暮れから六五年初めにかけてである。そこで小田は在沖米軍関係者や沖縄人民党の瀬長亀次郎らと面談している。沖縄を支配する米軍について小田は、「ワトソン氏（当時の高等弁務官・アルバート・ワトソン二世――筆者注）に欠けているものは、ワトソン氏のみならずたいていのアメリカ人に欠けているものは、たとえば『日本が共産主義化しようがしまいが、それは日本人自身の問題であって、アメリカ人にはとやかく言う権利も義務もない。』という観点だろう。私はまずその第一原則をはっきり樹立したうえで、あらためてアメリカとの関係を考えることが日米関係においてもっとも重要なことだと考える[*43]」と述べ、歪んだ日米関係の現実とそこからの脱却の必要性を指摘する。そして「『リューキューアン』をふくめて日本人は、たえず、自分の権利を主張していかなければならない。その努力をおこたるとき、沖縄の返還が日本の核武装を許容する新しい安保条約締結と交換する形で行われるというおそるべき事態が起るかも知れない。一九七〇年をあと五年に控えて、私たちは安保条約の廃案と沖縄の返還をいかに実現するかを具体的に考えるときに、いま来ているのである[*44]」というように、日米安保条約を前提とする沖縄返還の危険性を指摘し、安保廃棄と結びついた沖縄返還の必要性という認識を示している。

小田にとって沖縄での見聞がどれほど重要だったかについては、べ平連発足後、『文藝』六五年一〇月号に掲載された、カール・オグルスビー（米ＳＤＳ（民主社会のための学生会）会長）、北小路敏（元全学連委員長）との座談会のなかで小田自身が語っている。

小田は、「作家というよりも、僕は一人の日本人としての問題として、ヴェトナム問題にたいへん関心を払って、なにかやらなければならないと思ったのは、沖縄に行ったときです」と、沖縄旅行の経験がベトナム反戦運動にかかわる引き金になったことを明らかにしている。彼は沖縄で「僕自身も沖縄に行って沖縄に日本国憲法が適用されないということを知らなかった。なんとなく日本国憲法が適用されると思っていて、これは高等弁務官にはっきりと聞いたのですが、日本国憲法というものは、平和憲法だけれども、その憲法は適用されないという確信を得た」とし、「沖縄からこのあいだのようにＢ２９が飛んでいってヴェトナムを爆撃する。もしそれが返ってきたら戦争状態になるわけです。沖縄との間はそうするとどうなるかというと、沖縄の人たちは動員される。ところが沖縄の人たちは片方で日本人であると明言している。安保条約体制の下にないから自然に巻き込まれる。しかも沖縄は日本の一部である。そうすると条理上からいうと日本も巻き込まれる」、「だから、そういうことを考えていくと、ヴェトナムの問題というものは対岸の火事じゃなくて、実はわれわれの問題であるということが、非常にはっきりとしてくる[*45]」と述べている。沖縄での見聞を媒介にしてベトナム戦争を自らの問題と捉えるようになったのである。

沖縄の問題が小田にとっていかに重要であったかは、六五年九月にアメリカのミシガン大学で行われたティーチ・インに参加した際に、アメリカの聴衆に対して小田が語ったことも沖縄の問題だったことにも示されている[※]。先に引用した対談での小田の発言からもわかるように、沖縄の見聞を通じ小田はベトナム戦争を「対岸の火事」ではないと認識するようになった。

※ミシガン大学での小田の様子を同行した鶴見良行は、次のように記している。

「一九六五年秋、アメリカのミシガン大学で行われたベトナム戦争に関する国際会議にわたしは小田や久保圭之助などといっしょに参加した。一夜かれは大講堂で千を越す聴衆を前にして、ヘンリー・ミラーなどとともに講演した。そのときかれは、主として沖縄について語ったのだが、沖縄の人間の人権がいかに抑圧されているかをひとつひとつ例をあげながら、ぶっきらぼうに、しかし早口にしゃべった。ひとくぎりするごとに小田は、どうだお前たちわかったか、といわんばかりにぎらぎらする眼で会場をねめまわした。そのたびに聴衆は拍手した。小田の英語は、お世辞にもうまいものではないが、ひとつことを思いつめた男の姿がそこにあって、わたしはひどく感動した[*46]」。

小田の代表起用問題を中心に、ベ平連発足時点の動向をみてきたが、六〇年安保以後の社会運動の沈滞傾向からの脱却を求めていた鶴見俊輔や高畠らと、『何でも見てやろう』以後の評論活動、そしてとくに沖縄での見聞によりベトナム戦争問題を「対岸の火事」ではないと捉えるに至った小田実、この両者の意図が一致し合流した瞬間、ここに戦後日本の社会運動の新たな画期をなすべ平連が誕生したのである。

第三章　「つなぎの運動」から「持続する運動」へ

——初期べ平連の運動

日米同時デモ

第一章で述べたように、べ平連の立ち上げの最初の発案者は高畠通敏だった。高畠が見るところ、べ平連が立ちあがりかなりの人が結集したのは「ベトナムの北爆にもかかわらず、自分たちの無力に焦立っていた人たちの、いわば自然発生的な連帯行動として起った」[*1]からだった。当時の高畠は、「いま一番不足し、かつ必要なものは、庶民の日常生活を、大状況への政治へとつなぐ、市民の間の政治的知慧や技能、あるいは能力といったものだと思う」、「生活と密着した市民の政治技術、そういうものを開発し、集積してゆく運動にしてゆきたい」[*2]と考えており、べ平連の運動は、生活と密着したかたちでの運動の試みだった。

ところで、これまで立ち上げ当初のべ平連の運動については、『べ平連ニュース』がまだ発行されておらず、また、事務局長としての役割を果たしべ平連の記録の整理や保存に尽力した吉川勇一はまだ運動に参加していなかったこともあり、運動の具体的な推移については必ずしも明らかではなかっ

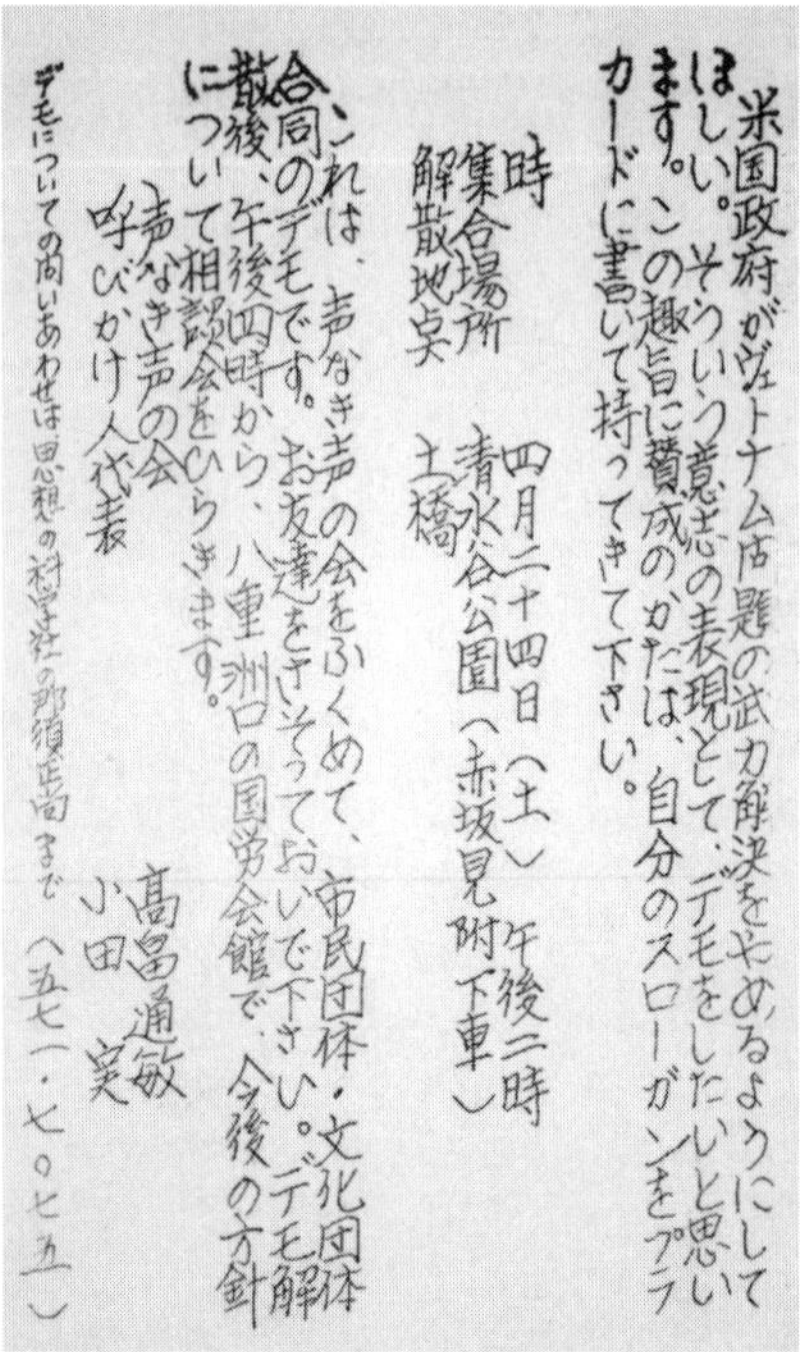

米国政府がヴェトナム問題の武力解決をやめるようにして
ほしい。そういう意志の表現として、デモをしたいと思い
ます。この趣旨に賛成のかたは、自分のスローガンをプラ
カードに書いて持ってきて下さい。

時　四月二十四日（土）午後二時
集合場所　清水谷公園（赤坂見附下車）
解散地点　土橋

これは、声なき声の会をふくめて、市民団体・文化団体
合同のデモです。お友達をさそっておいで下さい。デモ解
散後、午後四時から、八重洲口の国労会館で、今後の方針
について相談会をひらきます。

声なき声の会　高畠通敏
呼びかけ人代表　小田実

デモについての問いあわせは思想の科学社の那須正尚まで（五七一・七〇七五）

写真５　最初の集会・デモの案内葉書
高畠の肩書は「声なき声の会」となっており、問い合わせ先は思想の科学研究会となっている。

た。この空白部分を埋める貴重な資料が、先に紹介した『ヴェトナム・デモ』ノートである。そこには、べ平連の立ち上げから八月一四～一五日の徹夜ティーチ・インに至るまでの、舞台裏の動きが記されている。この経緯をたどると、発足当初のべ平連を運動当事者はどのようにとらえていたのかという点を含め、初期のべ平連運動の特徴が分かるのである。

一九六五年四月二四日の第一回目のデモ終了後、さっそく次の行動の計画が話し合われた。『ヴェトナム・デモ』ノートⅡのメモによれば、デモ当日の国労会館での話し合いの後、林光、高畠夫妻、鶴見俊輔、飯塚晃東が一時間ほど話し合いをしている。林は作曲家、飯塚は音楽関係の企画等を行っていた人物であり、参加者がバラエティに富んでいたことをうかがわせる。この話し合いでは、ベトナム関係の歌をいれたテープをつくり、「大学・組合に流す。学校放送の前後にテーマMとして放送するよう交渉」、「ベトナムの歌の楽譜を小雑誌、小新聞で同時にべつべつに出せるよう、原版（凸版）でつくる」、「平凡パンチ、サンデー毎日、週刊朝日などで、これらの歌が若い人たちのあいだで集会用につかわれているというニュースを流してもらい、この歌の流行度をたかめてゆく」といったアイデアが出されている。デモや集会だけではなく、広く大衆に訴えかけるキャンペーン活動に関心があったことが分かるだろう。また、若者に対するアピールを重視していたこともうかがわれる。

その後、世話人会がしばしば行われているが、第二回目のデモについての具体的な話が始まったのは、五月七日のことである。第一回目のデモに参加したカリフォルニア大学の学生活動家フィリップ・アルトバッハ[*3]から小田に「（日米で――筆者注）同時にデモをやろう」との電話が入ったことが報告された。そして、五月一一日の話し合いでは、発送する葉書の枚数やチラシのデザイン（依頼先として漫画家の加藤芳郎、サトウサンペイ、富永一朗、デザイナーの粟津潔の名前があがっている）といった具体的実務的な話とともに、二二日のイギリス、ガーナでのデモに関する情報提供といった海外の運動に関する情報交換も行われている。さらに五月一七日の打ち合わせでは、日米同時デモ開始前に記者会見を行うことや、英文パンフのことなどについてのメモとともに、京都べ平連に関するメモが残っている。京都べ平連については後に改めて取り上げることとし、興味深いのは、この打ち合わせの翌日の五月一八日に「5月22日以後、大行動はとらない」というメモ書きがあることである。つまり、鶴見俊輔は、計画が着々と進められている日米合同デモは行うとしても、こうした取り組みはひとまずこれで終わりにしたいと考えていたように思われる。この時点で鶴見は、べ平連が大がかりな取り組みを連続して行うことには困難を感じ始めていたようである。

第一回目のデモに続くべ平連の第二回目のデモは、五月二二日に行われた。呼びかけの葉書には、第一回目と同様、小田と高畠の名前が記されていたが、高畠の肩書は「声なき声の会」であり、連絡先は、思想の科学社の那須正尚となっている。この時点ではまだ自前の事務所すらもたないべ平連は、声なき声の会や思想の科学研究会に依存しながらデモの準備を進めていかざるをえなかった。

日米同時開催と銘打って行われたこのデモへの参加者は第一回目のデモの二倍の三〇〇〇人にのぼった。先に触れたように、きっかけは、第一回目のデモに参加していたアメリカ人のアルトバッハと小田実の会話にあった。アルトバッハは小田に「アメリカの内部でもぼくのようにアメリカのベトナム政策に強硬に反対している人たちがかなりいる。日本の反対の叫びとアメリカのそれとをどうして結び合わすことができないのか」と述べ、これに対して小田は「そのことは私も長年のあいだ考えて来たことだ。日米のあいだに、文化交流、人物交流といったことが叫ばれて来て久しいのだが、もしそれを本気で考えるなら（私はその一人だ）、日米両国民、『ふつうの市民』『ふつうのアメリカ人』の生存をおびやかすようなものに対して共同の戦線をはることが基本[*4]」と答えた。こうしたやり取りを踏まえ、五月二一日から二二日にかけて、アメリカの数学者S・スメイルを議長とする「ベトナムの日委員会」が行う二四時間デモと呼応するかたちでのデモが企画されたのである。デモのなかには日本の数学者の一人でベトナム問題に関する数学者懇談会（ベト数懇）のメンバーでもあった福富節男の姿もあった。彼が初めてべ平連の運動に参加したのはこのデモからだった[*5]。

小林トミは学生運動が激化し機動隊との衝突も頻繁に生じるようになった六九年の時点で、この日のデモの様子を次のように振り返っている。

「クルマを先頭に出発、芝公園につくころには三千人にもふくれあがった。写真で見ると若い人が多い。今年（六九年——筆者注）の六・一五に集まった若者と大部ちがっていて四年間の時の流れをしみじみと感じる。髪の毛が短かく男の子は白っぽいシャツとか学生服などの地味な服装が多い」[*6]。

このように、この時期のべ平連のデモは極めて平穏に行われ、デモの途中で次々と新たな参加者が加わってくるというかたちで行われていた。若者たちは角材を手にしておらず、もちろんヘルメットもかぶっていなかった。この頃はまだ学生たちの服装もGパン姿は少なかったのである。

予想を超える熱気

日米合同デモ終了後の五月二三日、『ヴェトナム・デモ』ノートには反省と今後の予定についてのメモ書きがある。ここでも鶴見は再び「今後おなじタイプのデモをエスカレートしないように仲間を説得する」と記し、べ平連の運動を単純に拡大していくことにブレーキをかける必要があるという認識を示している。しかし一方、今後の予定として漫画入りパンフ、日米共同パンフの作成、合同デモの対象国拡大の可能性、京阪神べ平連集会の準備等が記されており、鶴見の慎重な姿勢とは異なり、参加者からは次々とアイデアが出されたようである。こうしたアイデアに関するメモとともに鶴見は「大きな資金源をさがす」と記しており、仮にベ平連の運動を続けるならば、資金的な裏付けが必要と考えていたことがうかがわれる。翌月六月一二日には、銀座教文館で拡大世話人会が行われている。ここでも次の運動についての様々なアイデアが出された。たとえば、粟津潔は、「数語のハガキをつくる」ことを提案、セキネヒロシ、谷川俊太郎、星新一、あるいは漫画家の協力を得て、表にベトナム関係の本の広告を入れた「暑中ミマイ」葉書を出そうという。武藤一羊はワッペンの作成を提案。さらに「ベ平連便りを出す。運動のPR紙として。information 交換」とあるように、ニュース発行のアイデアも出された。また、英文パンフについて話し合われるとともに、「6月か7月にやる」「デコレーション・デモ」の構想は「演出のある、4、5人でになうような大プラカードを10枚、専門のマンガ家、美術家に描いてもらう。各参加団体が一枚ずつのスポンサーになってもよい」というものであった。「屋内集会(7月10日(土)か?)」というメモも記されており、参加者から実に多様なアイデアが出されたことがわかるだろう。

拡大世話人会が行われた翌日の六月一三日、鶴見は「自戒」と題したメモを記している。そこには次のように書かれている。

「ベ平連の自由な参加者の創意と熱意があふれるにまかせる。ブレーキをかけないようにする。同様に、ベ平連の運動全体の時間割を、実行不可能なほどに忙しく組むことをさける。個人・集団の創意による活動は、その個人・集団だけの活動としてベ平連の好意ある援助のもとに進めるようにする。」

このように、四月と五月の二回の集会・デモの成功は、参加者たちの意欲を刺激し、運動は熱気を帯びたものになっていった。これは鶴見や高畠たちの予想を超えており、鶴見は運動の規模が拡大していくことに対しては慎重な姿勢であった。鶴見が慎重であった理由の一つには、べ平連の組織イメージがあったように思われる。すなわち、発足当初のべ平連の名称が「ベトナムに平和を！市民文化団体連合」であったことからも明らかなように、様々な市民団体の連合体がべ平連であり、鶴見や高畠はそうしたイメージでとらえていただろう。久野収の言葉を借りれば、「個人加盟が主ではなく、べ平連が自律的小集団の連合体として活動するという組織論を採用」[*7]していたのである。べ平連の運動が熱気を帯びれば帯びるほど、べ平連に加わる様々な市民団体自体の運動のエネルギーが削がれる可能性もあり、また、市民運動団体間での考え方や意見の違いが生じる可能性もあったのである。

六月統一行動参加問題

市民運動団体の連合体としてのべ平連という性格は、実際の運動のかじ取りでも問題を生みだした。全国的な統一行動に対する参加問題である。この年五月一一日、阿部知二・小林直樹・中野好夫・野上茂吉郎・日高六郎の五名が、ベトナム戦争に抗議するための一日共同行動の呼びかけを行った。この共同行動に対するべ平連の対応が波紋を広げた。準備会に参加したいいだももと高畠が「ベトナム侵略戦争反対というスローガンが気にくわぬから参加しない」と主張したとして、べ平連に参加する団体の一つ新日本文学会が反発したのである。当時、新日本文学会とべ平連の間に立って苦慮した美術評論家・針生一郎によれば、「ベトナム戦争を『侵略』とよぶことさえ回避するべ平連には、市民主義の限界がある、という意見がつよく」なり、新日本文学会は「会員個々の参加はともかく、会としてはべ平連への協力をうちきることが確認された」[*8]のだった。これに対して高畠は、「事実は全くちがっていて」、「べ平連が第一に団体の共同行動として成り立っており、六・九の支持構成団体とかなりメンバーがダブっている」こと、「市民の運動としては、一ヶ月に一度位の共同行動を企画するのが今のところ精一杯」[*9]という二点を述べたのみである言う。つまりべ平連の組織的性格と組織的力量について事実を言ったまでだというのである。統一行動の事務局を担った国民文化会議の資料によれば、第一回目の準備会が開かれたのは五月二四日で、そこには高畠といいだももが出席している。国民文化会議側の会議メモには、「様子をみに来た」といういいだの発言、どちらの発言かは確認できないが「運動はあっても組織はない」、「べ平連として参加するかどうか、より集まった各団体にかえって参加する or べ平連として参加する」[*10]とのメモ書きがのこっている。高畠が言うように、二人が統一行動のスローガンを批判したり反対したりしたことは確認できない。おそらく、市民運動団体の連合体でありまだ発足したばかりで力量も未知数ということを前提とした高畠といいだの発言が、統一行動に消極的な姿勢と受けとめられたのだろう。このように、当時のべ平連関係者は、べ平連を構成する市民団体に軸足を置いており、べ平連は市民団体が時々共同で行動する運動体というイメージで捉えられていた。そのことが誤解を生み、新日本文学会の反発という思わぬ波乱を引き起こしてしまったのである。

この問題を意識して鶴見が記したと思われるメモが、次のような「方針（私見）」という六月二二日のメモである。

「方針（私見）

○10月15日の国際共同行動の日までにゆっくりと誤解をといてゆく。

○マンモス組織の共同行動には進んで参加する。同時に、7月10日、8月15日の計画は、独自にできるように進める。

○8月14日、15日に6／9委員会が独自の計画をすることがあれば、それに合流することに努力する。[※]」

※鶴見がべ平連の運動の拡大に慎重だったもう一つの理由に、資金的な問題があった。思想の科学研究会の評議員会記録によれば「高畠、鶴見さんを中心にして運営されてきた『べ平連』は、過去二回のデモで約一〇万円の支出をしており、それらは主に個人有志のカンパでささえられてき」[*11]たという。

ニューヨーク・タイムズ意見広告運動

六月二八日の世話人会についてのメモからは、この日の会議に参加した開高から、ニューヨーク・タイムズへの意見広告についての説明がなされたことが分かる。初期のべ平連運動にとって非常に重要な取り組みであり、これによってべ平連の運動は全国的に注目されるようになった。呼びかけ人

写真6　『ニューヨーク・タイムズ』に掲載された意見広告
開高健を中心として始まったこの運動は、短期間で多くの募金を集め共感を呼んだ。

は、小田・開高・城山三郎※・桑原武夫・久野収・鶴見俊輔の六名で、開高は、発足当時のべ平連の事務局的な役割を担っていた映画プロデューサー・久保圭之介とともに熱心に活動した。小中陽太郎によれば「開高は、赤坂の事務所に毎日顔を出した。毎日現金封筒が届けられ、開高はそれに添えられた手紙を、熱い夏のさなか扇風機もないプレハブ小屋で上半身裸のまま布袋さまのような腹を出しながら、丸いめがねの奥から全部読んだ[*12]」というほどの熱の入れようだった。目標額の二四〇万円はあっという間に集まり、この運動に協力した様々な人びとから寄せられた手紙を内容とする本が『平和を呼ぶ声』というタイトルで出版された。

※『落日燃ゆ』や『官僚たちの夏』などの代表作をもつ城山三郎は、経済小説の先駆者として知られるようにな

るが、べ平連運動の初期にあっては「茅ヶ崎の会というのを作って」[*13]講演会を開くなどの活動を行っていた。城山は、六七年三月に渡米し、四カ月半滞在し、[*14]その後はべ平連運動からは離れたようである。

募金協力を呼びかけた開高は、一人一人の小さな動きが次の動きを呼び込みこの運動が広がっていくイメージを「インスタント・ラーメンであろうと相対性原理であろうと、すべてアイディアというものはジンマシンのように、なでればなでるだけ掻けば掻くだけ、どうしようもなく拡がってしまうのではないだろうか[*15]」と表現し、また、立場によって運動への様々なかかわり方があるということを「金ある者は金を、知恵ある者は知恵を」というスローガンで示した。この運動を鶴見良行は、日米関係逆転の発想をもつ運動として画期的だったと評価している。[*16]たしかに、アメリカの新聞への意見広告の取り組みは、敗戦、占領、日米安保という政治的な意味での従属関係だけではなく、圧倒的な豊かさや大量に流入するアメリカ文化により染みついた意識のうえでの従属性を逆転させるものだった。小中陽太郎もまた「このころの日本人には、戦争をしている国の新聞が反戦広告を載せてくれるなど想像もできなかった。寿屋〈現サントリー〉宣伝部勤務で広告のプロである開高ならではの発想だった[*17]」と評価している。アメリカを特別視せず、対アメリカとの関係で卑屈にならないという姿勢は、『何でも見てやろう』で描かれている小田実の姿につながるものでもあった。

アンブレラ・デモ

べ平連にとっての第三回目のデモは、七月一〇日、悪天候のなかでアンブレラ・デモというかたちで行われた。デモの構想は六月半ば頃に固まったようであるが、デモへの参加者は急減し、五〇〇人にとどまった。[※]

※『声なき声のたより』の記事には「三百人余」とあり、いずれにしても、第一回目、第二回目ほどには参加者が集まらなかった。

アンブレラ・デモにも参加した開高は、「ぼそぼそノロノロ、ときどき発作的に叫んだり黙りこんだりして歩いていると、稀薄、徒労、非力、むなしさの感慨がのどもとにこみあげてきた」と述べ、家で小説を書くか考え事をする方がよっぽどいいと思う一方、「ただ、私は歩きながらものを考えることが好きであったし、見知らぬ人と話をして名も告げあわずに別れるということも好き[*18]」とデモ参加の充実感を吐露しており、参加者が減ったとはいえ、実際にデモを行った人々には充実感がある取り組みとなった。

別の参加者による記録は、「めいめい工夫したスローガンを書いた紙を傘にはりつけたり、肩から下げたりしている。色とりどりの女性用の傘があるから結こう華やか」、「開高氏、お医者さん、キリスト者平和の会の人、等話が続く。盲腸の手術で寝ている小田実氏からゲキレイ電報『モーチョーニナラナイヨーニ※……』それから出発[19]」と楽しい雰囲気のデモだったことをうかがわせる。

※小田は、彼が当時勤務していた予備校の生徒たちと横浜港を遊覧しているときに腹痛に襲われ、横浜市立病院に入院、盲腸の手術を受けた。ところが「病院の不手際か、あるいは彼の盲腸のヒ大さか、二カ月も入院する始末にな[20]」ったという。

四月の第一回目のデモ、五月の日米合同デモ、そして七月のアンブレラ・デモは、いずれも単発で企画されたデモだった。べ平連は、デモが終わると、次のデモや取り組みの企画について話し合い実行に移すということを繰り返していった。また、呼びかけの葉書に見られるように、べ平連独自の事務局体制があるわけではなく、声なき声の会や思想の科学研究会などに依存して活動が行われていた。発足当初のこうしたべ平連のあり方は、べ平連の運動の当事者たちが、必ずしも持続的な運動を展開しようとしていたわけではなかったことに起因している。

べ平連立ち上げのきっかけをつくった高畠も『声なき声のたより』で次のように述べている。

「『べ平連』は組織ではない。それは、どちらかといえば、呼びかけに応えて起された、そのとき、その場での行動の名称にすぎない。しかし、ベトナムでアメリカの不法な軍事行動が続き、ベトナムの民衆が戦禍に苦しむことがあるかぎり、第三、第四の『べ平連』の行動が起こされ、それが拡がり深まってゆくのは当然だろう[21]」。

こうした単発デモではなく、定例デモに切り替わるのは、九月からであり、このことはべ平連の性格を大きく変化させることになった。なぜ、この時期に定例デモに切り替わったのか。そのきっかけになったのが、八月にべ平連が行った徹夜ティーチ・インであった。

徹夜ティーチ・イン

『ヴェトナム・デモ』ノートⅡによれば、徹夜ティーチ・インにつながる最初のアイデアは、六月五日、高畠によって示された。メモには「8月に、時と場所を定めて、（8・15か?）にNight Watchをやる。14日夜、東京で集会をはじめ、夜明けを待つ、夜明けに会場に到着の予定で、地方から行進をはじめる」とあり、また「映画、講演、ベトナム落語」といったメモ書きもある。高畠が提出した最初のアイデアは徹夜ティーチ・インとはやや異なる企画内容だったが、八月一五日に照準を合わせて大きな取り組みを行うという意味で、徹夜ティーチ・インにつながる議論の出発点になったと言ってよいだろう。それから一週間後の六月一二日の世話人会のメモでは、集会の会場の候補地について、翌週の二一日の世話人会のメモでは「8月14―15日をヴェトナムデーとして」と記され、計画が少しずつ前進していることがわかる。そして同じページには、「teach in」というメモ書きもあり、内容もティーチ・インを軸としたものになっていったことがうかがえる。

企画のなかに政治家を登壇させるという内容が初めて登場したのは、六月三〇日のメモである。講演、新劇、討論、音楽、祈りの会、デモなどと並んで「政府の人をあつめた講演会」とある。そして、宮澤喜一、松村謙三、岸信介、中曽根康弘、石田博英など有力な自民党政治家の名前があがっている。

七月二〇日には、八・一五記念集会世話人会が開かれている。この世話人会で、テレビ中継をやることが記されており、出演依頼の対象者としては、宮澤、松村、三木武夫、福田（赳夫）、岸、前尾（繁三郎）、田中（角栄）の名前があがっている。司会は小田と開高。開催までのスケジュールに関するメモ書きによれば、七月二五日～八月二日に出演者交渉、その結果をうけて、八月二日～九日にプログラム調整と打合せを行うことになっている。規模は六〇〇人が想定され、整理券を配って調整することとした。また、この世話人会の段階で、実際に行われた徹夜ティーチ・インと同様、三部構成がほぼ固まっている。予算は、会場費が二〇万円、出演接待その他に二万円、旅費三万円の計二五万円、東京12チャンネル（現・テレビ東京）からの収入を一〇万円としている。

八月に入って行われた打合せ会（二日）のメモ書きを見ると、計画は着々と実行に移されていったことが確認できる。質問者として坂本義和（東京大学、国際政治学者）、佐藤賢了（元陸軍軍人）、開高健といった名前が記され、一〇時三〇分の開演、開会の挨拶は桑原武夫、ルールの説明を鶴見、その後、坂本らによる質問といった進行が持ち時間とともに記されている。このように何度も打合せを繰り返すうちに、自民党を含む全ての政党から政治家を呼び、テレビで生放送をする、しかも徹夜という大々的な取り組みになっていった。しかし、事務局を担った久保圭之介によれば「あんなに多勢のエライ政治家や知識人がわれわれが招いただけで出席するとは思いもしなかった。十二、三名くらいの徹底的な討論会にするつもりで、もし出席を断れるといけないと思って呼んだら、何人かの人達を除いて、全員が出席してしまったのだから全く目算が狂ってしまった」[*22]というように、話が進むにしたがってべ平連関係者の予想をはるかに超えて取り組みが大々的になってしまったというのが実情だった。※

※この取り組みの発案者であった高畠は、この年八月から二年間、エール大学留学のため渡米し、日本を離れた。[*23]

八月一四日午後一〇時三〇分、「ヴェトナム問題と日本の進むべき道」が始まった。司会の桑原武夫は冒頭の挨拶で次のように述べている。

「戦争の問題、平和の問題、とくにいま現実の焦点になっているヴェトナム問題を考えますにあたりまして、もちろん理想を掲げ、理論的に考えなければならないことは言うまでもない。しかし、それが現実の世界に起っている現実の問題であってみれば、ただ、理念・理想だけではかたづかないのではないか。それを現実の政治の場で生かし、解決をしていかなければならない。そういうふうにわれわれは考えますので、そういう問題をつねづね理論的にお考えになっている知識人の方々にお集まり願うと同時に、もちろん知識人で同時にあらせられますけれども、主として、戦後実際政治に参与された方、または参与を現にしていらっしゃる方、そういう方々にもご協力願って、その相互のやりとりによって問題をクッキリさせ、その困難がどこにあるのかをはっきりさせたいと、こう思うのであります[*24]」。
坂本義和の約二〇分にわたるベトナム戦争についての論点整理と問題提起に続いて[*25]、討論が行われたが、与野党の政治家のなかで自民党政治家との応答が中心になった。討論は白熱を帯び、日付が変わった深夜の一二時三〇分頃に、休憩が入った。再開の際に、桑原とともに司会役となっていた鶴見俊輔から、東京12チャンネルからの情報で「二、三千通の激励が電報・電話で入った[*26]」ことが紹介された。この討論がかなり注目されて視聴されていたことを伺わせる。

写真7　1965年8月の徹夜ティーチ・イン光景
徹夜ティーチ・インの会場の模様　1965年8月14日から15日朝まで行なわれたティーチ・インはテレビ放映されたが、第2部が始まって間もなく放送が中断された。

会場が騒然となったのは、壇上でのやり取りからフロアを交えた討論に移ってすぐのことであった。司会は桑原から鶴見にバトンタッチしていた。最初の質問者としてアメリカの学生活動家オグルズビーが話を始めると、壇上の宮澤が「座長、ちょっとお伺いします。まことに失礼ですが。どういうわけでこの特定の一人だけ意見をお言わせになるのですか。それはこの会の、私どもが聞かされた趣旨と異なっています」とクレームをつけた。この宮澤のクレームに中曽根も加わり、場内は騒然となった。[27] こうした波乱が生じたものの、その後も熱気のある討論が続き、最後に久野収の総括的な話で終わったが、終了したのは予定を大幅に超える八月一五日二時五七分だった。

第二部「戦中戦後をふりかえる」は『やまびこ学校』で知られる無着成恭の司会で始まるが、開始後まもなくして東京12チャンネルのテレビ放映が打ち切られた。会場にも鶴見により「お知らせがあります。ナマ放送は中止されました。いま撮っているのは映画ですが、いままでどおりの予定で進行します」[28] とのアナウンスがあった。このことについて会場から質問も出たが、説明は第二部が終わってから行うこととし、戦争体験、戦後体験についての話が続いた。この第二部が終了したのは明け方の五時三〇分だった。

第三部「未来への展望」の司会は小田実が担当した。ここではまず海外の参加者からのメッセージとして、第一部での混乱の原因となったオグルズビー、続いてシリア人で世界平和評議会から参加したサラチアン・ヴァルージュアンが話をした。その後、教科書裁判を行っていた家永三郎、そしてわだつみ会の山下肇の話へと続いた。最後にべ平連からのメッセージをいいだももが紹介し、一分間の「沈思の時間」で終わった。「沈思の時間」について、小田は次のように述べた。

「われわれはここで一分間立ち上って、じっとしていたいと思います。黙祷なさる方、キリスト教の神を信ずる方はキリスト教の神に、そして自己の行動を信ずる方は自己自身の行動に、あるいは連帯を信ずる方は連帯に、それぞれみずからの言葉を出しながら、そして過去の戦争体験を踏まえて、これからの未来のことを考えながら、一分間じっと沈思の時間、黙祷というよりは沈思の時間を持ちたいと思います」[29]。

徹夜ティーチ・インは、べ平連の存在を多くの人びとに知らしめることにつながった。そして、生中継の中断という出来事は、べ平連関係者をしてベトナム反戦運動をより一層強力に行う方向へと向かわせた。すなわち、この催しが終わったあと「べ平連事務局」の名で出された「よびかけ」のなかで、「今後とも、ベトナム戦争が終るその日まで、みなさんの一層のご支援とご参加を得ながら、たゆみなく活動をつづけてゆきたい、と従来の素志をさらに新たにしております」[30]と表明しているのである。さらに「よびかけ」では、「私たちは、いたるところ、草の根を分けて、みなさんの一人一人が自覚をもってたち上がり、ベトナム戦争を終らせるための自発的な平和行動のグループを無数に作るように、よびかけます」[31]として、全国的な運動へと拡大していくことも表明された。徹夜ティーチ・インは、べ平連の運動がつなぎの運動から持続的な運動へ、東京の運動から全国の運動へと転化していく大きなきっかけになった。

ただ、徹夜ティーチ・インを放映した東京12チャンネルの視聴地域は限られていた。その意味で、開高を中心にすでに始められていたニューヨーク・タイムズへの意見広告掲載運動が、べ平連の全国への影響の広まりに大きく寄与したと言えるだろう。

べ平連の「組織化」

べ平連は、個人原理に立脚した市民運動を理念としており、一人一人の個人から出発する運動として始まったと考えられている。最初の集会・デモで配られた「呼びかけ」に見られるように、そうした発想は確かに存在していた。ただし、それが具体的にはどのような運動方法によって実現されていくのか、ということについて明確なイメージがあったわけではない。先述したように、鶴見や高畠は、基本的にはベ平連を構成する市民運動団体に軸足をおき、ベ平連はその時々の共同行動を行う運動体というイメージをもっていたため、ベ平連独自の組織のあり方について具体的な構想があったわけではなかった。

しかし、ベ平連の活動が拡大していくなかで、ベ平連独自の「組織化」の必要性が認識されるようになってくる。とくに、ニューヨーク・タイムズへの意見広告運動は、全国各地あるいは国外からも反響があり、事実上事務局を担当していた久保圭之介の事務所はパンク状態に近かった。そうした現実的な要請からも、ベ平連独自の「組織化」が必要になったのである。もちろん、それは個人原理に立脚した市民運動という性格と適合的な組織の在り方でなくてはならず、それ自体が新たな試みでもあった。

九月に入り、小田は、鶴見良行、久保圭之介とともにアメリカに渡った。ミシガン大学で開催される集会に参加するためである。その後、鶴見と久保は日本に帰国するが、小田はアメリカからヨーロッパをまわり、次の運動のための情報収集や意見交換を重ねていった。小田の帰国は翌年四月。実は、小田が日本を不在にしていた時期に、ベ平連の「組織化」が進められたのであった。

九月二五日のデモから、ベ平連のデモは毎月一回行われるようになった。定例デモの開始である。

写真８　定例デモに出発するべ平連

毎月１回の定例デモは、東京のべ平連だけでなく、少なくない地域べ平連が行っていた。

定例デモに続いて、べ平連の「組織化」の柱となったのは、ニュースの発行だった。一〇月二三日、『べ平連ニュース』第一号が発行された。「創刊のことば」は次のように述べている。

「私たちは、『九月二十五日を第一回として、毎月デモを続けることをきめましたが、同時に、《ママ》』更に強く連絡を持ちつづけることを希い、話し合いのなかに生れた智恵を貯め・《ママ》記録することで、私たちべ平連の共有の力としたい[*32]」。

このようにデモの定例化に続いて月に一度のニュースの発行を始めたべ平連だったが、事務所は相変わらず久保圭之介事務所だった。『べ平連ニュース』の連絡先住所は六六年二月二〇日発行の『べ平連ニュース』第五号まで久保事務所の住所だった。そのため、久保事務所に代わる新しい事務所捜しとも結びついていた。

べ平連の「組織化」にあたって重要だったのは、吉川勇一の加入である。吉川は、東京のべ平連の「事務局長」として運動の切り盛りをし、優れた実務能力を発揮することになるが、べ平連の発足当初は運動に加わっていなかった。原水禁運動のあり方をめぐる対立のなか、共産党を除名された吉川は、彼のべ平連への参加が様々な誤解やそれに基づく批判を生みかねないとして、一歩距離を置いていたのであった[*33]。吉川が最初にべ平連との接触をもつのは、徹夜ティーチ・インの時であるが、それも、会場に飾る地図の作成を武藤から頼まれた吉川が、「大判の美濃紙にマジックペンで書いた地図」[*34]をもっていったところ、会場の設営にあたっていた小中から看板屋と間違えられたという逸話が物語るように、吉川の名はべ平連関係者にもほとんど知られていなかった。この頃まで吉川が知っていたべ平連関係者は武藤、いいだ、古山洋三（高校教員、わだつみ会会員）、栗原の四人だけだったという[*35]。こうした立場にあった吉川に、事務局の仕事を持ち込んだのは武藤だった。吉川は次のように回想している。

「久保さんのあとを継いで事務局の仕事をにない、まず事務所を探す人間が誰か必要だった。しかしなかなか引き受け手が見つからず、思案のときに、武藤一羊氏が『俺の知り合いで、失業中。細君に食わして貰っているから飯の心配はなく、暇な人間がいる』と提案したという。ソレダ、ソレダ、ということで私に事務局長の仕事をさせることに決まったのだという[*36※]」。

＊吉川の回想によれば、その後、吉川は小田と二人きりで話をしたという。「共産党のこと、それを除名された者の立場のこと、共産党からの激しい批判のこと、市民運動はなるべくそうした政党からの批判を受けるようなことは敬遠した方がいいのではないかということ、いろいろと説いたが、小田氏はほとんどそうしたことを意に介さなかった。初めて口をきく相手に彼は何の屈託もなく話をした。それが私が今まで運動の中でつき合ってきた人間の対応とはまったく違ったものだった。私はさわやかな気分になり、仕事を引き受けることになった。もっとも『もちろん金は出えへんで』と、そこのところの駄目も押されたのだったが」[*37]。吉川の回想では、この小田との話し合いは、『ベ平連ニュース』発行後から六五年暮れに吉川が事務局の仕事を始める間の時期に行われたかのように書かれている。しかし、小田は、九月から海外にでかけており、日本を不在にしていた。したがって、吉川と小田の話し合いは、徹夜ティーチ・イン終了後間もない時期であったと思われる。

吉川という人材を得て、事務局体制の整備に向けた動きが本格化したのは、六六年に入ってからである。六六年一月六日には、鶴見良行の勤務先である国際文化会館で「ベ平連の運動体制をより一そう固め、なおもっと活発にするために、昨年来考えていた事ム所の移転、さらに事ム組織の確立を考える相談会」がもたれた。そこでは、「事務セクション」として「内務、渉外、広報、経理」の四つのセクションを置き、それぞれに責任者を選定すること、毎月一回常任世話人会を行うことなどが決められた（毎週火曜日の午後六時から）[*38]。そして三月末には、ようやく念願の新事務所が新宿区赤城元町に見つかり、久保事務所から移転した。新事務所は「約四坪の割ときれいな事ム所[*39]」だった[※]。

※べ平連の事務所は、その後何度か変わっている。一九六七年三月には千代田区外神田の山京ビル、六八年五月に新宿区大京町、六九年三月には渋谷区神宮前の外苑コーポ、そして同年九月に新宿区神楽坂の石井ビル。東京のべ平連は神楽坂べ平連と呼ばれるようになるが、神楽坂に移るのはかなりあとのことである。

事務局体制が整ったべ平連は、さっそく四月に入って「べ平連事務連絡速報」を出す。これは、「べ平連のよびかけ人、世話人の方がたなどへの連絡」[*40]のためのものだった。同速報によれば、四月五日に第一回の常任世話人会が開かれている。出席者は、鶴見（俊）、鶴見（良）、久保、武藤、那須正尚、寺井美奈子、吉川の七人だった。

小田の帰国

こうして吉川を中心とする事務局体制が整った頃、長い海外の旅から小田が戻ってきた。帰国した直後の小田の様子を、『べ平連ニュース』は次のように伝えている。

「今月十八日夜、いつものくせで少し背をまるめてブラッと事務所に現れた小田さんは、『僕がこんどみてきたどこの国の団体のよりりっぱや！』とまず事務所を一応ほめて、『ほな、報告にかかるわな』としゃべり始めました。そしてさしだした計画は小田さんをむかえたべ平連の面々を呆然とさせるほど厖大なものでした[*41]」。

ここで小田が示した運動計画は、四つであった。一つ目は、ワシントン・ポストへの意見広告運動。二つ目は、アメリカから二人の講師を招いての北海道から沖縄までの全国講演旅行。三つ目は、リード・イン。これは「日本のアーティスト三〇人ほどに呼びかけ、画家は絵を詩人は詩を小説家はその一節を歌手は唄を、というように、反戦のための発表会を開く」というものである。そして四つ目が、夏（八月一三～一五日）に日米市民会議を開催する、という計画だった。企画の数というよりも、それぞれの企画がもつスケールの大きさが、べ平連の事務局で小田をむかえた人々を驚かせたのだと言えよう。

全国縦断日米反戦講演旅行

小田の構想を基に最初に取り組まれたのが、アメリカの歴史学者で反戦活動家でもあるハワード・ジンと学生非暴力調整委員会（ＳＮＩＣＣ）の活動家ラルフ・フェザーストーンを招いて六六年六月に行われた全国縦断日米反戦講演旅行である。六六年四月に帰国した小田により全国講演旅行や日米市民会議の企画が伝えられ、べ平連はあわただしく準備にとりかかることになった。この時の小田の意図は、ベトナム反戦運動を「いかにして国際的な連帯をもった行動にまで拡大してゆくことができるか、その可能性、あるいはその不可能性を探[*42]」ることにあった。

講演旅行は、六月二日の札幌での講演会を皮切りに、仙台、東京、名古屋、京都、大阪、福岡と日本列島を南下し、沖縄での講演の後、最後は六月一四日に東京で行われた。この間の講演会の主催者、参加者数は、表1の通りである。

どの講演会にも多くの人びとが参加し会場は熱気に包まれた。たとえば、仙台で行われた講演会について『べ平連ニュース』は、「一千名以上の参加者があった仙台では、ジン氏を中心に、市民的不服従の問題を討論、散会後も、まだ語りたらない五、六〇人の学生、市民が県庁前の公園で、夜十二時近くまで、野外討論を行[*43]」ったと伝えている。表からもわかるように、全国縦断日米反戦講演旅行の特徴の一つは、開催会場がほとんど大学だったことである。この時期にはまだ地域べ平連はほとんど存在しておらず、各地の大学教員と学生団体等が準備を行ったという[*44]。

この講演旅行は、ジンやフェザーストーンにも強い印象を与えた。フェザーストーンが「私が確かでなかったことは、〝べ平連〟とはいったいなにものか、どういう組織なのか、ということでありました[*45]」と述べ、ジンが「私もまた〝べ平連〟についてはまったく知識をもたなかったわけです[*46]」というように、二人はほとんど何の知識もないまま日本にやってきた。「アメリカでさんざん聞かされていた非常に古いタイプの日本人とはまったく異なった日本人、つまりまさにアメリカでニューレフトと言われている人たちに見合うような人々に出会ったことは、ほんとうに驚きでした[*47]」と述べるジンは、日本の多くの人びとがベトナム戦争に対して批判的ないしは反対の立場に立っていることにも驚いている。東北大学での講演の後、さらに討論をしたいという熱心な学生と真夜中まで公園で話し合った彼は、「アメリカが、アルジェリアの反乱軍に対するフランスの弾圧を援助していた時に、アメリカの学生グループが、いったいこのことを考えるために真夜中の公園に集まったことがあるだろう

表1　全国縦断日米反戦講演会の開催地・主催団体・参加者数

日程	会場（もしくは集会名）	主催等	参加者数
6月2日	北海道大学	主催：ベ平連札幌講演実行委員会、後援：北海道新聞	300名
	札幌市民集会	主催：ベ平連札幌講演実行委員会、後援：札幌市民集会実行委員会	800名
6月3日	東北大学	主催：平和講演実行委員会、後援：仙台市ベトナム委員会、東北学院大学学生代議委員会、仙台キリスト者平和の会、東北学院大学新聞会、東北大学新聞会	1500名
6月4日	明治大学	主催：明治大学学苑会研究部連合会	1100名
6月6日	法政大学	主催：法政大学平和問題研究会	1100名
6月7日	名古屋大学[1]	主催：名古屋講演実行委員会	300名
6月8日	香里ヵ団地	主催：香里ヵ団地文化会議	30名
	同志社大学	主催：同志社大学学友会	1100名
	京都教育センター	主催：京都ベ平連、京都原水禁、京都地評	2500名
6月9日	産経ホール	主催：原水爆禁止全面軍縮大阪府協議会	50名
	桃山学院大学	主催：桃山学院大学自治会	600名
	大阪市立大学	主催：大阪市大平和委員会	800名
	大阪大学[2]	主催：大阪大学平和委員会	1500名
6月10日	広島大学	主催：広島講演実行委員会、後援：中国新聞	300名
6月11日	九州大学[3]	主催：九州講演実行委員会	600名
6月13日	沖縄大学	主催：沖縄大学学生会、沖縄県祖国復帰協議会、後援：琉球新報	500名
	琉球大学	主催：琉球大学学生会、沖縄県祖国復帰協議会、後援：琉球新報	800名
6月14日	日消ホール（東京）	主催：ベ平連	1000名

1）名古屋では，20名参加の名古屋大学教官懇談会がもたれた．
2）大阪では，講演のあとデモ行進が行われ，500名が参加した．
3）福岡では，懇談会がもたれ，その1に60名，その2に30名が参加した．
鶴見俊輔・小田実・開高健編『反戦の論理－全国縦断日米反戦講演記録』河出書房，1967年，7～8頁，より作成．

か。それに抗議するために、千人でも集会を開いたことがあるだろうか」と自問し、「それは、日本人民が、彼ら自身の最近の歴史について鋭い意識を持っているからなのだ」[*48]と指摘している。

吉川が「ベ平連運動の基礎が築かれたのは、それ以前、一九六六年六月、アメリカから二人の活動家を招いて行なった全国講演旅行だった」[*49]と述べているように、全国縦断日米反戦講演旅行はベ平連運動を軌道に乗せていった。また、武藤一羊によれば、この連続講演によりベ平連の運動は、それまでの「ありのままの大衆感情の波の上をただよう」運動から「漠然と浮んでいたのが、何本かのいかりを下したという感じ」[*50]の運動になっていった。

ベ平連の運動にとっての全国縦断日米反戦講演旅行の意義は、これにとどまらない。実は、この講演旅行においてしばしば行われた地方の活動家との話し合いのなかで「加害の論理」の視点が登場したのである。六月一〇日、広島での懇談会の参加者の一人、当時広島大学の教員だった経済学者の二瓶敏は、「戦禍に巻き込まれるという考え方の中には、やはり受身と言いますか、日本人は何も悪いことをしていないのに、巻き込まれるのは御免だという考え方、そういう発想がやはりあったし、今の多くの日本人のなかにも、やはりそれがまだ多い」と指摘し、「むしろ日本が積極的にアメリカに結びつき、あるいはアメリカがやることを支援することによって、アメリカを励まし、アメリカの侵略的な行動を励ましている」として、ベトナム戦争への日本の加担をとりあげた。そして「平和運動というものを私たちは考えてゆく場合に、日本が単に巻き込まれるということだけではなく、一つの加害者として、あるいは加害者に対する加担者として、今、また出て来ている」[*51]というように、「加害の論理」を明確に述べているのである。従来、「加害の論理」は、日米市民会議での小田の発言が最初のものであると考えられてきたが、[52]二瓶の発言に見られるように、すでに全国縦断日米反戦講演旅行のなかで、「加害の論理」は語られていた。また、二瓶は、経歴から推察すると長く共産党系の立場にたった[53]活動をしており、この時も共産党系の原水禁運動関係者であった可能性が高い。とすると、既存の平和運動のなかでもすでに「加害の論理」に対する関心が生まれてきており、小田もまたその影響を受けたように思われる。いずれにせよ、この講演旅行のなかで「加害の論理」というべ平連運動にとっての重要な視点が獲得されていったのである。

日米市民会議

この講演旅行の延長線上で八月に行われたのが日米市民会議だった。この会議の発案者である小田の当初の構想では、日米二国の会議ではなく、より大がかりなものだった。小田は「二国間になったのは必ずしも予定どおりではないので、本来、国際市民会議とすべきで、可能なかぎり多くの国から代表者を集めたかったのだけれども、そして、そのつもりで各国をまわってしゃべったんだけれども、うまくいかなかった。〝ベトナム戦争〟はヨーロッパでは〝遠い〟なあ、と思った[54]」と述べている。ここに見られるように、一九六六年の時点では、ベトナム反戦運動はまだ世界的規模で社会運動を刺激していたわけでは必ずしもなかった。パリの五月革命をはじめ世界各地で「若者の叛乱」が起こる一九六八年はすぐそこにやってきていたが、まだ誰もそれには気づいていなかったのである。

写真９　日米市民会議

この会議で日米反戦平和市民条約が採択され署名・カンパ運動が行われたが、運動は低調に終わった。

小田は、この会議の目的を三点述べている。ひとつは「（日米）相互の共通点と相違点を話し合い、具体的行動を計画」すること、その意味で「去年の八月十五日のティーチ・インのように、あらゆる意見をきくというのではなくはっきりした抗議集会」にするのだという。第二は、「〝アメリカのアジアについての無知〟に対して、我々の態度をはっきり示」すこと。そして第三に、「日米市民協定」を締結し、「そして更に拡げて、国際連帯委員会といったような組織の構想[*55]」へと結びつけることであった。小田の構想はどこまでも遠大であった。

　日米市民会議は、八月一一日から一三日まで、日本側六一名、アメリカ側九名、その他九カ国のオブザーバー九名の参加のもとに行われ、一四日には、一六〇〇名の聴衆を集め

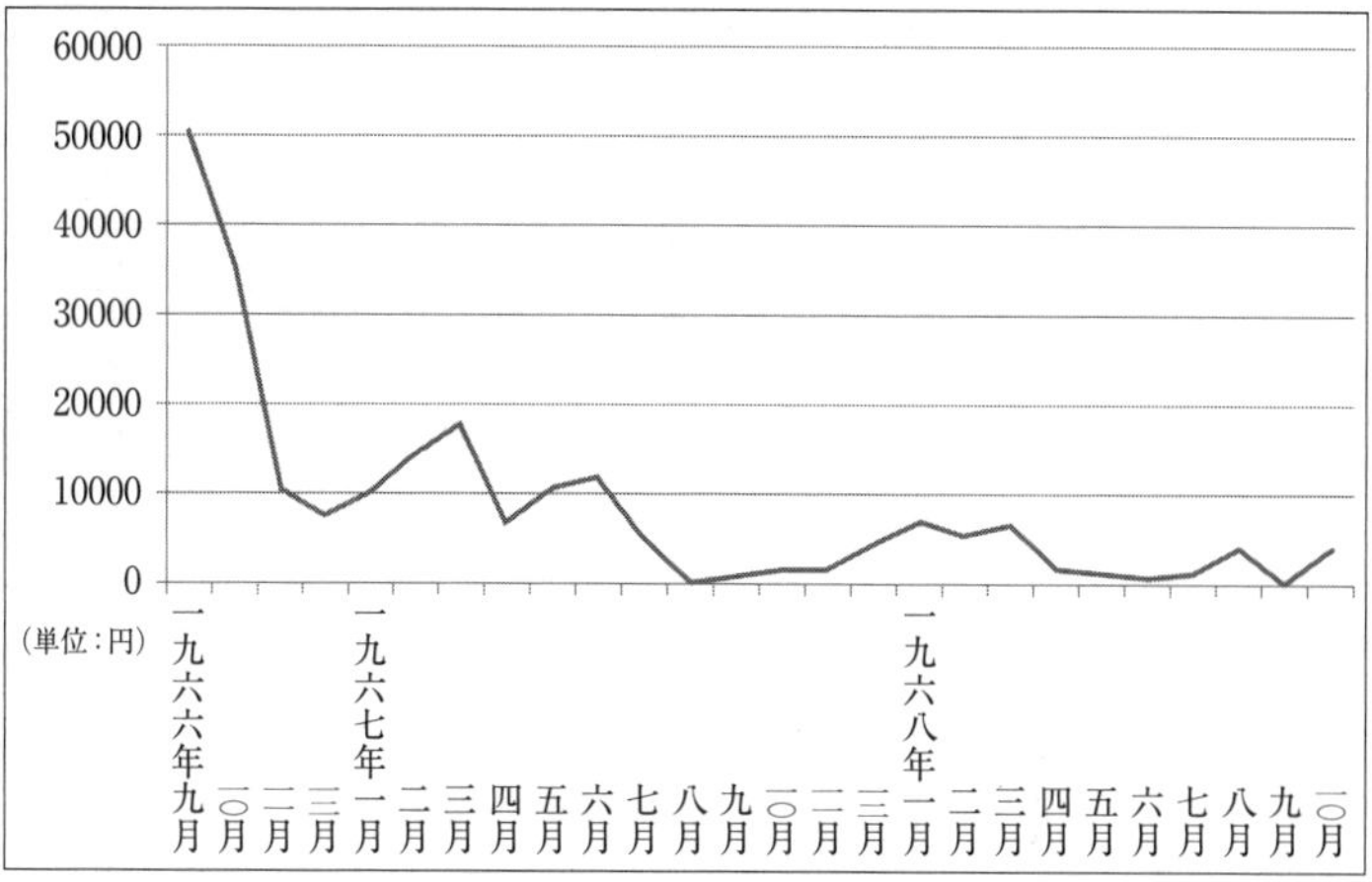

グラフ１　日米反戦平和市民条約「条約カンパ」の推移
『べ平連ニュース』各号より筆者作成.

市民会議の報告とティーチ・インが行われた。[*56] 会議では、日米反戦平和市民条約、ベトナム平和のための行動プログラム、日米市民への呼びかけが採択された。[*57]

日米市民会議が示した構想は、日本のみならずアメリカでも「個人として署名するヴェトナム戦争非協力の宣誓書[*58]」である条約の署名者を増やしていくとともに、一年後にはアメリカで会議を開催するというものだった。しかし、この構想はほとんど実現せず、べ平連の運動のなかでも重要な位置を占めることにはならなかった。この点をカンパ活動から見てみよう。条約に署名する場合、郵送料などの経費として五〇円以上のカンパを送ることになっており、集まったカンパは『べ平連ニュース』の会計報告に「条約カンパ」として計上された。この「条約カンパ」の推移はグラフ1の通りである。

最初の九月は五万円、一〇月は三万円以上を集めるが、その後は一万円前後に落ち込み六七年七月以降は一万円を大きく下回った。小田自身、「反戦平和市民条約、あんまり集まってないな。あれをもうちょっと集めなきゃね[59]」と述べているように反応は芳しくなかった。また、アメリカ側の反応も鈍かった。六七年の新年にジン夫妻からべ平連に送られてきた挨拶状のなかで雑誌『リベレーション』に日米市民条約の全文が掲載されたことが伝えられているものの、[60]ジンの伝記やデリンジャーの自伝を見ても、彼らがこの条約に沿った活動を行った形跡は認められない。[61]アメリカでの第二回会議についても、鶴見良行が「六七年の春に渡米してみると〔会議を〕開ける状況はまったくない[62]」有り様だった。

日米市民会議以後

六六年の日米市民会議以後のべ平連の活動は、市民条約運動の停滞にとどまらず、全体的に当初の勢いを失いつつあった。この点を明白に示したのがワシントン・ポストへの意見広告運動だった。『べ平連ニュース』第七号（一九六六年四月一〇日）に、意見広告運動への協力の呼びかけ記事が掲載された。呼びかけ人は、いずみ・たく、岡本太郎、小田実、開高健、加藤芳郎、鶴見俊輔、桑原武夫、久野収、松本清張、小松左京、永六輔、淡谷のり子、城山三郎。ニューヨーク・タイムズの時よりも呼びかけ人の数が増えたばかりでなく、各界での著名人が名を連ねている。わずか三カ月で目標金額に達したニューヨーク・タイムズの経験を踏まえれば、そして、ワシントン・ポストの広告掲載料がニューヨーク・タイムズの二五〇万円よりもかなり安価な一五〇万円であることを考慮すれば、早期の目標達成も不可能ではないと考えられたであろう。しかし、早くも『べ平連ニュース』八・九合併号には、「前回のニューヨーク・タイムスにくらべて、募金の集まりは、かなり悪い[63]」との記事があるように、思ったほどに募金は集まらなかった。年が明けた一月一七日には、よびかけ人の会合が開催され、いずみ・たく、永、岡本、小田、開高、桑原、小松、鶴見が出席し、「募金状況の検討や、広告の内容、デザイン等について話しあい」、「文案の起草をはじめるとともに、広告の掲載の目標をいちおう三月上旬ときめ、それまでに全力をあげて目標額百五十万円を達成する運動をもりあげよう[64]」という申し合わせがなされた。しかし、一月二八日の時点で九一万二〇〇〇円と、一〇〇万円にも届いていなかったのである。

写真10　『ワシントン・ポスト』に掲載された意見広告
「殺すな」の文字は岡本太郎。その後、和田誠のデザインを加えた缶バッチが作られた。

もちろん、べ平連の活動自体が活発でなかったわけではない。六六年一〇月一五日にフランスの哲学者・サルトルとボーボワールを交えて行われた討論会には一二〇〇名以上の聴衆を集めた。一二月に入ると、一日から一〇日までを「抗議の十日間」とし、全国各地で講演会を行った。六六年末には、ニューヨーク・タイムズの意見広告運動の際に寄せられた手紙を中心に編まれた本『平和を呼ぶ声――ベトナム反戦・日本人の願い――』が番町書房から出版された。

　六七年に入ると、一月二五日には、かねてから来日を希望していたアメリカの反戦フォーク歌手ジョーン・バエズのコンサートが行われた。韓国の脱走兵・金東希の支援運動が始まり、また、米軍立川基地でのビラ撒き、三月のべ平連討論集会、四月の日米ジョイント・デモと続き、六月からはベトナムに医療船を送るための一千万円募金運動が始まった。

　このようにべ平連は、様々なアイデアに基づき、多様な運動を展開し続けたが、六五年の頃のようなインパクトを与えることはできなかった。しかし、この時期、実は、べ平連の運動のもう一つの流れが、確実に広がり始めていた。地域におけるべ平連の運動である。

第四章　地域からのべ平連

京都べ平連

地域レベルでべ平連の動きが始まったのは京都だった。一九六五年四月二四日のべ平連最初のデモから間もない時期、京都での最初の動きについて、鶴見俊輔は次のように述べている。

「東京で、私は親父が寝たっきりなんで東京では親父の家にいたら、そこにある日、樋口謹一さん〔当時京都大学人文科学研究所助手、現在京都大学名誉教授〕から電話かかってきたんだ。樋口謹一氏は、京都でもおこしたいっていう人がいるんですが、どうやったらべ平連ってつくれるんですかって言うんだね。つくろうって人は誰かって言ったら、山田慶児〔当時京都大学人文科学研究所助手、現在国際日本文化研究センター教授〕っていう人間だと言うんだよね」[*1]。

鶴見に相談した山田は、鶴見のつてを使って呼びかけ人を募った。たとえば、呼びかけ人の一人・同志社大学の笠原芳光は、「山田慶児氏が、鶴見俊輔氏から紹介されたといって、その頃同志社大学宗教部にいた私を訪ねてきて、東京べ平連というユニイクな平和運動が始まったが、京都でもやりたいから協力してほしい[*2]」と依頼された。このように東京でのべ平連の発足が京都の動きの引き金になった。

京都での発足に向けた動きが始まったが、べ平連の運動のイメージが固まっていないこともあり、試行錯誤を積み重ねていった。一九六五年五月二二日に同志社大学で行われた「ベトナムに平和を」京都集会のよびかけの主体は「ベトナムに平和を」市民・文化団体連合となっており、小田実、高橋和巳、小松左京、橋本峰雄、市川白弦、笠原芳光、和田洋一、城戸又一、山本明、中嶋静恵、高橋千鶴子、北沢恒彦、飯沼二郎、上山春平、山田慶児が呼びかけ人として名前を連ねている[*3]。東京のべ平連がそうであったように、ここでも鶴見俊輔は呼びかけ人になっていない。べ平連「代表」の小田が入り、それ以外は京都とその周辺の関係者が呼びかけ人になっている。

一週間ほどの準備を経て開かれた二二日の集会には、約三〇〇人の聴衆があつまった。東京のべ平連について小田が考えていたように、京都での動きに参加した人びとも、この時点では持続的な運動を行うというイメージを持っていなかった。たとえば、発起人の一人となった飯沼は、「僕はね、一回かぎりのつもりで参加したんですよ。そしたらいまの話のように、もう一回やろうっていうので六月にやった[*4]」と回想している。また、京都べ平連の事務局を担っていくことになる北沢恒彦は、飯沼と同様「一度きりのことと考えて」おり、「予想以上に盛会だったので、これに気をよくして、二度、三度と同じことを繰り返していてはロクなことにならないぞ、という気がしていた[*5]」というように、運動が継続することをむしろ警戒さえしていた。

ところが、京都べ平連発足の際に中心的に動いた山田は、「一挙に全国と結ぼうとしたんだ。いろいろな流れの全国的な、少なくとも日本ぐらいの規模のいろいろな諸運動、もちろん小田さん達のやっているものと一挙に全国的な運動に持っていこうとした」が、無理がたたって八月には運動から離脱してしまった。[6] この時期の状況を北沢は、「危機は八月にきた。中心メンバーの一人が過労を訴え雑用を担ってくれた学生は帰省した[7]」と記している。

発足当初の京都べ平連の特徴の一つは、宗教界からの参加者を得たことである。臨済宗の僧侶「市川白弦は、三年間ぐらいかな、ずっと毎月デモに出てきた[8]」というし、呼びかけ人にはなっていないが、「清水寺の大西良慶までシンパシーをはっきり表現した。べ平連の集会で演説したね、大西良慶は。[9]」という。また、仏教界からだけでなく、キリスト教関係者として笠原芳光も名を連ねている。京都べ平連の中心人物の一人、飯沼二郎は研究者であるとともに敬虔なクリスチャンでもあった。

京都べ平連の定例デモが始まったのは、東京のべ平連より遅れて一一月からであったが、すでに九月、飯沼から「毎日きまった曜日に定例化した運動を一年間つづける、という提案があった[10]」のであり、東京のべ平連を模倣したわけではなかった。一〇月一三日、同志社大学で開催された「ベトナム戦争と私」という集会は、千名近くの人が集まる盛会であったが、この集会で、「『毎月第一月曜日、午後五時三十分、京都市役所から円山公園まで歩く』ということで参会者にアピールされ[11]」実行に移されるようになった。

地域からの声

京都べ平連に続いて、地域でのべ平連が立ちあがったのは、長野県だった。『べ平連ニュース』第一号には、「『べ平連』伊那谷の会誕生！」という見出しの記事が掲載されている。[*12]「べ平連」伊那谷の会については、続く『べ平連ニュース』第二号で、結成の経緯や活動の内容を紹介する記事が掲載されている。この記事によれば、「『ニューヨーク・タイムス』への反戦広告のための募金運動のことを知り、一緒にこの運動をやってみようと、この会が誕生」したという。[*13]参加者の動機は、「『べ平連』の運動だったら素直にやってゆける」「自分たちの考えを生かしてゆけそうだ」というように、自分自身の身の丈にあった自然なスタイルの運動に共鳴したことが分かる。一一月三日の地区の運動会には会場の前にポスターを張り看板を立て、「場内放送でべ平連伊那谷の会を紹介し、募金への協力を依頼[*14]」している。

同じ長野県の松本では、後に一人で松本べ平連を立ち上げる人物が、行動を始めていた。松本市内でクリーニング店を営む彼は、「去年〔一九六五年――筆者注〕の暮に、親友の開高健さんに招かれて、赤坂の国際文化会館での、『べ平連』シンポジュウムに出席」、そこで参加者たちから定例デモに誘われた。「しかし、松本から東京迄デモの為に行くのは大変」であり、松本でデモ行進を行うことを決心した。[*15]松本にもどった彼は、東京のべ平連への便りに次のように記した。

「秋雨の降る日曜日、市内の目抜通りで『N・Yタイムスにベトナム戦争反対の広告を！』のポスターをベニヤ板に張って首からぶらさげ、たった一人で募金を道ゆく人に呼びかけたとき、ワイフと母が知らない間に来て二百円入れて、ニヤリと笑った顔。兄貴が『世界的水準を行くオッチョコチョイのために』と書いたデカイ袋に金一千円也を入れて持ってきてくれた顔。立っている前の交番の顔みしりのおマワリさんが、仲間から十円玉を集めてきて『おれが入れるとエンギがいいよ』と言った顔。みんな心にしみて、今思い出してもウンと温いものばかりです[*16]」。

こうして地域のなかで、自分自身の意思を自分のスタイルで表現できる運動としてベ平連の運動をとらえ実践する人びとが登場してきたのである。もちろん、それは小さな動きであり、全国に一気に広がったわけではなかった。

全国縦断日米反戦講演旅行後の拡大

このような地域で呼応する動きは、全国縦断日米反戦講演旅行、そして日米市民会議が終わった頃から、次第に活発になっていった。

『ベ平連ニュース』第一四号には、「ベトナムに平和を！日本各地の動き」という特集記事が掲載された。そこでは、四つの動きが紹介されている。一つは、「ベトナムに平和を！青年連合」（俗称ヤング・ベヘーレン）である。「高校生、予備校生、大学生を中心につくられ」たこの会は、「十月二十五日現在、二十四名」。「九月から定期的に、毎月一回の勉強会を開いており」、第一回の講師が鶴見良行、第二回がいいだもも、第三回は武藤一羊となっている[*17]。次に紹介されているのは、「ベトナムに平和を！松本市民の会」。先に紹介したニューヨーク・タイムス意見広告の募金活動を一人で行っていた人物が立ち上げたものである。松本市内で行われたベトナム反戦一〇・二一抗議集会での様子を書いた便りが紹介されている。

「この様な抗議集会にでるのははじめて」である彼は、「アルプスが今年は例年より早く雪化粧したせいか足ぶみしていないとブルブルふるえる寒さの中で、社会党代議士のあいさつ共産党議員のアジテート、県評地区評の決議文」と集会が進行していくなか、「私は司会者のマイクをひったくる様に取りました」。マイクを握った彼は、「組織のみが平和を護り、ベトナム反戦に闘い労働者のみが佐藤内閣をたおそうとしている様にうけとれます。私は強く強く抗議します。組織のない、自分の云いたい事を発言する『場』さえ持ち合せのない私達市民だって思っている事は同じなんです。共闘しましょう。そしてデモをしながらも、黙っている為に戦争の共犯者になるより、共に行動して、『証し』を立てる様市民によびかけて行こうではありませんか。市民と云っても今は一人ですが。（後略）」

このような彼のスピーチが終わると「各労組の旗が大きく右に左にゆれはじめ、『うおー』とも何とも云えない地底からのひびきにも似た声がおきました。司会の地区評の人が私をマイクごとしっかりだいてくれました。社会党代議士と共産党議員が私のプラカードを私の手と共に秋の夜空に高く高くさし上げました。拍手はバクハツしました。それから一時間市民の代表『松本ベ平連』のプラカードを先頭に一万をこえるデモは松本駅に向いました[*18]」。

たとえ一人の市民であっても、いや、一人っきりの市民が集会で声をあげたからこそ、既成の労働組合や政党も、ある種の感銘を受け、ふつうの市民とつながる運動への期待が高まったことがうかが

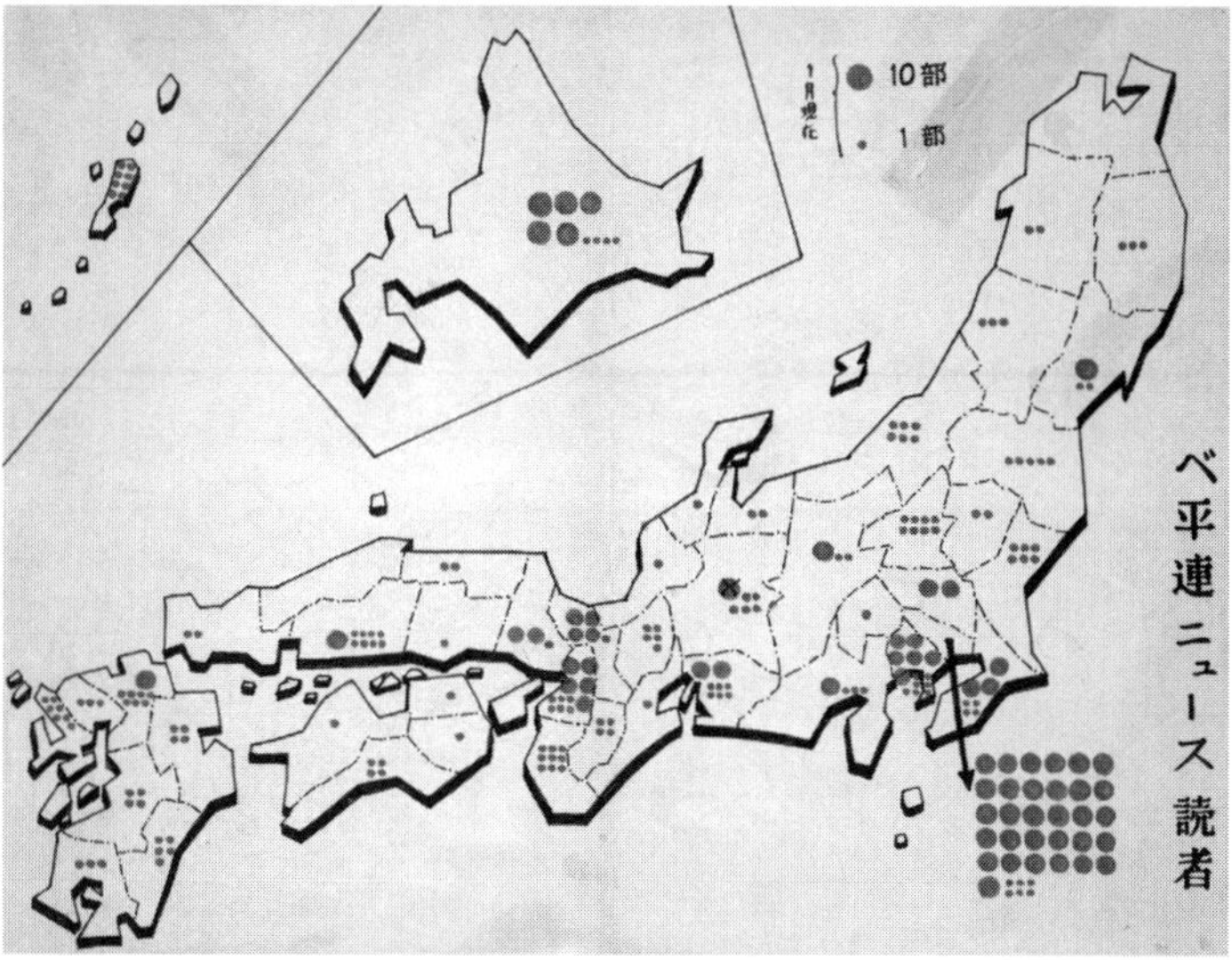

写真11　『ベ平連ニュース』読者地図
全国各地のニュース購読者が中心になって各地の地域ベ平連の動きが始まった。

える。ここには、後に見られるようなベ平連を警戒したり敵視したりする姿勢は見られない。

『ベ平連ニュース』で次に紹介されているのは、ベトナム反戦大阪行動委員会。一〇月一日から一五日まで行われたハンガーストライキの報告が掲載されている。

もう一つは、名古屋ベトナム問題懇談会（通称・名古屋ベト懇）である。この団体は、一九歳の美容師の女性が中心になって発足したものであり、名古屋大学のフランス文学者・新村猛などが中心メンバーとして加わった。一〇月八日に第一回目の懇談会を開催し、東京から吉川、小林が参加している。そして、毎月一回の定例デモを始めることが決められた。[19]

活動内容が報じられている以上の四つ以外に、地域で「独自のベトナム反戦運動」を進めているグループとして、ベトナムに平和を‼茅ヶ崎市民の会、京都べ平連、べ平連伊那谷の会、仙台市民ベトナム委員会、長野市市民の会、浦和「市民の会」、沖縄べ平連、の名前が記載されている。[20] べ平連と名乗っているかどうかはともかく、地域でベトナム反戦運動を行う市民グループ（あるいは一人べ平連も含めて）が、確実に増えていたのである。

『べ平連ニュース』第一六号には、「六月の講演旅行を契機に、以後、各都市や大学キャンパスなどにべ平連を名のるグループやその他、自発的な行動をする人びとの集まりが続々と生まれています」と記され、[21] 連絡をとりあっているグループとして、「旭川べ平連、札幌べ平連、仙台市民ベトナム委員会、水戸平和問題懇談会、ベトナムに平和を！茅ヶ崎市民の会、吉原平和を守る会、名古屋べ平連、長野市民の会、京都べ平連、ベトナム反戦大阪行動委員会、広島べ平連、福岡十日《ママ》デモの会、沖縄べ平連、ベトナムに平和を！青年連合」の一四グループが、そして大学でのグループとして、「法政、東大、一橋、早稲田、教育、慶応、明治、学習院」といった都内八大学、三重大学、横浜市立大学の二大学が示されている。[22]

第一回全国会議――「市民文化団体連合」から「市民連合」へ

一〇月一五日のサルトルとボーボワールを交えた討論集会の翌日、第一回目の全国会議が七一名の参加者を集めて行われた。会議の内容をリポートした古山洋三によれば「沖縄、広島、名古屋、松本など、招請状は出したが参加を得られず、全国というには一寸淋しい感じはあったが、大阪、京都、長野、仙台、山形など地方からの参加者も多く、はじめての会議としては活気のある充実した」[*23]ものとなった。この会議では、その後のべ平連の運動に大きな影響を与える重要な決定がなされた。

第一は、名称の変更である。この会議で、それまでの「ベトナムに平和を！市民・文化団体連合」から「ベトナムに平和を！市民連合」へと改められた。第三章で述べたように、発足時のべ平連は、基本的には既存の市民運動団体に軸足を置きながら、必要に応じて共同で行動する運動体として考えられていた。しかし、べ平連独自の事務局体制の整備が進むなかで、そうした既存の市民運動団体との関係を考慮することなく、べ平連独自に運動体として活動することが可能となった。そして、地域におけるべ平連グループの誕生は、既存の市民運動団体との関係よりは、東京を含む様々な地域でベトナム反戦運動を担う個々の市民の集合体としてべ平連の運動を捉え直すことにつながったのである。

次に、一二月八日をベトナム反戦国際統一行動日とすること、三つ目にアメリカ商品のボイコットのよびかけ、四つ目に米軍兵士へのよびかけパンフの配布である。この四つ目の確認事項が、その後の脱走兵支援運動のきっかけを生みだすことになった。そして、最後の五つ目が、全国講演旅行の提案である。

名称の変更に象徴されるように、この段階になって、べ平連はようやく自前の運動のスタンスを確立し、緩やかではあるが自前の「組織」を有する運動体として活動していくことになった。ただし、地域のべ平連は、実に様々な特徴をもっていたことも事実である。一人べ平連もあれば、比較的多くの参加者を得て活動を展開したべ平連もあった。都市部のべ平連もあれば、農村地域にもべ平連ができた。数回の活動で消滅したものもあれば、かなり長期間にわたって活動を持続させたものもあった。そして、東京のべ平連が、こうした多種多様な地域のべ平連を統括していたわけでもコントロールしたわけでもなかった。地域のべ平連のゆるやかなネットワークのなかにあって、情報交換の媒体の役割を果たしたのが東京のべ平連だったと言えよう。

したがって、地域のべ平連は、東京のべ平連からは見えてこない、地域の独自性を反映した存在でもあった。とくにこの点が顕著であったのは、地域べ平連のなかでも、その規模や持続性において傑出していたいくつかの地域べ平連だった。京都や神戸を含む関西地域のべ平連や九州の福岡べ平連、北海道の札幌べ平連などである。これらの地域のべ平連のうち、福岡と神戸に関しては、それぞれ市橋秀夫、黒川伊織による、地域べ平連誕生の前史にまでさかのぼった詳細な実証研究がなされている。ここではまず、二人の研究に依拠して、福岡と神戸の運動を見ていくことにしたい※。

※以下の福岡と神戸の事例についての説明は、市橋と黒川の論文に依拠するが、両論文からの直接的な引用についてのみ「　」を付し注記をつけることとする。

福岡十の日デモの会と福岡べ平連

まず、福岡について見ていくことにしよう。福岡べ平連が誕生するのは、一九六八年五月のことであるが、その母体になったのは、六五年一〇月に発足した十の日デモの会という市民グループだった。しかし、福岡では、この市民グループの誕生以前から、すでにベトナム反戦運動が始まっていた。

六五年四月二日に京都大学経済学部有志によって出されたアメリカのベトナムからの撤退を求める声明に呼応するかたちで、四月二九日「大学院生を含む九州大学の研究者有志が、アメリカのベトナム政策と、それに加担する佐藤政権に対する抗議[*24]」の声明を発表、翌日に福岡市内で集会とデモを行った。研究者有志の代表は法学部の青山道夫、発起人には同じ法学部の具島兼三郎や経済学部の都留大治郎らが名を連ねた。また、この動きの少し前、九大工学部応用理学研究室助手の山田俊雄と同じく九大の教員で数学者の小島順の二人が抗議行動を行っており、市橋によれば、研究者有志による二九日と三〇日の抗議行動に比べ、「知識人としてではなく、一人の市民あるいは国民としての行動だった[*25]」という。

二九日、三〇日の抗議行動を行った研究者有志のグループは、六〇年安保に際して福岡安保問題懇談会を結成し、六〇年安保が終わったあとも解散することなく、米原子力潜水艦佐世保寄港問題など、反戦や護憲にかかわる運動を行っていた。福岡安保問題懇談会は「平和および憲法を脅かすような動きに対しては、(中略)なんでも取り上げて問題にし、あくまで自立的な運動を展開した」という点で市民運動としての性格を有していたものの、既存の政治システムに対する「揺るぎない信頼が担保」されている点や、集会と声明中心の運動スタイルという点で、べ平連のような市民運動とは大きく異なっており、「社共双方からの参加と協力が実現されていた文化人組織」[*26]であった。同懇談会は「いわゆる戦後民主主義を擁護する世代が集うベトナム反戦組織として存在感を失うこと」[*27]なく、六六年六月の全国縦断講演旅行の福岡での受け入れにも一定の役割を果たした。

　いずれにしても、福岡安保問題懇談会は文化人中心の運動体としての性格が濃かったことは否定できない。これに対して、後の福岡べ平連の動きにつながる市民的な動きのきっかけとなったのは、アメリカの数学者たちの影響を受けた日本の数学者たちの行動であった。アメリカのフィールズ賞受賞者S・スメイルを中心にカルフォルニア大学の「ベトナムの日委員会」が組織されアメリカでのベトナム反戦運動を行っていた。すでに記したように、五月二二日のべ平連の第二回デモは、スメイルらの運動との合同デモというかたちをとった。その少し前の一九日と二〇日の両日、京都で行われた数学会の際に、数学者たちは「急遽署名を集め、二〇日の午後に署名を集めスメイル宛の激励電報を打った」[*28]。これがきっかけになり、数学者たちによるベトナム反戦運動の動きが生み出され、一〇月に「ベトナム問題に関する数学者の懇談会」（略称「ベト数懇」）が結成された。ベト数懇は全国に四カ所の連絡センターを設置し（関東、中部、関西、九州）、九州の窓口となったのが、九州大学工学部応用理学教室であり、金原誠と小島順が代表者になった。

　こうして九州大学工学部に所属する数学者たちの間でのベトナム反戦運動へのかかわりが深くなっていくが、『世界』に掲載されたスメイルからの「ベトナムの日委員会ニュース」記事が引き金となり、具体的な行動が検討された。その際、話し合いには法学部の嶋崎譲などの社会科学系教員も加わり「社会党をよくする会・九大支部」がつくられたという。この会での話し合いのなかから毎月十のつく日にデモを行う十の日デモの会が発足した。最初のデモは、六五年一〇月一〇日、参加者は三五名であった。市橋によれば、当時のデモの様子は次のようなものだったという。

「通常デモ隊は、『ベトナム侵略反対、十の日デモ委員会』と書かれた横断幕を先頭に市役所前広場を出発し、さまざまなプラカードを持った参加者が福岡の繁華街の中心である天神をとおって呉服町まで歩いた。距離にしておよそ2キロメートルである。出発前の市役所前広場で市民に訴える演説をしたり、デモと平行して歩道でビラも配られた。二カ月に一度程度は福岡県教職員組合の好意で宣伝カーがデモを先導してマイクでの訴えもなされた。呉服町ではなく、アメリカ領事館までデモを行ったこともあった。デモ終了後の『一月か二月に一回行われるティチ（原文ママ）・インではベトナム戦争に関連した問題について専門家に話してもらったり、この反戦運動のあり方についての反省会が行なわれたり』した[*29]」。

発足当初の十の日デモの会は、東京のべ平連と情報をやりとりするような関係にはなかった。その意味では、べ平連の運動とは直接関係なく、それまでの福岡の反戦平和運動の流れと全国的な数学者による運動の展開のなかで誕生した運動だった。しかし、運動の中心人物の一人であった倉田礼二朗によれば、東京のべ平連の活動には注目し意識もしていたという。十の日デモの会が東京のべ平連と直接連絡をとる関係になるのは、六六年六月の全国縦断日米反戦講演旅行がきっかけであった。それは、次のような経緯をたどった。

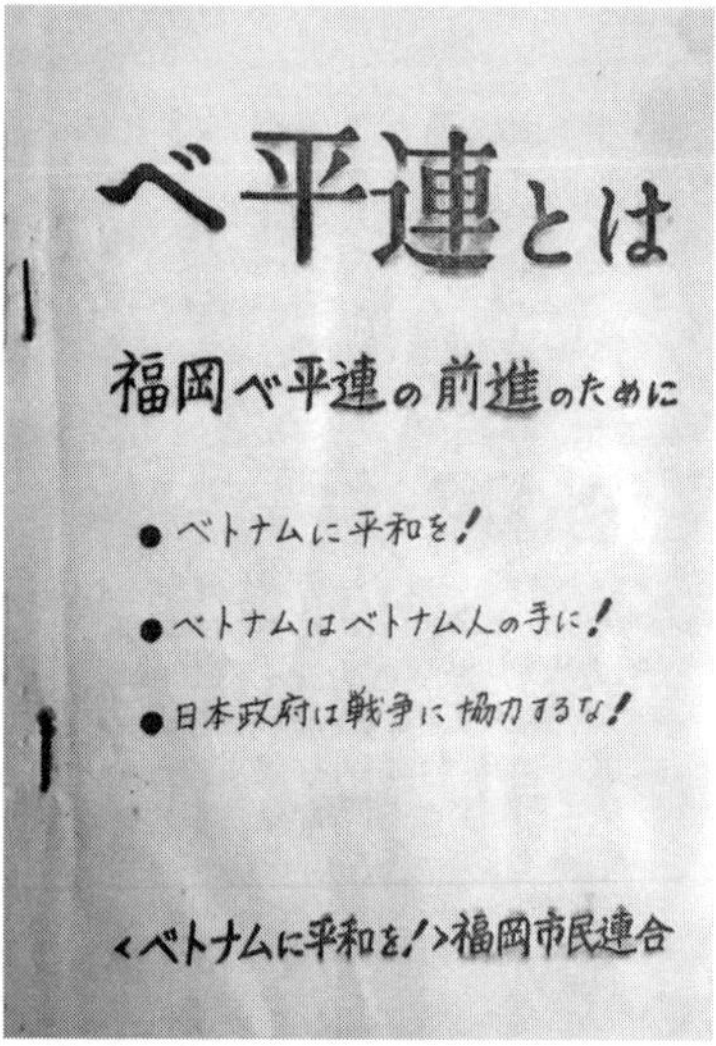

写真12　福岡べ平連パンフレット
1968年5月に発足した福岡べ平連が発足間もなく作成したパンフレット。すでに発足していた十の日デモの会と連携し様々な運動を展開した。

東京のべ平連から最初に全国縦断日米反戦講演旅行の協力要請があったのは、十の日デモの会ではなかった。桑原武夫が電話をしたのは、安保問題懇談会の代表の青山道夫だった。青山が懇談会のメンバーである都留大治郎に依頼して急遽準備委員会を開催し、突貫工事で講演会開催にこぎつけた。その際、実際に準備にあたったのが、十の日デモの会のメンバーだったという。さらに、十の日デモの会の中心メンバーの一人、山田俊雄が八月一三日から一五日にかけて開催された日米市民会議に出席し、ここから東京のべ平連とのやりとりも次第に密になっていったようである。その後、東京のべ平連の要請を受けるかたちで、一二月一〇日に「ベトナム反戦運動とは何か」を九大工学部で開催（講師は小田実、武藤一羊）し、四〇〇名の聴衆を集めた。さらに六七年七月には「ベトナム戦争反対のために今何ができるか——若い人びとと考える」を開催した（講師は鶴見俊輔と室謙二）。このような取り組みを行う一方、十の日がつく日の定例の「だんまりデモ」は続けられ、「一九六八年までには発足時の九州大学の教職員および学生という範囲を超えた広がりを獲得するようになっていた[*30]」。そして、六八年一月の佐世保でのエンタープライズ入港阻止闘争を経て、同年五月、福岡べ平連が誕生するのであった。発足時の福岡べ平連の運動方針の一つには「10の日デモに積極的に参加する[*31]」とあり、ここからも福岡べ平連が十の日デモの会を母体にしてできたことがわかる。

　福岡べ平連が発足した翌月、九州大学構内に米軍ファントム機が墜落した。これを契機に福岡では保守派も巻き込むかたちで板付基地撤去運動がおきるが、福岡べ平連も板付基地問題に取り組む一方、山田弾薬庫弾薬輸送阻止闘争や佐世保の原子力潜水艦問題、大村収容所問題など、様々な問題に取り組んだ。機関紙『べ平連通信ふくおか』を発行し、小田実を中心に『週刊アンポ』が発行された頃には、独自に『日刊アンポ』を発行した。フォークソング運動としては、福岡フォーク戦線とすてろぷ（プロテストを逆さ読みした名称）が結成されもした。後述する六九年八月のハンパク（反戦のための万国博覧会）の会場に墜落したファントム機の残骸を持ち込み展示したのは福岡べ平連だった。東京のべ平連の呼びかけで行われた六九年の九州キャラバンでは、福岡べ平連が日程調整等の事務局的な役割を担った。また、七〇年代に入って岩国にできた反戦喫茶「ほびっと」には、福岡べ平連の若者たちが積極的に参加した。このように、福岡べ平連は、十の日デモの会の活動と連携しながら、幅広い領域で精力的に活動を展開していった。

神戸行動委員会とベ平連こうべ

神戸行動委員会の発足の契機になったのは、北爆の抗議のために行われた神戸のアメリカ領事館前の座り込み行動であった。四月六日、統一社会主義同盟の同盟員二人が抗議のプラカードを掲げて座り込みをはじめた。座り込みは地元マスコミにより報じられ、「神戸市民の有志」による座り込みとなり、七日夕方に一七人にまで増え、同日八時に道路交通法違反容疑で現行犯逮捕された。この座り込みの輪に加わった人びとのなかに、神戸大学の教員であった物理学者の水戸巌、齊藤威、フランス文学者の小島輝正の三人の姿もあった。

この座り込みグループは、その後、「声なき声神戸市民の会」と合流し、二度の集会を開催する。しかし、「ベトナム戦争の市民の反戦意識が薄まりつつあると感じた小島らは、9月18日から領事館前で座り込みを再開して、ベトナム反戦運動への市民の関心を喚起しよう[*32]」とした。ここから七〇日間にわたる連続座り込みが始まったのである。

この連続座り込みについては、『ベ平連ニュース』第一号でも、次のように報じられている。

「一〇月一八日、神戸領事館の前に六〇名が座りこみ、その後、集会デモ。ベトナム行きを拒否した三六名のインド人の船員も参加して、メッセージを読んだ。

『日本の政府は何もしてくれなかったが、あなたがた市民が煙草をくれたり、食物をくれたりして、あたたかくもてなしてくれた。このことは、かならずインドへ帰って、伝えたい』と船員たちは、こもごも語った[*33]」。

一九六七年の後半から六八年の初頭にかけ社会運動がはげしさを増すなかで、神戸行動委員会は、他の反戦グループとの共同での「早朝駅頭ビラ配り」等の街頭行動に力を入れ始めた。神戸行動委員会の中心人物であった齊藤が東京大学に移り、そのあとを継いだのは神戸大学学生だった西信夫だった。全国的な大学紛争の広がりのなかにあって神戸大学もまた例外ではなく、六九年六月には理学部本館が封鎖された。八月に入って封鎖は解除されるが、「封鎖中も学生会館で『ベトナム通信』を作り続けた西は、一九六九年一〇月、神戸行動委員会の名前を『べ平連こうべ』に変更して、神戸行動委員会が紡いできたベトナム反戦運動の歴史を受け継いだ[*34]」。西が名称変更を決めたのは、「行動委員会よりも『柔らかい』印象の『べ平連』を名乗って若者の支持を集めながら運動の輪を広げていく[*35]」ためだったという。発足後のべ平連こうべは、とくに部落問題や朝鮮問題といったマイノリティの権利拡大運動に積極的にかかわった。『週刊アンポこうべ』（後に『アンポこうべ』）を七四年九月まで定期発行し、七八年四月には「閉店」記念号として第百号が発行された。

福岡と神戸の例にみられるように、東京のべ平連の動きとは関係なく、むしろそれぞれの地域におけるそれまでの運動の経緯や積み重ねと密接に関係したかたちで、ベトナム反戦の市民運動が誕生し活動した。そして、共通して言えることは、地元の大学教員が中心的な役割を果たし、それに共鳴した学生が次第に役割を担っていくことになったということである。このことは、地域におけるべ平連運動が、それなりの規模（とはいえ労働組合や政党の運動に比べればかなり小規模ではあるが）を維持し持続的な活動を展開するには、一定の規模の大学を擁している都市部であることを必要条件としていたことを意味している。逆に言えば、大学が存在しないか、存在していても数も少なく規模も小さい場合、運動の中心となりうる大学教員や大学生に乏しいため、地域べ平連の存立は極めて厳しいものがあったと言えるだろう。後に見るように、そうした地域でのべ平連は、ごくごく少数者による運動にとどまることになったのである。

佐世保べ平連と十九日佐世保市民の会

地域のべ平連は、確実に増えていったものの、六六年の段階では、相次いで結成されていったというわけでもなかった。地域べ平連結成の動きが加速したのは、六七年以降のことであった。たとえば、『べ平連ニュース』第三〇号（六八年三月一日発行）には、「各地のべ平連・友好団体一覧」が掲載されているが、そこには六六のグループ名が記されている。前年一月のニュースに掲載されていたグループ数が二四グループだったので、約一年間の間に四〇グループ以上増加したことになる。そして、表2に明らかなように、六八年に入り、地域のべ平連は急増したのである。

ここでは、地域べ平連の急増期に誕生したグループのなかから、佐世保べ平連について、結成の背景を含めて見ておくことにしよう。

最初に佐世保の歴史を簡単に振り返っておこう。一八八九年に海軍鎮守府が開設されて以降、佐世保の街は日本の軍事的膨張とともに発展したが、敗戦と軍の解体により軍港都市佐世保は根本からの変化を迫られた。一九五〇年一月に平和宣言を採択し、六月には旧軍港市転換法に基づく住民投票が実施され、軍港都市からの脱却のプロセスがまさに始まろうとしていた。しかし、六月二五日の朝鮮戦争の勃発により軍港都市佐世保は復活した。朝鮮戦争特需、さらに五〇年代後半の佐世保周辺の炭鉱の相次ぐ閉山により基地への依存は強まっていった。六〇年代に入ると六四年一一月の米原潜シードラゴンの入港を皮切りに頻繁に原潜入港が繰り返された。原潜寄港に反対する組織として、佐世保在住の作家・矢動丸廣を議長とする米原子力潜水艦寄港反対市民会議が結成されたが、労組や政党に大きく依存する組織だった。反対運動は当初はある程度盛り上がったものの、寄港が相次ぐなかで鎮静化していった。

佐世保の街を揺るがした米原子力空母エンタープライズの日本への寄港受け入れの閣議決定がなされたのは六七年一一月二日。エンタープライズ寄港受け入れは、十日後に訪米を控えた佐藤首相にとって「日本人の『核アレルギー』の克服と防衛意識の向上に焦点を当てた世論啓発キャンペーンのひとつ[*36]」と考えられていた。寄港先として佐世保が有力視されるなか、賛成派と反対派それぞれの動きが活発化していった。とくに、一〇、一一月の第一次、第二次羽田事件で警察と激しい衝突を繰り返し、佐世保を「第三の羽田」と位置付けた三派全学連の動向が注目された。

六八年一月四日に朝日新聞佐世保支局長として着任した記者・田中哲也は、エンタープライズ寄港を目前に控えた佐世保の街の様子について「佐世保のなかから発生している原子力艦艇誘致運動が異常なほど熱気をおびているのに」驚く一方、反対派は「何か無気力で、もどかしいものを感じた[*37]」という印象をもった。佐世保での原潜寄港反対運動のリーダー的存在だった矢動丸が、市民の様子につ

表２　地域べ平連・大学べ平連初出一覧

1965年	4月	べ平連（ベトナムに平和を！市民文化団体連合）
	5月	京都べ平連
	10月	「べ平連」伊那谷の会
1966年	1月	「ベトナムに平和を！」松本市民の会
	8月	沖縄べ平連
	11月	札幌べ平連，小樽べ平連，長野べ平連，名古屋べ平連，ベトナムに平和を！青年連合（ヤング・ベヘーレン），ベトナムに平和を!!茅ヶ崎市民の会
	12月	べ平連三重大，広島べ平連
1967年	1月	京都府立大べ平連，旭川べ平連，三重大べ平連，横浜市大べ平連，法政，東大，一橋，早稲田，教育，慶応，明治，学習院
	3月	松本べ平連，堀川高校「べ平連」連絡会議
	5月	いなか町べ平連，新潟べ平連
	6月	サラリーマン・べ平連，玉名べ平連，千葉べ平連
	7月	パリべ平連
	8月	行動する若鳩グループ（ベトナムに平和を！壁新聞）
	9月	岡崎べ平連，帯広べ平連
	11月	立命館べ平連，鹿児島べ平連
1968年	1月	堀川高校「べ平連」，北見べ平連，仙台べ平連，東京・小岩べ平連
	2月	佐世保べ平連，べ平連・カンパグループ（北海道上川郡新得中学校），ベトナムに平和を！横浜市民連合，同志社べ平連
	3月	横浜べ平連，東京・葛飾べ平連，一ツ橋大学べ平連，北海道大べ平連，山形べ平連，武蔵美べ平連，埼玉べ平連，福島べ平連，二本松べ平連，明大べ平連，専修大べ平連，横浜港湾べ平連，国分寺べ平連，新宮べ平連，湘南べ平連，伊丹べ平連，三重べ平連，関西べ平連，佐渡べ平連，川崎べ平連，南大阪べ平連，米子べ平連
	4月	大阪ヤングベヘーレン，横須賀べ平連，上牧べ平連，城東べ平連，品川べ平連，東京医科歯科大学べ平連，長崎べ平連，小樽商大べ平連，高槻べ平連，神奈川県べ平連連絡協議会，茅ヶ崎べ平連，ベトナムに平和を！生徒連合（神奈川県立A高等学校）
	（パンフ）	札幌学生べ平連，中野べ平連
	6月	埼大，J大，早大一文，中大，都立大，法大，武蔵大，立大，西宮，前橋，士別高校，岡山べ平連，くにたちべ平連，十和田べ平連，福岡べ平連，新宿べ平連

	7月	釧路ベ平連，山口ベ平連，大阪工業大ベ平連，龍谷大ベ平連
	8月	京都反戦浪人連合（浪人ベ平連）（通）
	9月	宮崎ベ平連，東工大ベ平連，高知ベ平連
	10月	上田（ベ平連），奈良（ベ平連），松江ベ平連，高岡高校ベ平連，徳島ベ平連，豊橋ひとりベ平連，高槻ヤングベ平連，関大ベ平連
	11月	伏見ベ平連，弘前ベ平連，芝浦工大ベ平連，日野ベ平連，杉並ベ平連，片町沿線ベ平連，岐阜ベ平連，富岡ベ平連
	12月	大田ベ平連，秩父ベ平連，慶大医学部ベ平連，東大ベ平連，青山学院大ベ平連，国立音大ベ平連，農工大ベ平連
1969年	1月	世田工ベ平連，東京水産大学ベ平連，ときわ台ベ平連，東京外語大ベ平連，大阪芸大ベ平連，大阪ヤングベ平連，工学院大ベ平連，神戸商大ベ平連，松山ベ平連
	2月	高田ベ平連，板橋ベ平連，佐賀ベ平連
	3月	大東文化大学ベ平連，成蹊大ベ平連，電通大ベ平連，写真大ベ平連，慶応大ベ平連，芝ベ平連，平塚ベ平連，富士ベ平連
	5月	ベ平連練馬友の会，新居浜ベ平連，世田谷ベ平連
	6月	一宮ベトナム反戦市民の声，北多摩ベ平連，国学院大ベ平連，三条ヤングベ平連，上智大ベ平連，新発田ベ平連，大阪芸大ベ平連，武里ベ平連，電機大ベ平連，独協大ベ平連，東海大ベ平連，東京理科大ベ平連，十日町ベ平連，東経大ベ平連，日本大学ベ平連，ベ平連清水，明大和泉ベ平連，横須賀ヤングベ平連，立正大ベ平連，ベ平連東京フォークゲリラ，ヤング・ベ平連・こうべ
	7月	伊東ベ平連
	8月	白鳥ベ平連，松林ベ平連（ベトナム反戦一人会）
	10月	荏原ベ平連，外国人ベ平連，桜ヶ丘ベ平連，東京学芸大ベ平連，東京教育大ベ平連，東洋大ベ平連，武蔵工大ベ平連，武蔵野ベ平連
	11月	都立駒場高ベ平連（ア）
	12月	稚内ベ平連，函館ベ平連，苫小牧ベ平連，青森ベ平連，東北大Cベ平連，ベ平連つるおか，会津若松ベ平連，大垣ベ平連，延岡地区ベ平連，和歌山ベ平連，平群ベ平連，東大阪ベ平連，京片ベ平連，沼津ベ平連，埼玉西部ベ平連，古河ベ平連，基地ベ平連，逗子ベ平連，小田原ベ平連，下田ベ平連，ベ平連山梨，甲府ベ平連，日立ベ平連，八王子ベ平連，西荻ベ平連，九段ベ平連，東葛ベ平連，府中ベ平連，北区ベ平連，雑司ヶ谷ベ平連，秋田ベ平連（ア），いわきベ平連（ア），静岡ベ平連（ア），北九州ベ平連（ア），浜松ベ平連（ア）
1970年	1月	ヤングベ平連千葉，みのかもベ平連，寝高ベ平連，上福岡ベ平連（ア），鶴岡ベ平連（ア）

	2月	飯田べ平連（ア），金沢べ平連（ア），熱海べ平連（ア），市川・松戸べ平連（ア），所沢べ平連（ア），狭山べ平連（ア），盛岡べ平連（ア），八戸べ平連（ア），群馬べ平連（ア），宇都宮大学べ平連（ア），神奈川大学べ平連（ア），横浜商大べ平連（ア），高崎経大べ平連（ア），新大べ平連（ア），吹田べ平連（ア），北大阪べ平連（ア），関べ平連（ア）
	3月	山谷べ平連，新潟ヤングべ平連（ア），都職べ平連，成田べ平連，高崎経済大べ平連，茨木大べ平連，宇都宮べ平連，リトルべ平連アメーバ（ア），岐阜ヤンべ（ア）
	4月	岩国べ平連，くらよしべ平連（ア），目白べ平連（ア），大津ヤングべ平連（ア），喜界べ平連（ア），尾道べ平連（ア），呉べ平連（ア），鳥取ショウメツべ平連，高松べ平連（ア），熊本べ平連（ア），国分べ平連（ア），一関べ平連（ア），磐田べ平連（ア），高山べ平連（ア），美濃加茂べ平連（ア），中津川べ平連（ア），三重県大べ平連（ア），鈴鹿べ平連（ア），三条べ平連（ア），べ平連ジュニア（ア），京阪及び片町沿線べ平連（ア），河内長野べ平連（ア），堺べ平連（ア），尼崎・西宮べ平連（ア），宝塚べ平連（ア），ヤングべ平連玉島（ア），広島ヤング・べ平連（ア），熊谷べ平連（ア），比企西部べ平連，中央区べ平連（ア），べ平連 Bunkyo（ア），神田べ平連（ア），安房べ平連（ア），相模原べ平連（ア），べ平連異端者の会（ア），巣鴨べ平連（ア），いずみべ平連（ア），自治体べ平連（ア），立川べ平連（ア），西多摩べ平連（ア）
	6月	柏べ平連，べ平連救対部
	9月	CQ 反戦べ平連
	11月	中年べ平連
1971年	5月	詩のべ平連
	9月	東Cべ平連
	10月	べ平連三里塚闘争委員会
1972年	4月	米沢べ平連
	5月	福井べ平連，浦幌べ平連
	11月	べ平連少年少女団
	12月	京都中年べ平連
1973年	2月	全千葉べ平連，立川べ平連，日大文理べ平連
	5月	福山べ平連

1）この一覧は，『べ平連ニュース』，『ベトナム通信』，『週刊アンポ』紙面で，地域べ平連，大学べ平連がいつ登場したのか，初出の時期を一覧にしたものである．『ベトナム通信』記載のものは（通），『週刊アンポ』記載のものは（ア）を付し，名称のみのものは『べ平連ニュース』記載のものである．地域べ平連が発足した日を確定できる地域べ平連，大学べ平連もあるが，ほとんどは確定できない．地域べ平連・

大学べ平連がべ平連関係のニュースにいつ初めて登場したのか整理した本表は，地域べ平連・大学べ平連の趨勢を大まかに把握するために作成したものである．

本表にピックアップしたのは，「べ平連」もしくは「ベトナムに平和を」という言葉が，名称に含まれているものに限った．本書でとりあげた，福岡十の日デモの会や神戸行動委員会など，べ平連ともつながりがあり，地域べ平連誕生の母体になったものや，イントレピッド四人の会，ジャテックなどべ平連自らが立ち上げたものも含まれていない．ニュースには，様々な団体の名前が登場し，べ平連との関係がどの程度だったのか判然としないものも少なくないため，名称を基準として整理した．

2）また，○○○に誕生など，地名・大学名のみで名称が記されていないものもあり，それらについては，前後の文脈から判断した．

3）類似の名称については，同一団体か否か判断ができないため，両方とも掲載した．

4）『べ平連ニュース』発行以前に発足した東京のべ平連，京都べ平連は，発足した年月とした．

写真13　佐世保に入港するエンタープライズと抗議の漁船デモ
ベ平連の小田実と吉川勇一も漁船に乗って抗議を行った。

いて「ぼくたちの反対運動すらも、おっかなビックリで眺めていたようだし、危険分子の策動と思いこんでいる者もいたようである」[*38]と述べたように、地元での反対運動は広がりを欠いていた。

エンタープライズが佐世保に入港したのは一月一九日であったが、入港前の一七日から二三日までの一週間、佐世保の街では政党・労組を中心とした大規模な集会、機動隊と学生の流血を伴う衝突、右翼団体の街宣活動など騒然とした雰囲気に包まれ、全国の関心が佐世保に向けられた。

東京のベ平連から佐世保に向かったのは小田と吉川の二人だった。当初は小田のアイデアで「小型機をチャーターして」、大量のビラを「『エンタープライズ』の甲板上に上空から撒き散らす」計画を立てていたが、飛行機会社から断られてしまった。[39] 佐世保入りした二人の前に現れたのが、長崎反戦行動委員会の山下弘文という組合活動家だった。当初から予定されていた船による海上抗議にでかけようとしていた彼は、周囲の反対を押しきって乗船予定者に入っていなかった小田と吉川を船に乗せ、抗議のハンドマイクを握らせた。のちに諫早湾埋立反対運動のリーダーとして活躍する山下は、「エンタープライズ寄港を前にしても、なぜか長崎地区の仲間たちの動きは活発化しなかった」ので、また「既存の反戦青年委員会を刺激しないため」、新たに長崎地区反戦行動委員会を六七年末に発足させ佐世保入りしていた。[40] この動きは地域の労働者の意識を刺激した。たとえば青年労働者の一人は、一七日の佐世保への行動に誘われたが、休暇をとりたいしお金もないという理由でいったんは参加を断った。しかし「一緒に青婦協の仕事をしている仲間や後輩のM君まで行く」ことを知り、「近頃、俺はたるんでいる。よし佐世保で一緒に闘って自分自身に気合いをいれよう」と佐世保行きを決意したという。[41]

こうしたなか「佐世保の一週間を通じて、その誰もが驚かされ注目したのは、三派全学連の行動でも、エンタープライズの巨大さでもなく、名前も知らない数多くの佐世保市民であった」[42]。とくに二一日の佐世保橋上での市民による警察への抗議は、エンタープライズ闘争のなかで「群衆であった千余人は、その瞬間から、一つの反権力市民集団に成長した」[43]と注目された。

こうした市民の動きを小田や吉川も実感した。二一日に「どこへも入るところのない人　いっしょに歩きましょう　べ平連」のプラカードを掲げた六〇人ほどのべ平連のデモに沿道からも声援がおくられ、その日の夕方、デモに参加した四人を世話人として佐世保べ平連の発足につながった。吉川は

「佐世保での急進的な市民の行動の出現は、突然のように見えるが、よく考えてみればそうじゃないんだと思うよ。べ平連も含めて、市民も市民運動も、ずうっと変ってきてるんだよ」[44]と述べている。

このように注目された「佐世保市民」だったが、その性格は複雑だった。当時佐世保に本社を置いていた地方新聞『長崎時事新聞』の読者投稿欄を検討してみよう。

エンタープライズ入港前後の六七年一一月から六八年二月までの四カ月間、エンタープライズ入港及びそれをめぐる警察と全学連の激突を含む一連の出来事に言及した投稿は七一本あるが、エンタープライズ寄港に積極的に賛成ないしは容認する投稿は四本と非常に少ない。逆に反対や批判的なものが一四本ある。また、全学連に共感したり同情的なもの七本に対し、批判的なものが一四本と大きく上回っている。興味深いのは、佐世保での衝突を「同じ日本人同士」がなぜ争わなければならないのかという観点から見ているものが一二本あることである。これらの投稿記事から分かるのは、佐世保市民が必ずしも三派全学連の急進的な行動に共感していたわけではないが、エンタープライズ寄港には複雑な思いを持っていたこと、そして警察の過剰な行動への反発や「同じ日本人同士」というナショナリズムの感情から学生に同情する市民も少なくなかったということである。

佐世保橋での出来事に注目があつまったが、実はそれ以外にも様々な動きがあった。たとえば、当初反対運動そのものに消極的だった地元の県立国際大学の学生は、一三日の学生総会で寄港反対を決定し独自のデモを行った。[45]また、社共両党と総評による五万人集会（一八日）、二万人集会（二一日）、民社党同盟系の集会とデモ、公明党の抗議集会、地元の核基地反対市民会議のデモなど、様々

写真14　佐世保19日市民の会600回目のデモ
エンタープライズ入港の翌月から毎月一回行われてきた「だんまりデモ」。2018年1月19日に600回目を迎え、その後も現在まで続けられている。

な組織による抗議行動が行われた[46]。

このようにエンタープライズ入港をめぐる様々な動きが渦巻くなか、佐世保に二つの市民運動が誕生した。ひとつは佐世保べ平連、そしてもう一つは十九日佐世保市民の会である[47]。十九日佐世保市民の会は、原潜寄港反対運動を続けてきた矢動丸を会長とし、それまでの労組や革新政党に依存した運動からの脱却を図る一方、「あくまで底辺の民衆と密接な関係を持ちながら、非暴力で、言葉にもならない沈黙の叫びで、静かな『歩み』を続けて行く[48]」デモを始めた。同会の発足は「エンプラ入港時における市民意識の高まりの中に生まれたものであるが、その生まれるべき諸要素は昭和三十八年原潜反対市民会議が組織されたころから市民の間に胚胎していたもの」[*49]というように、それまでの佐世保での反対運動の困難な経験を反映したものであり、政党や労組と連携した運動との連続性を担保するものでもあった。

一方、佐世保べ平連は、二月一一日に最初のデモ行進と話しあいを行った。その時の様子について、佐世保べ平連の中心人物で、電気の検針員をしていた濱田亮典からの報告が「べ平連ニュース」に掲載されている。

「この前のべ平連のプラカードを利用したのと数本のプラカードをつかってデパートの前の公園（原ノ瀬公園（島瀬公園――筆者注））に行き時間までべ平連のビラ（英文脱走）と十九日市民の会のビラをまき、二時から行進に移り外人バー街や商店街を四十分程歩きました。デモには倉田先生をはじめ福岡から五人、長崎から新聞を見て来たという女子高生二人や老人や病院のケースワーカーの婦人などいろんな人々が三十名以上来てくれました。その後喫茶店で話し合いを行い（この時は二十二名）代表に井上健次郎さん（七十七才）牧師、平和運動家です。

絡《ママ》雑役に私を（肩書は事務局長です）補佐として浦川君と大溝さん石定さんを選びまして事務所は三浦町四一八の全自労（津田事務所）をお貸りすることになりました。毎月のデモは第一土曜日が十七時三十分より、第四日曜が十四時より原ノ瀬公園（島瀬公園――筆者注）で行い終った後はティーチ・インをやることを決めました。なお十九日市民の会へ参加することも決めました。その他の話しでは、例えばアルバカキー市の新聞へ反戦広告を載る、市民へのアッピールを行う、勉強会を行う、小田さんやいろんな人を呼んでティーチ・イン、講演を行うなどいろんな意見が出ました。そしてその話をみんな持ち帰り考えるということで第一回は終りました」[*50]。

ここからは、新たに発足した佐世保べ平連の活動に対して、参加者たちが極めて積極的に取り組もうとしていたことが見て取れる。また、佐世保べ平連は十九日佐世保市民の会や福岡の十の日デモの会とも連携・協力する関係にあったことも分かる。

宮崎べ平連と九州キャラバン

これまでに取り上げた地域べ平連は、福岡と神戸のような比較的人口規模が大きい都市のべ平連であり、また、佐世保の場合は、大規模な米軍基地を抱える都市という特徴をもっていた。しかし、地域べ平連のなかには、すでに取り上げた長野県松本市のような地方の小規模の都市にも誕生した。それらの地域べ平連は、保守的な土地柄、匿名性がきかない小さなコミュニティ、大学教員や大学生の少なさ、といった条件のなかで活動せざるを得なかった。たとえば、京都べ平連の笠原芳光は「学生と教師が多かったことはべ平連運動の限界であったのではないか[*51]」と述べており、このことは「学生と教師」がそれほど多くない地域での運動の困難さを物語っていた。宮崎べ平連も、そうした地域べ平連の一つだった。

宮崎べ平連の誕生は、一九六八年五月一九日。福岡べ平連発足の一日前である。宮崎べ平連立ち上げの中心になったのは、地元の高校教員である。宮崎高校生活指導研究会に属していた教員のなかから「政治セクトを排し、市民運動形式の反戦運動、たとえば『べ平連』のようなものを作ってみようではないかという声が」あがり、「教師、浪人、高校生、主婦、労働者、そして二人の赤ん坊を交えた十九人」が公園に集合し、「ベトナム反戦のプラカードを、たった二本だけ掲げ」、約三〇分間の歩道デモを行った。[*52] これが宮崎べ平連の始まりとなった。その後、毎月、第一、第三日曜日を定例デモとしたが、六月二日の九州大学構内への米軍機墜落の後、宮崎県の航空自衛隊新田原基地が代替候補として浮上し、デモ参加者は三〇人近くに増えた。たとえば、『週刊アンポ』に掲載された宮崎べ平連に関する記事では、七月七日の第四回目のデモについて、「参加者二六人＋五人（幼児）初参加者増える。今日からは横断幕が先頭を切る。〝歩いて示そう　反戦の意志を　平和の願いを〟、プラカードも増え、多彩なデモ行進[*53]」とあるように、運動は盛上がってきたかに見えた。しかし、基地移転話が立ち消えになると、参加者は減少し、一二月の定例デモには五人しか集まらなかった。[*54] こうした状況を突破する大きな刺激を与えたのが、六九年三月から四月にかけて行われた九州キャラバンだった[※]。

九州キャラバンは、七〇年安保を翌年に控え、べ平連が本格的に反安保闘争に取り組むために企画されたものだった。三月二八日の佐賀に始まり、福岡、佐世保、大村、長崎、熊本、玉名、鹿児島とまわり、宮崎が最終目的地となった。四月五日の宮崎講演会では、小田実、高橋武智、吉川勇一が講演をおこなった。会場には三〇〇人（『べ平連ニュース』では六〇〇人）の参加者が集まり、そのうち一〇〇人がデモに参加した。「何本かのべ平連の旗が掲げられたデモの先頭では、フォーク・ソングの歌声が響く。みんなで、おしゃべりしながら、とにかく、ダンゴのようになって歩いた」。このデモをきっかけに、デモのメンバーは「教師に加えて、高校生、浪人、労組の書記、新聞記者、放送局や郵便局に働く人、お花の師匠、主婦と、多様化し今は高校生を中心とする若者たちが急増[55]」した。さらに、毎週土曜日の夜にはフォーク集会も開かれるようになったようだ[56]。このように、キャラバンによる東京のべ平連をはじめとする他の地域べ平連との接触が、沈滞気味であった宮崎べ平連に活気を与えたのである。

べ平連の運動は、東京のべ平連を中心としたピラミッド型の運動ではなく、東京のべ平連もその一つである様々な地域べ平連の横のネットワークを形成していった。しかし、その動員力やリーダーの知名度において、東京のべ平連と他の地域べ平連との間には格段の開きがあったことも事実である。東京のべ平連が舞台回しの役をこなしながら、しかしながら、東京のべ平連と地域べ平連との間に上下関係をつくらない。そのようなかたちを前提に行われた九州キャラバンだった。宮崎べ平連のような小規模の地方都市で細々と活動を続けている地域べ平連にとっては、運動を活性化させるうえで重要なきっかけをもたらしたのが、べ平連のネットワーク運動だったと言えるだろう。

とはいえ、宮崎べ平連がかかえる問題が解消されたわけではなかった。宮崎べ平連の一人は、「べ平連が反体制市民運動として評価されるがゆえに〝市民〟がかなりデモに出られなくなっている」とし、これは「地方都市のべ平連がかかえている共通の問題」であるという。「裸の市民が高校生が、公然とべ平連を名乗る勇気とためらい。彼らに加えられる有形無形の弾圧、これはべ平連の輪が広がり、ユニークな反戦市民団体としてジャーナリズムに乗れば乗るほど、今私たちが生きている——地方都市では強く大きくなって行く」、「『東京べ平連』の相似形小型版としての宮崎べ平連は、今のところ存在しない」のであり、「反戦と変革以前のところで苦吟している」[57]のである。おそらく、宮崎べ平連に限らず、地方都市の地域べ平連の多くが、このような状況にあったのではないかと思われる。

※べ平連が最初に取り組んだキャラバンは、六六年六月に行われた全国縦断日米反戦講演旅行だった。しかし、すでに指摘したように、この時期には、地域のべ平連はほとんど存在しておらず、東京のべ平連の協力要請の受け皿となったのは、既存の運動団体や学生団体だった。

全国縦断日米反戦講演旅行から半年後の六六年一二月、べ平連は一日から一〇日までの一〇日間を「抗議の十日間」とし、「日本全国各地のベトナム反戦のグループと協力していろいろなベトナム戦争反対の行動を起こす」[58]ことにした。この「抗議の十日間」のなかで地域で行われた取り組みをピックアップすると、名古屋の「ベトナムの平和を考える講演会」（一二月四日）、北海道の「べ平連講演会」（札幌、一二月八日）と「ベトナムに平和を！旭川市民集会」（一二月九日）、京都の「ナット・ハーン師を囲む会」（一二月九日、一二日）、福岡の「反戦集会『ベトナム反戦運動とは何か』」（一二月一〇日）、横須賀の在日米軍兵士へのビラ撒き（一二月一〇日）、北九州の「講演と討論による反戦集会」（一二月一一日）などがあった。東京のべ平連が企画を立てたのか、地域のべ平連の側が企画を立てたのかはともかく、全体の構想は東京のべ平連がたて、地域間の相互のつながりはほとんど見られなかった。

翌六七年七月には、「ベトナム戦争のためにいま何が出来るか」をテーマに、全国七カ所で集会が行われた。このキャンペーンは、主として若者向けに行われたものであり、これもまた、東京のべ平連が中心となって組み立てられたものだった。[59]

六九年の九州キャラバンは、それまでのキャラバンとは異なり、地域べ平連相互の協力や連携の下に行われた。つまり、六七年から六八年にかけての地域べ平連の急増が、このようなキャラバンを可能にさせたのである。

第五章　脱走兵と七〇年安保

脱走兵現る

一九六七年一〇月二八日、ベ平連事務局に一本の電話が入った。受話器をとった吉川が発した言葉は、「えっ、脱走兵！」だった。[*1]

ベ平連の前に現れたのは四人の脱走兵だった。マイケル・リンドナー、クレイグ・アンダーソン、リチャード・ベイリー、ジョン・バリラ。四人は、米空母イントレピッド号の乗組員。二六日の夜十一時過ぎ、東京大学の学生・山田健司は新宿の喫茶店・風月堂の前で二人のアメリカ人に呼び止められた。まだ店内に残っている二人の仲間を含め、四人の宿泊先がないか尋ねられた。二人は山田の家に泊まり、他の二人は別行動をとることになった。二人の米兵から脱走の意思を聞いた山田は友人とともに思案した結果、ベ平連に連絡することにした。[*2] その電話を受けたのが吉川だったのだ。ベ平連の関係者にとって脱走兵の出現は、想定外のこととして「まさか、本当に？」と受けとめられた。電話を受けた吉川は、鶴見良行とともに東大駒場キャンパスに行き、二人と合流。一方別行動をとっていた二人は、べ平連の若手活動家である阿奈井文彦と室謙二が風月堂から連れ出し、東大赤門前のマンションで四人がそろった。[*3] この時から、「なにしろ初めての経験だし、解決法のマニュアルなんかまったくない」べ平連関係者は、「連日連夜、集まって相談に明け暮れる状態」[*4] となった。

一〇月三一日深夜、鶴見良行のマンションの一室は緊張に包まれていた。脱走した四人の米兵の記録映画『イントレピッドの四人』の撮影が始まったのである。映画プロデューサーの久保圭之介やＮＨＫに勤務していた小中陽太郎が現場をとりしきった。[*5] 小中によれば「当の脱走兵より、同席した開高健や日高六郎、鶴見俊輔らの日本人の知識人のほうが緊張して」[*6] いた。この映画が作成されたのは、脱走兵の四人が無事日本を離れて海外に脱出したとしても、国家権力の関与により四人の脱走兵が闇から闇へと葬られることのないようにするためだった。

その後、二人は京都の鶴見俊輔宅へ、もう二人は茅ヶ崎に住む文化人類学者・深作光貞宅に一泊した後蓼科にある作家・堀田善衛の別荘に匿われた。[*7] イントレピッドの四人の脱走兵がソ連経由でスウェーデンに向かうため横浜港を出たのは、一一月一一日だった。エスペランティスト由比忠之進が、政府の北爆支持に抗議し首相官邸前で焼身自殺を遂げたのもこの日だった。[※]

※エスペランティストである由比忠之進（一八九四年生まれ）は、当時横浜で弁理士をしており、六七年二月頃から「ベトナム侵略の米国と佐藤内閣に強く抗議する」ための焼身自殺を考え始めた。[*8] 一一月一一日午後五時四

五分頃、由比は首相官邸前で焼身自殺を試み、病院に搬送後に死亡した。佐藤首相は日記に「夕刻横浜の老人、官邸で焼身自殺をはかる。困ったもの」[*9]と記しているが、告別式には寛子夫人の名前で献花を行ったという。[*10]

二日後の一一月一三日午後三時すぎ、べ平連はマスコミ各社に記者会見の通知を流しはじめた。そして、同日五時過ぎ、学士会館で一二〇人の報道関係者がつめかけるなかで記者会見が行われた。

「四人の脱走については、小田実氏が四人と対談したフィルムを上映しながら、彼らの言い分は『非人道的な行動には従事できない』ということが結論だったと説明、べ平連はどんな方法で脱走の四人と会ったかはノーコメント、会った場所については『日本国内であることは間違いない』といっただけで米兵引渡し要求も十分考慮した慎重な会見だった」[*11]。

イントレピッドの四人の横浜出港の様子はどのようなものだったのだろうか。彼らが乗船したのは横浜港に停泊中のソ連船舶バイカル号だった。脱走兵の移送を担当した室謙二は、バイカル号に到着するまでの緊張した様子を次のように記している。

「私たちは何組かに別れて、ばらばらにヨコハマ港の外国航路の船が発着する大桟橋に向かった。大桟橋に入港しているバイカル号に、四人を乗せるためにである。私のように大桟橋まで一緒に行動する役目もあり、バイカル号に一緒に乗り込む人もいたし、何かあった場合に目撃者・証人になる役割の人もいた。また東京で待機している人（吉川さんなどは東京にいた）への連絡係も、クルマを運転する係（小中陽太郎さんだった）もいたのである。四人が逮捕されたら記者

写真15　イントレピッドの４人の脱走兵についての記者会見
この後、イントレピッド４人の会、ジャテックという別組織による脱走兵支援運動が始まった。右から吉川勇一・小田実・鶴見俊輔・栗原幸夫。

会見をして彼らの声明文とフィルムを発表して、脱走の意図を説明するはずだった。発覚した場合は、私たち日本人も逮捕されるだろうと思って覚悟をしていた」[*12]。

そして四人の乗船時とその後の様子は、船内まで同行した小中によれば次のようだった。

「ぼくは4人を連れて停泊中の『ナホトカ号（バイカル号――筆者注）』に行き、タラップを上った。上海航路以来25年ぶりで汽船のタラップを渡った。栗原（幸夫――筆者注）の友人が手に入れてくれた面会用の大きな乗船券を使った。

甲板には、デッキチェアを置いて、なんとドストエフスキー翻訳家の馬場宏が座っていた。

馬場はロシア文学者の江川卓で二〇〇一年に死んだ。彼がゆっくりうなずいた。それが合図だろうか、上級船員らしい制服の乗組員が案内にたち、ぼくたちは二階のパーラーに上がった。

船員は『ここで結構です』という身振りをし、それから四人を案内してどこかに消えた[*13]」。

大きな反響

べ平連による米脱走兵に関する記者会見は大きな反響をよんだ。『べ平連ニュース』は「記者会見からちょうど一週間たった二〇日までに、二千通近くの激励とカンパの手紙が殺到し、連日六、七名が必死に処理しても未処理の手紙が箱に山と積まれフウフウ言っています[*14]」と伝えている。カンパの金額も、九月の二万七八六五円、一〇月の六万八〇〇円から、一一月には一五万八三一四円、一二月、二二万一〇五七円と大幅に増えた。また、ニュース購読料収入も、九月、三万八九六九円、一〇月、六万一四一五円から、一一月八万五四〇五円、一二月、一三万九八一五円と伸びている。六六年の日米市民会議終了後、なかなかインパクトを持ち得なかったべ平連の運動にとって、脱走兵支援は、べ平連の運動が再び注目を浴びる契機となった。

『べ平連ニュース』に掲載された投書を通して、反響の大きさとその中身について見ていくことにしよう。

試験中の高校生は、次のように書いている。

「四人の兵士は無事でしょうか。そのニュースをはじめて知った時、私は嬉しくて嬉しくて脱走そのものが良いか悪いかよりも、四人の行動が私にはこの上もなく嬉しかったのです。

先日、テレビで米国の反戦運動の模様を見ました。奉仕の精神で事務所で働く彼等を見て、私もじっとしていられなくなりました。切手を貼ることでも、封筒に住所を書くことでも、どんな小さな仕事でもやりたいと思います」[*15]。

脱走兵支援に対する賛同の投書のなかには、この高校生のように、自分自身も脱走兵支援に対して何らかの協力をしたいという意思表示を行うものが少なくなかった。たとえば「(脱走兵が)日本国の何処かにおられるのでしたら、私共もほんとうにかくまってあげたい気持でいっぱいです」(北九州市の二名の女性)[*16]、「私達で役立つ事がありましたら協力したいと思います。又、彼等『四人を守る会』などができましたら是非参加したいと思います」(東京都、男性)[*17]といったように。実際、イントレピッドの四人以降も、ベ平連の脱走兵支援運動は続くのであるが、そこには多くの無名の市民が様々なかたちで協力したのであった。

マスコミを通じて大きな反響を呼んだ脱走兵支援運動であるが、このことによりベ平連の運動の性格を変えてはいけないと警鐘を鳴らしたのが、吉川だった。彼によれば、「今度の事件では、一躍、非合法のレジスタンス地下組織に転化したかのごとく描きだされてしまった」、「記者会見のあと、連日のように押しかける記者諸氏は、ベ平連の『細胞』(!)の数はどれくらいかとたずねたり、つぎの脱走兵に備えての秘密のアジトは完備したかと聞いたりする。小田実の身辺を防衛しているか、小林多喜二の例をどう思うかなどという恐ろしい質問をした人もいた」。しかし、吉川は、「そうではないのだ。私たちべ平連の構成はちっとも変っていないし、変ってはいけないのだ」という。「私たち、ふつうの市民の集りのべ平連は、相変らず『軽　《ママ》浮薄なべ平連』といわれたり『不まじめなお遊び平和運動』などといわれるような活動をつづけつつ、しかし、また脱走兵が出れば、援助しなければならない[*18]」、つまりべ平連としての原点を確認し、平常心で等身大の運動を心掛ける必要性を説いている。

実は、イントレピッドの四人の出現以前に、脱走兵が現れていた。日本国内の米軍基地からの最初の脱走兵という意味では、韓国籍を有する米軍兵士・金鎮洙が最初の脱走兵だった。彼は、六七年三月に米軍を離れ四月にキューバ大使館に行き亡命を求めた。八カ月をキューバ大使館内で過ごした彼は、六七年暮れにキューバ大使館を離れ、年明けに吉川、小中と会い、そこからべ平連による脱走兵支援の対象となったのである。紆余曲折を経て、横浜ルートに代わって新たに開拓された根室ルートを通じて、他の五人の脱走兵とともに国外脱出に成功し、五月にスウェーデンのストックホルムに到着した[※]。

さらにそれより前、もう一人の脱走兵が現れていた。韓国軍脱走兵・金東希である。ベトナム派兵を控えていた韓国陸軍を六五年七月に脱走した金東希は、日本に密入国した後逮捕され懲役一年の判決を受け服役、その後大村収容所に移送・拘禁された[*19]。六七年二月、テレビのニュースで金東希が取り上げられ、それを偶然見たのは京都べ平連の塩沢由伸だった。大村収容所に手紙を送り、「本人から返事が来たと思ったら、そうではなくて、任錫均さんという人からで、それでやりとりしていた[*20]」

が、これをきっかけに塩沢は、京都金東希を守る会を立ち上げるに至った。彼はまた京都べ平連の機関紙『ベトナム通信』にこの問題に関する記事を執筆し、べ平連関係者にこの問題を認識させるよう努めもした。[21]※※

※韓国のベトナム派兵問題について精力的に調査・研究を行っているハンギョレ新聞のコギョンテによれば、脱走兵・金鎮洙の動向について韓国政府も神経を尖らしており、金鎮洙の身辺調査を行っていたという。[22]

※※金東希は、平和憲法下の日本への亡命を求めるが、彼の願いは叶わず、一九六八年一月、北朝鮮に送られた。韓国人研究者・権赫泰は、日本人脱走兵清水徹雄に対する対応との比較も踏まえながら、「べ平連の主張する理念に最も適合的な人物であった」[23]金東希が、にもかかわらず北朝鮮に送られたことは、脱走兵支援運動が抱えていた「『国境』というアポリア」を象徴するものだったと指摘している。すなわち、「国家を超える個人の原理」を掲げたべ平連、ジャテックの脱走兵支援運動が「具体的な実践においては国籍や日米協定など法的制約を受けざるをえなかった」[24]ことを象徴的に示したのが金東希の事例だったのである。

イントレピッド四人の会とジャテック

吉川が危惧したのは、単にマスコミ報道のあり方だけではなく、脱走兵の出現がそれまでのべ平連の運動のあり方にも影響を与える大きな出来事だったという認識があったからである。実際、秘密を保持しつつ慎重な対応を求められる脱走兵支援の運動は、それまでのべ平連運動の延長線上ではできない性格のものだった。そのため、べ平連とは別個に、脱走兵支援のための組織づくりがはじまったのである。

このような目的にそって立ち上げられたのが、イントレピッド四人の会であった。同会の発足は、一二月二日。世話人は、福富節男、古山洋三、鈴木道彦、高橋武智の四人だった。[*25] 同会は「よびかけ」で「私たちは、国家権力の不当な使用に身をもって抵抗したこれらの人びとの行為に学び、日本国憲法の精神に従い、彼らへの支持と連帯をさまざまな形で表明することによって、ベトナム侵略を続けるアメリカ政府とその共犯者日本政府を告発する」と述べ、会の行動として四つを提示している。国内外への宣伝、政治的亡命の権利についての世論喚起と政府への要求、ベトナム戦争に反対する兵士への支援、脱走兵支援のための資金集め、の四つである。[*26]

イントレピッド四人の会は発足後、一二月二三日に国際法学者・宮崎繁樹を招き、脱走兵支援に関する法的な問題について研究会を行った。[*27] さらに翌年一月二四日、日仏会館で「イントレピッドの夕」と題する集会を開催し、日高六郎、宮崎繁樹、もののべながおきの三人が講演、五〇〇名以上の聴衆を集めた。[*28] この集会のあとにも、三月五日に第二回集会「ベトナム戦争　脱走と亡命」（講演者：吉川、竹内芳郎、福富節男、日高六郎）、六月一一日に第三回集会「ベトナム・沖縄・アメリカそして七〇年」（講演者：鶴見良行、金井佳子、吉川、海老坂武）を行っている。[*29]

ただし、イントレピッド四人の会は、提示された四つの行動からもわかるように、脱走兵支援について広く世論に訴えかけ、理解の輪を広め資金を集めるためにつくられた会だった。具体的な脱走兵支援を行うにはさらにもう一つの組織が必要となった。それがジャテックである。ジャテックの最初の責任者となった栗原幸夫は次のように述べている。

「たちまちつぎつぎと脱走兵が現れてきたんです。そうなると、四人のケースのようにみんなが集まって会議に明け暮れていたのでは、本来のベ平連の活動がぜんぜんできなくなるし、やはり非公然の部分を担当するグループをきちんと作らないと、ベ平連自体が混乱しちゃうということで、ジャテック（脱走兵援助技術委員会）というのを作ったわけです」[*30]。

ベ平連の若者の一人で京都で脱走兵支援にかかわっていた関谷滋によれば、ジャテックという名称を考え出したのは、武藤一羊だった。[*31] Japanese technical committee for aiding (helping) Anti-American deserters の略称である。

脱走兵という発想

このように、ベ平連関係者にとって脱走兵の登場は必ずしも予期されていたものではなく、そのため、慌ただしく対応を迫られた。しかし、とはいえ、ベ平連の運動のなかにはすでに脱走兵支援につながる活動が始まっていたのも事実である。第四章で述べたように、六六年一〇月に行われた第一回目の全国会議（第二回目以降は全国懇談会という名称が使用されるようになる）で確認された四つの確認事項のうちの一つは、米兵への働きかけをおこなうことであった。そして、実際、米兵に対するアピールのビラ配りは実行に移されていた。

『ベ平連ニュース』第一六号は、六六年一二月一〇日に行われた横須賀でのビラ撒きを伝えている。それによれば、撒かれたビラは「『ベトナム帰休兵への日本からのメッセージ』という題のついた四頁の手紙形式の英文」ビラである。そこには「アメリカ兵がとり得る具体的な反戦行動」が記されおり、「一、上官や大統領に戦争反対の手紙をかくこと。二、兵舎のなかで集会を開き、また大衆的な運動に参加すること。三、サボタージュをすること。四、脱走すること。五、『良心的兵役拒否』をすること」という具体的な五項目が提示されていた。イントレピッドの脱走兵が現れる一年近く前に、脱走のすすめをべ平連は行っていたのである。この記事には、ビラ撒きの様子を記した室謙二のメモが紹介されているが、それによれば、当日の参加者は二六名、五時一五分からビラ撒きは始まり、「はじめのうちは、ほとんどのアメリカ兵が受け取ってくれる。拒否するのは1／3ぐらい」、「かなりの人が真剣に読んでいるようす」だったが、五時三〇分に警察が登場、さらに「ゲートをでる時、ＭＰがビラを受け取るな、と注意するらしく、ゲートの前では急に受け取らなくなる」。ビラ撒きは六時半で終了するが、七四八枚のビラが配られたという[*32]。

次にビラ撒きが行われたのは、立川基地であった。栗原幸夫の提案により[*33]、六七年三月一二日に行われた。ただ、この時は「米兵の数がとても少なく用意したビラがだいぶあまってしま[*34]」った。

イントレピッドの四人の出現はべ平連の関係者を驚かせはしたものの、こうした事態が発生する芽は、べ平連の運動のなかに存在していたのであった。

羽田・佐世保・王子

脱走兵支援以外のべ平連の運動は、この頃どのように推移していったのだろうか。六七年一〇月七日、東京のべ平連はいつもの通り定例デモを行った。この日のデモには「約一千人の人びとが集まり」「第一土曜日のべ平連定例デモでは最高の参加者記録[*35]」となった。このデモでは、首相官邸前からアメリカ大使館前を通るコースがとられた。デモの際にまかれたビラには、「佐藤首相は南ベトナムへ行くべきではありません」というタイトルが書かれていた[*36]。佐藤首相の南ベトナムを含む東南アジア諸国歴訪を批判するものだった。

翌日、佐藤首相は予定通り出発する。佐藤は「全学連、反代々木派、社会党等の反対デモも警視庁の周到な配備の為、途中無難に空港着[*37]」というように、羽田までスムーズに到着した。その日の午前中、反対するデモ隊が羽田の弁天橋上で機動隊と衝突し、京都大学生・山崎博昭が命を落とした。このことが佐藤の耳に入ったのは、最初の訪問国であるインドネシアに到着してからだった。佐藤は次のように記している。

「我等の出発後警官隊と学生の衝突ありて学生一名死亡、両者の負傷五百名をこす一大暴動行為発生との事。勿論詳報なき為批評すべき材料に乏しいが、最近の行きすぎた学生運動（法大事件等）から見て想像のつく事故、木村君には平静にしかも全体をつかまへて断固たる処置をとるべき事、どんな理由あるとも暴力行為は許せぬと指示する[*38]」。

この事件は当時の若者に大きな衝撃を与えた。たとえば、山崎と同年で後に文芸評論家として活躍する加藤典洋は、それまで「ほとんど政治についても思想についても無知」で「新しいもの好きな、文学少年」だったが、「新聞の一面トップに装甲車が炎をあげる弁天橋を空から撮った写真が大きく載り、一人の学生がそこで死んだと記されているのを見て、動け」なかった。加藤は、次のように言う。

「そのとき、私の世界が変わったと思います。私は、それから一ヶ月後、はじめてデモに参加し、デモ隊の一員として、羽田の大鳥居駅のむこうまで行きました。機動隊員とぶつかり、おわれて、住宅の中を突っ切って逃げました[*39]」。

吉川勇一は、「羽田事件の直後から、べ平連の事務所によせられる地方の人びとからの手紙は、べ平連の大使館デモへの支持を表明するとともに、学生への共感と山崎君への哀悼の意をあらわすものが非常に多くなっている[*40]」と記しているが、べ平連に実際にかかわりをもった若者のなかにも、この羽田事件が契機となった者がいた。

たとえば、それまで芸大受験の準備をしていた山口文憲（のち作家・エッセイスト）は、「あの羽田闘争の体験をてことして、職業としての『音楽』を放棄[*41]」し、社会運動に参加していくことになる。

山口と同様、大学受験のために予備校に通っていた亀和田武（のち雑誌編集者）は、羽田事件が起きた時刻にはまだ自宅で寝ており、「大変よ！羽田で、デモの学生が死んだって」という母親の呼び声で目を覚ました。「深夜までテレビ各局のニュース番組を観つづけ」、翌日には「新聞紙面に隅から隅まで目を通し」、さらに「家で購読している以外の新聞も何紙か買う」ほど、彼にとってこの事件の衝撃は大きかった。そして、事件から一〇日後、彼は初めてデモに参加するために清水谷公園にでかけたのだった。[42]

のちに反戦自衛隊員・小西誠裁判※に奔走することになる庄司洸もまた、羽田事件に衝撃を受けた若者の一人だった。かれは当時「カトリック教会に出入りするように」なっていたが、山崎の死と羽田事件の約一カ月後に焼身自殺をとげた由比忠之進の「二つの政治死が、私と私たちの仲間に、なんらかの行動をおこすことを迫ってきた」という。彼は仲間と「早速ガリ版刷りの『羽田事件を考える』というパンフレットを作り」教会関係者に配布、そして「その年のクリスマスごろには、反戦・平和のグループを教会のなかにつく[43]」った。

当時一橋大学生だった井上澄夫がべ平連に参加するきっかけも羽田事件だった。山崎の死に衝撃を受けた彼は「『とにかく、なにかしなければならない』と考えるようになり、一一月のある日、バイトの帰りに、当時お茶の水にあったべ平連の事務所にふらりとあらわれ」、『べ平連ニュース』の発送作業を手伝った。「これが僕のべ平連運動の始まり」という井上は、この年の年末一橋大べ平連を立ち上げた。[44]※※

※航空自衛隊三等空曹だった小西誠は、六九年一〇月に佐渡基地で治安出動訓練開始直前に反戦ビラを撒き治安訓練拒否を宣言、自衛隊法違反により逮捕され、その後約五年間の裁判が行われた。

※※もちろん、六七年一〇月の第一次羽田事件以前からべ平連に参加した若者もいた。長野県の高校を卒業し早稲田大学に入学後間もなくべ平連の運動に参加した吉岡忍（のち作家）もその一人である。彼がべ平連の事務所

を最初に訪れた時「吉川勇一さんが事務局長としていらして、あとは学生や浪人生が大きなテーブルを囲んでこぢんまり仕事をしているという雰囲気」[45]だったというように、すでに六七年前半の段階でベ平連の運動には若者の存在が欠かせないものとなっていた。

ヘルメットをかぶり角材をもった学生たちと機動隊との衝突という姿が初めて登場したのが第一次羽田事件だった。「一九六〇年の安保闘争に参加していた学生でヘルメットをかぶっていた者もこん棒を用意していた者もいなかったが、一九六七年三派全学連と呼ばれていたどの学生集団も中核となる部隊は角材を常用の武器としていた」[46]。変化していたのは学生だけではなかった。機動隊も変化していた。「一九六七年十月八日の機動隊は一九六〇年六月の機動隊とは似ても似つかず、こう言ってよければ全身から殺気を発散させていた」、「機動隊の装備はそれ以上に進化していたし、何よりも、デモを市民の正当な権利行使とみなす感覚を失っていた」[47]のである。当時の警察力強化のプロセスを明らかにした社会学者・安藤丈将によれば、六〇年安保の頃の警察の装備は、「鉄の棒と小楯という粗末なもの」で、「小楯は、汲み取り式トイレの蓋サイズであったため、警察の間でも『便所蓋』と呼ばれ、嘲笑されるほど」だったが、この時期には「防護衣とヘルメットをかぶり、楯もジュラルミン製に改良された」[48]という。

六七年一〇月一四日付で出された「羽田事件についての声明」には、ベ平連関係者では、小田、久野、鶴見俊輔、鶴見良行らが名を連ねている。この声明では、首相の南ベトナム訪問に対する学生の抗議について、「その抗議の仕方に行きすぎがあり、その行きすぎは批判さるべきものであっても、抗議についての批判は、抗議の対象となった日本政府の戦争協力についての批判と相殺されるべきものではない」と述べている。「今回の行動について署名者の間にもさまざまな意見や批判があるが、ベトナム反戦の目的における連帯の意志を明らかにしたい[*49]」とあるように、学生の抗議行動に全面的に賛同していたわけではなかった。

急進化する学生運動は、マスコミから批判を浴びながらも、それゆえにマスコミを通して社会的な注目を集めることにもつながった。そして、第一次、第二次羽田事件（一一月一二日）で警察と衝突した三派全学連によって「第三の羽田」と位置づけられたのが、エンタープライズ入港を控えた佐世保だった。

第四章で述べたように、六八年一月、エンタープライズ入港前後の佐世保での激しい運動のなかでマスコミが注目したのは、佐世保市民の反応だった。警察の厳重な警備は逆に市民の反感すら招き、学生に同情する市民も少なくなかった。実際、エンタープライズ入港で騒然とする状況のなかで佐世保べ平連と十九日佐世保市民の会という市民運動団体も誕生した。

佐世保に続いて、地元住民の反応に注目が集まったのは、王子野戦病院問題だった。王子への野戦病院建設を米軍が発表したのは六五年一一月のことであったが、最初の反対集会は六八年二月二〇日に開かれ、ここから激しい反対運動が始まった[*50]。野戦病院開設一カ月前のことだった（三月一八日、抜き打ちで開設された）。

サラリーマンベ平連のメンバーの一人、斎藤宏平は、三月三日、「野戦病院反対の『反戦青年委員会』のデモがあると云うので、遠くから見物するだけでもと、出かけ」た。そして、「北区役所の近くで機動隊と学生とのいっときの激突があつた後、学生・労働者・べ平連などの市民の隊列からなるデモ隊が先に進んで、僕ら〈野次馬〉は警察にさえぎられてしまつた。『関係のない人はどきなさい』広報車が威圧してきた。その途端、僕は叫んでいた。『関係がないとは何だ。王子にも市民はいるんだぞ。』そうだ！警官は帰れ！〈野次馬〉は一斉に唱和した。そしてこれをキッカケに、機動隊をそっちのけにして道路いっぱいに円陣をつくり、約一時間にわたる『街頭討論会』を敢行することになったのだった[*51]」。

王子野戦病院反対運動に参加した地元住民のグループに明友会というグループがあった。このグループは「もとをただせば、麻雀、花札仲間の集まり、いわばバクト集団」であり「若い仲間が集まり、卓をかこんだり、後から声援したり、時にはワイ談をし、漫画本を読み、とにかく軟かい人間が楽しんでいる会」だった。こうした非政治的なグループが王子野戦病院反対運動に加わったのは、羽田や佐世保での闘いからの刺激によるものだった。「われわれの泰平の生活に埋もれている日常」すなわち「われわれが、麻雀をして楽しんでいるとき、こたつにねころがっているとき、彼らは平和のために傷つきながら闘っている」、「この対照に気がついたとき、われわれは愕然とした[*52]」のだという。

このように、王子野戦病院反対運動では、佐世保と同様「地域住民がアクティヴィストを支持するケース[*53]」が生まれていた。

六月行動月間

こうしたいくつかの激しい政治行動が繰り返されるなかで、七〇年の安保延長問題を視野に入れた取り組みが本格化する。その最初の取り組みが六月行動月間である。これは、六〇年安保が拡大するきっかけになった五月一九日（強行採決が行われた日）から新安保条約が自然成立した六月一九日までの一カ月間、「あらゆる個人と団体が、互いにそれぞれの政治的思想的立場を尊重しながら、しかもこの共同の目標に向って力を集め、五月一九日から六月一九日までを、『ベトナム反戦全国行動』（以下六月行動と略称）のための月間とすることを提案[*54]」するものだった。福富節男によれば、このアイデアは吉川と日高から出たという[*55]。

このような取り組みとしては、それ以前に六五年六月九日の一日共同行動があったが、前年の六七年一〇月二一日の国際反戦デーに際しては、「四〇ばかりの団体が、ベトナム反戦国際統一行動市民文化団体実行委員会をつくって、米大使館まえをデモした[*56]」経験を積んでいた。このような共同行動をさらに大規模なかたちで試みたのが六八年の六月行動だった。

この取り組みについての話が始まるのは六八年二月に遡るが、四月一六日、阿部知二、小田実、古在由重、新村猛、日高六郎の五名の呼びかけ人により「ベトナム反戦全国行動」月間を行うことが提案された。「これに対する反響は実に大きく、事務局には毎日何十通という賛同の回答がよせられ、参加を表明したグループの数は五月半ばまでに二百をこえ[*57]」た。実行委員会は四月二六日と五月一六日に会合をもち、六月八日の共同行動日、一五日の大集会とデモなどについて話しあわれた[※]。

※実行委員会は、一二の世話人団体により運営された。べ平連、非暴力反戦行動、ベトナム問題に関する数学者懇談会（ベト数懇）、ベトナム反戦市民の会、学生六月行動委員会、日本科学者会議、文化団体連絡会議（文団連）、東京労音、音楽センター、日本リアリズム写真集団、国民文化会議、である。事務局は国民文化会議が担った。このなかで、共産党系の団体が新日本文学会の参加に反対し、共産党系の「民文同という文学団体も参加させないことで相討ちにしたいという提案」がなされ、これに対してべ平連の福富節男は「ベトナム戦争をやめさせようという問題を前にして、その提案はあまりにも奇異で、矮小に思えた」[*58]という。

六月行動月間のクライマックスである一五日の集会とデモは、非常に印象的なものだった。「日比谷音楽堂には、一万数千の人々があつまった」[*59]。二時半に始まった集会はまず、「六〇年以来、運動の中で倒れ、あるいは殺された樺美智子、山崎博昭、由比忠之進、榎本重之の各氏への黙祷」で始まった。五列縦隊二五〇〇人の隊列のデモが始まり、「『ベトナム反戦』のシュプレヒコールは、国会に近づくにつれ『安保粉砕』に変」った。国会前を通り、首相官邸から米大使館へと向かったデモ隊は、「大使館前、デモからは一斉に数百機の紙飛行機が正門前を囲む機動隊に投げられ」た。

「デモは道幅のひろがりにつれてますます拡がり、田村町から新橋へ向う都電通りは、二十列、三十列の大フランスデモ[※]となる。

かなりの年配の人も含む婦人団体、一定のペースを少しも乱さず太鼓とともに歩みを進める日本山妙法寺、高校生反戦協議会など、数百名の若い高校生の部隊、同じく数々の予備校から参加した数百名の浪人のグループ、さらにべ反学連など学生六月行動委員会の数千名の力いっぱいの隊列と自治会共闘の数千名の集団。それにつづく『東大Ｌ２……』『ＳＩ０……』といったクラス毎の参加グループ。横浜、中野、湘南、葛飾、国立、新宿などのべ平連。[60]」。

※フランスデモとは、デモ参加者が手をつなぎ路上いっぱいに広がって行うデモのスタイル。

そしてデモの感動的な様子が次のように描写されている。

「明確な指揮系統もなく、場なれたデモ指導者も少ない。まったく自主的に隊列を組んだ参加者なのに、この大通りで展開されたデモのなんと見事なことだったろう。ジグザグ・デモ、フランス・デモ、かけ足デモ。それらが組みあわされ、交互に移行し、そこへ沿道の人びとがつぎつぎととび込んで隊列に加わってゆく。『デモに、はいろう!デモに、はいろ！』新しいよびかけが生まれ、銀座通りにこだましてゆく。整然たるデモ、しかも戦闘性と、多様の統一を保持しつづけるデモ。これは、まったく新しいデモの創造であった。そこには、誰からも強制されず、自然とかもし出されてゆく規律と調和……[61]」。

国民文化会議の事務局長だった大沢真一郎は、「あの解放感をどういったらよいのだろうか。数えきれないほどさまざまなデモに参加してきたけれども、これほど解放感と奔放なエネルギーあふれたデモのなかにいたことはこれまでになかった[62]」と述べている。

べ反学連（ベトナム反戦学生連絡会議）の代表として運動に加わっていた五味正彦（書店・模索舎の創設者）もまた、六月行動を次のように見ていた。

「『べ反学連』が誕生すると同時に、全エネルギーを傾けて準備し創造した『六月行動』、とりわけ六・一五昼の集会とデモは、確かに予想以上の大成功だった。この日の日比谷野外音楽堂には、非常に沢山の人達が、赤ちゃんから、腰の曲ったおばあさんまで含めて、全国各地から、全員自腹で集まって来た[*63]」。

反戦と変革に関する国際会議

べ平連にとって六月行動に続く大きな取り組みとなったのが、反戦と変革に関する国際会議だった。しかし、八月に京都の国際会議場を舞台に行われたこの会議について、べ平連の運動のなかでの位置づけは必ずしも明確ではなかった。

そもそも、この会議の出発点は六六年八月に行われた日米市民会議のはずだった。『べ平連ニュース』でも、「二年前に東京で、私たちの良心と人間の正義にもとづいてつくられた『日米反戦平和市民条約』は、正義と自分の心身を犯すことを拒否する市民的不服従精神を高らかにうたいあげ、今日に至る私たちの運動の一つの根拠、支柱となって来ました。そして今、私たちは、この二年間の運動の成果をふまえ、また、来るべき七十年代の運動の基盤を求むべく、ここ数カ月の急激な運動の高揚の中に、国際反戦会議を京都で開催しようとしています[*64]」と述べられているように、日米市民会議以後の運動の延長線上に位置づけられていた。すでに述べたように、日米反戦市民条約運動は低調に推移し、また、本来一年ごとに日米交互に開催されるはずの計画も実行されなかった。このような状況もあり、吉川は会議の開催そのものにも反対であり、京都べ平連の北沢恒彦によれば、吉川は「なにを悠長なことをやるんだ[*65]」と怒ってすらいたという。そして、元々この会議を構想した小田自身は、六月行動が終わると海外に出かけ、キューバ、チェコなどをまわり、八月にプノンペンで小中と合流しハノイに向かっていた[*66]。小田が帰国したのは国際会議直前だった。

その間、日米市民会議の延長線上という小田の構想から離れ、「ここ数カ月の急激な運動の高揚[*67]」がこの会議に少なからぬ影響を与えることとなった。会議には三派全学連の学生運動家たちも多く参加しており、会議の内容が急進化した一因ともなったが、テーマに「変革」が入ったのは、彼らの影響ではない。「彼らは準備過程には入ってない」のであり「準備過程自体は、いわゆる神楽坂べ平連と称する人たち」が「全部やっていたわけで、その中で既に“Fundamental Social Change”というアイディアは出てきていた[*68]」のである。そして「変革」という言葉は「その頃産軍共同体がヘゲモニーをとってしまうような経済構造を変えようという主張[*69]」と結びついて出てきたという。このような変化をリードしたのは鶴見良行と武藤だった[*70]。とくに会議のなかで鶴見が「反戦と変革に関する国際会議という題をつけたことについて、主として私に責任があります[*71]」と述べているように、アメリカのベトナム反戦運動の高揚を直接肌で感じて帰国した鶴見の影響が大きかった。鶴見が渡米したのは、三月三一日にジョンソン大統領が次期大統領選挙不出馬を表明した後のアメリカだった[*72]。すでにアメリカでは、ベトナム戦争の戦況悪化、政府の増税提案、反戦運動の高揚により、六七年後半以降ベトナム戦争反対の世論が過半数を占めるようになっていた。[*73] また、アメリカの反戦運動は、リベラル派とラディカル派に分かれていたが、全体としてベトナム戦争に対する批判を強めており、ラディカル派にあっては「平和は資本主義体制の『革命』なしには実現しないと考え、人種差別撤廃なども含めて多目的な活動に重点を移す主張が高まっ」[*74]ていた。鶴見が最も影響を受けたのはこの流れであろう。彼は「北爆が始まった一九六五年のときには、アメリカがどういうふうに政策を変えるのかというのが問題だったけれども、いまはどういうふうにアメリカ社会を変えればいいかというところに問題が変わってきた」とアメリカの反戦運動の大きな変化を指摘し、この三年間で「運動の方法、運動の意識、体質というものはずいぶん変わってきている」、「いままでのような街頭募金とか旗とかちょうちんデモみたいなものだけではだめ」、「それぞれコミットしている人間が、結果として法を侵すことになってもいたし方ないのではないか、運動は急進化している」[*75]と述べている。運動の拡大と急進化のなかで市民運動のあり方が問われているというのが鶴見の考えであった。[※]

※この時期の鶴見良行は、東京のべ平連の中心人物のなかで最もアメリカの反戦運動からの影響を受け、べ平連の運動の方向性について急進的な立場に立っていたように思われる。社会学者の吉見俊哉は、こうした鶴見のスタンスは、彼のアメリカ経験と密接に関係していたと指摘している。[*76]

その結果、六八年八月の国際会議は六六年の日米市民会議を受けた第二回目の会議という性格を薄めていった。会議のなかでは日米反戦平和市民条約についてはほとんど言及されず、日本国内、海外のさまざまな運動の報告や、それぞれの立場からのアピールが続いた。会議の性格は夜の集会にも反映した。集会プログラムによると、第一日目に学生と労働者の集会、そして第二日目にはフランスの五月など三つのテーマに関する集まりが準備された。[*77]

会議のテーマに「変革」をいれることに積極的だった鶴見良行は、先の説明からも分かるように、市民運動の飛躍を求めた。学生運動や労働運動とともに「変革」の運動をどう組み立てていくのか、そのためには従来のべ平連の運動のスタイルからの脱皮が必要であるというのが鶴見の考えだった。

写真16　1968年8月の「反戦と変革に関する国際会議」光景
京都国際会議場で開催されたこの会議では、べ平連運動の方向性をめぐり激しい議論が交わされた。

これに対して会場では松田道雄や飯沼二郎らから批判的な意見が出された。たとえば松田は、「被害者の立場」からの市民運動をやってきたのがべ平連であり、変革を「かんばんにまで掲げる必要はない[*78]」と述べている。これに対して鶴見は、松田ら「べ平連の穏健派」と「べ平連の若い急進派」を対比させ、後者の運動への参加の拡大のなかで「私たちの頭の中に持っている思想のワク組みのほうが、はるかに遅れをとっている[*79]」と主張している。鶴見はマルクス主義的な革命思想に立っていたわけでもなく急進化する学生運動に無条件に賛成していたわけではなかったが、「べ平連の若者たちが一番親近感を覚えていたのは良行だったかもしれない[*80]」と海老坂武が指摘するように、運動への若者の参加意識の高揚に非常に近いところにいたとも言えよう。

国際会議の全日程が終了し、参加者はデモに移った。その際、何者かがデモ隊に向かって薬物を投げ込んだ。硝酸だった。デモ隊にも被害者が出たが、新聞報道では、べ平連が行った過激デモのなかで起きた出来事と報じた。これは警察発表の垂れ流しであるとして、べ平連は厳重に抗議したが、新聞は小さく訂正記事を載せるにとどまった。べ平連の運動がベトナム反戦を唱えるキャンペーン中心の運動から、「変革」を視野に入れた運動へと舵をきろうとした時、運動に対する規制や弾圧が厳しくなっていった。そして警察と激しくぶつかりあう急進的学生運動とそれに影響力をもつ新左翼系の党派にべ平連も同一視されていくことにつながっていった。[※]

※べ平連に対する警察の取り締まりや弾圧は六八年後半に顕著になるが、脱走兵支援運動に対しても同様の弾圧

が始まる。具体的には、六八年一一月五日におきたスパイ・ジョンソン事件（弟子屈事件）である。この事件は、脱走兵を装いジャテックに接触したジョンソンが、当時の脱走ルートであった北海道の根室に向かう途中の弟子屈で突然姿を消し、同行していた脱走兵メイヤーズが拘束された。また、この時クルマを運転していた山口文憲は、モデルガンを持っていたにすぎなかったのであるが、銃刀法違反容疑で逮捕され、メイヤーズとジョンソンが泊まった高橋武智の自宅が家宅捜査を受けた。この事件により、ジャテックは組織の再編を迫られ、責任者が栗原幸夫から高橋武智に代わった[*81]。さらに、ジャテックの活動を実質的に支える句会という集団も六九年五月ごろに作られ、七一年夏ごろまで活動を続けた[*82]。

十月行動計画

反戦と変革に関する国際会議は、小熊英二が言うように、急激に増えてきた若者層と小田や吉川、鶴見らのより年上の世代との差異を浮き彫りにした[*83]。しかし、この会議を契機として、べ平連の運動の重点が、日米安保問題に移行していったことも明らかであった。東京のべ平連は、六月行動の成功を踏まえ、一〇月二一日の国際反戦デーにあわせるかたちで、市民団体による実行委員会方式の集会を試みた。そこには「六・一五を越える多数の自発的な個人・サークル・グループの参加を求めるために、すなわち、六・一五に集まった人々のみに運動の領域が限定されるのではなく、何倍もの六・一五を実現する[*84]」ことが目指された。しかし、市民集会とデモは、一〇・二一の前日の二〇日に明治公園で行われたものの、参加者は約三〇〇〇人で「六月行動に比して実行委員会参加団体、グループが少なかった。そのせいもあろうが二十日の集会参加者がやはり少なかった[*85]」。

集会の後、新宿に向けてデモが始まるが、そこで学生べ平連の九人が逮捕された。新宿に到着したデモ隊は、新宿駅東口でべ平連主催「街頭時局講演会」を開催した。「広場の中央に陣どった宣伝カーを囲んで、集まった市民は約一万人。吉川勇一さんの開会のあと、石田郁夫さんを司会者に、小田さんの演説」に始まり、日高、鶴見良行、小中、武藤、さらには「労働者の北添さん、王子の大塚さんなど、沢山の人がマイクを握[86]」った。

翌日の総評・中立労連などのよびかけによる集会には七万人を超える人々が集まった。べ平連を含む市民団体が約三〇〇〇人、学生べ平連が約四〇〇〇人参加し、「数多くの市民団体と自立的な個人が参加するのは初めてのこと[87]」だった。べ平連ら市民団体グループは、渋谷コースを歩いた。その時の様子を記した井上澄夫の記事を見ると、べ平連と既存の労組との間には溝があったことがわかる。

市民団体のデモは、「青山通りに出る直前に、五列のデモは自然に散開、道路一杯のフランスデモになり、そのまま青山通りを一定のスピードでゆっくり進」んだが、「坂の途中で、労組の隊列を追い抜いた時『統一してたたかおう!』というシュプレヒコールが労組の隊列から飛んで来た。どの顔も私たちのデモに向けられていたことから見て、私たちのフランスデモと追越しを非難しているらしい」、「こんな経験は初めて」であるという井上は、次のように述べる。

「私たちの理解する『統一行動』は、スローガンの一致、行動する時間の一致あるいは行動する場の一致であって、行動形態の一致・画一化ではない。それはいくつかの約束の上に立って、参加各グループ・個人の多様な行動を互に尊重しあうということである。そして、いくつかの約束とは、自分の選択した行動と異なる行動を、決して誹謗・中傷せず、また互に迷惑をかけないよう注意するということである」[*88]。

井上の指摘は、「統一行動」についての一つの考え方ではあるが、彼が最後に指摘した「互に迷惑をかけないよう注意する」という点で、その後の統一行動の取り組みのなかで新左翼諸党派との間でべ平連自身が非常な困難を覚えることになる。

それはともかく、この日のデモは、新宿で大荒れに荒れた。多くの群集が集まるなかで、三派全学連は新宿駅構内から線路になだれ込み、電車に火をつけるなど、騒然とした状況をつくり出した。こうした状況のなかで、ついに騒乱罪が適用され、七〇〇人以上が逮捕された。

この日の日記に佐藤首相は「学生連中の反戦デモ一寸あれる」[*89]と素っ気なく記しただけだった。

反安保運動へ

『べ平連ニュース』第四〇号（六九年一月一日）の冒頭には、小田実のインタビュー記事が掲載されている。タイトルは「69年のべ平連」。

このインタビューのなかで小田は、べ平連を含むベトナム反戦運動が安保反対運動へと変化しつつあると述べている。インタビュアーが「最近の定例デモなどを見ていると『ベトナム戦争反対』『ベトナムはベトナム人の手に』といったシュプレヒコールよりは『佐藤政府はベトナム戦争に協力するな』ということのほうが、そしてまたそれよりも『アンポ粉砕』というほうが多くなってきている」

と述べたのに対して小田は、「わたしたちの運動は論理的にも現実的にも安保問題と正面からとりくまざるを得ない」、「そういった形でベ平連の運動は変わってきているんだ」と答えている。ただし、ベトナム反戦運動との関連のなかで安保問題に対応するのであり、仮にベトナム戦争が終われば、べ平連は解散して新たな運動体をつくるべきだとも述べている。小田は、「日本の状況を見ていくと、いろんな反戦運動があるけれども、けして充分に大きくなっているとはいえない」という認識を示し、この状況を克服するには「一般国民大衆が、労働者がゼネストをしてもこれは当然だと思うような状況をつくり出して」いくこと、そのためには「地道な運動だけでは事態はそう変わらない」、そのほかに「新しい要素を入れなければならない」として、群衆の存在を指摘している。[*90]

小田は、群衆に対する期待感を次のように表明した。

「一〇・二一の新宿やその前の佐世保などを見てみると、群衆として集まって来たひとびとのなかに『安保はけしからん』という動きが出てきたと思う。そうしたひとびとを巻き込むようなやり方で運動を急速に大きくしていかないと状況は一九六〇年と同じ結果になってしまうだろう[*91]」。

さらに小田は、『読書人』六九年一月六日号に掲載された「『アンポ』の一語」でも運動の抱負を語っている。彼は、六九年は「『アンポ』の年の前年」と考え、次のように述べる。

「安保体制をあくまで保持していこうとする政府とまっこうから対立する立場を、私は『アンポ』という一語にこめる。あるいは、その体制を打ち破るためにどのような運動をかたちづくって行けばよいのか、という思いが私の胸に来る」[*92]。

小田は、六〇年安保の失敗の原因は「『民主主義を護れ！』というふうなあまりにも幅広い、どのようにも意味のとれることがらになってしま」ったこと、すなわち、「目標もあまりにも幅広いゆえに、総花式の目標設定と本質的にことなるものではなかった」[*93]ことにあったという。そして、運動関係者が「ほんとうのところは、人々は、はじめから、一九七〇年に安保条約をやめることができるとは思っていないのではないか」と疑問を投げかけ、たとえば「総評の岩井章氏をふくめてたいていの人が、思っていない」[*94]と指摘した。実は、六八年の一〇・二一国際反戦デーを前にして、小田は岩井総評事務局長との対談を行っている。七〇年安保にどう対応するかという小田の質問に対して岩井は、「日本の労働運動はある意味でむずかしいところにきて」おり、「経済主義的労働運動を主張する人が幹部のなかでも力をもってきている」と労働運動の実情を説明し、「日本の労働運動は、いわば防衛的なところに立っている」[*95]と述べている。一方で岩井は学生運動や反戦青年委員会について「さいきん行動が、無軌道にエスカレートしてきているという危惧を持つ」[*96]として、こうした勢力と共同の行動をとるのが困難になっているとも述べている。そして「いまの力関係でいえば七〇年に安保を破棄できるとは思っていません」[*97]と明言したのである。このような岩井の発言は、小田からすれば極めて消極的で受身の立場に聞こえただろう。彼は「ぼくはいまのところ一九七〇年にむけて、日本国民が一進一退しながらも真剣に考えるようになっていると思う。つまり、労働者がある程度のゼネ・ストをしても、それを許容する方向に向っていると思う」[*98]と、岩井とは対照的に積極的な姿勢を示した。

小田は六〇年安保を経験していない。それが彼にとっての強みでもあったが、小田の弱みともなった。六〇年安保反対運動の盛り上がりはまさに民主主義の危機が叫ばれて以降に訪れたのであり、それまでは「安保は重い」と運動の当事者たちには受け止められていたのだった。さらに言えば、旧安保条約からの改定であった六〇年とは異なり、七〇年安保は同条約の延長か否かを問うもので争点化しにくいものだった。そして、岩井が言うように、日本の社会運動を担ってきた労働運動には、高度経済成長を背景として経済主義が浸透し、その力量も低下しつつあったのである。安保反対運動を行う側にとっては、六〇年に比べて七〇年の方が困難な状況にあると考える方が自然だった。

しかし、小田が積極的に運動を展開しようとした背景には、単に岩井ら労働運動への反発だけではなく、べ平連の運動に呼応する動きの広まりとそれが持つ熱気があったように思われる。鶴見良行がいうようにべ平連は「六五年四月にべ平連が始まってから六六年、六七年としだいにベトナムという言葉を使うことが少なくなってくるのに、他方では六・一五のときのように過大評価されるくらい大きくなっている」[*99]のであった。小田によれば、「昨年には、どこで集会を開いても、主催者は人の集めかたに苦心していた。今年になって、どの運動がどのようなかたちで集会を開いても、若者たちがむれをなして来るようになった」[*100]のだった。

しかし、同じべ平連の関係者のなかには、人びとの動きを過大に評価できないという見方もあった。ある程度冷静に受け止めていたのは吉川だった。彼は「現在ある全国の市民運動体が結集することは非常に重要であるが、しかし、それだけで七〇年安保をたたかう市民の実体としてはあまりにも小さすぎる」[*101]と考え、さらに「職場をもたぬ市民組織は、そうした特定のたたかいの場がないために（本当は広大な市民層がその場なのだが）、行動の形態だけを急進化させてゆき、それと比例して市民との断絶を深める結果をもたらしてしまう危険性がある」[*102]と、市民運動の弱みにも目を向けている。

吉川は次のようにも述べる。

「これはベ平連運動の長所と欠点が表裏になっている点なのだが、自己のあり方をきびしく追究するところから、眼が内面へと向かい、それとともに周囲の客観情勢や諸勢力の動向と断絶し、『求道者』的ともいえる孤立した閉じたサークルになってしまう危険性である」[*103]。

安保を廃絶に追い込むためにも、より広範な人びととの共感と支持が必要だという小田の認識は誤ってはいない。しかし、ベ平連の運動は逆に、そうした市民的な広がりをむしろ弱めつつあった。たとえば、六九年二月一日と二日に行われたベ平連全国懇談会では、次のような意見が出されている。

「学生部分の独走と市民の離反＝多くの地域ベ平連から、学生部分の行動形態がラジカル化するにつれて、初期に参加していた市民が離反してゆくという問題点が指摘されました。ある都市のベ平連からは『最初は六〇人もの市民が集まり以前から市民運動をやっていたある人は歓喜の涙を流したくらいだが、学生層から市民には理解できない言葉での演説が出たりして次第に市民層の参加が少なくなり、それにつれて行動はエスカレートしついてゆけぬものは脱落し、学生グループも各政治セクトへ行ったりして結局壊滅状態』という報告もありました」[*104]。

この時期のべ平連のデモが、発足時のような広範な市民に訴えかける雰囲気を失いつつあることは、和田春樹（ロシア史・朝鮮史研究者）や清水知久（アメリカ史研究者）らを中心とする大泉市民の集いの発足の経緯からも見てとることができる。すなわち、六八年七月七日に大泉教会で行われた集会で挨拶に立った横田勲牧師は、六月二三日に米軍朝霧キャンプ（東京都と埼玉県にわたり所在）周辺でおこなわれたデモに和田とともに参加し、埼玉べ平連のあとについて歩いたことを語った。そして「ヘルメットをかむってやる運動も必要だが、それを孤立させないためにもできるだけ巾の広い市民運動が必要だ[*105]」と述べた。横田牧師の目には、べ平連の運動は広範な市民を巻き込む運動ではなく、市民から孤立しつつある運動と映ったのである。

また、市民の離反の原因の一つは警察の取り締まりの強化も影響していた。「広範な市民層への呼びかけをしても、行動へ誘うことがなかなかむつかしい、という悩みも多くの地方、とくに小都市のべ平連から出されました。これには最近激化した警察の圧迫のきびしさも影響しています[*106]」という全国懇談会での報告が、このことを物語っていた。前章で取り上げた宮崎べ平連の例に見られるように、地方都市のべ平連の活動はただでさえ困難を極めていたわけであり、警察の規制強化はさらに運動を困難にさせたであろう。

反安保の運動に大きく踏み出すということは、それまでのキャンペーンを中心とした運動からの脱皮を意味し、実際にべ平連の運動は、次に述べる『週刊アンポ』の創刊や、共同行動の呼びかけなど、様々な運動を展開する。しかし、こうした運動の変化を、それまでのべ平連運動の組織のままで行いうるのかどうか。この点について批判を行ったのが、ベ平連立ち上げの発端をつくった高畠通敏だった。

高畠はベ平連の運動を「六五年型の運動」ととらえ、それは「『人間として』というスローガンの下に、職業や生活の論理をこえる共通の基盤に、市民運動はたたなければならないことを明らかにした。また、利益の要求にかわって感性の解放が、運動の発展のためにより役立つようになった状況の変化をも示した」[*107]とベ平連の運動の歴史的な意義を評価する。しかし、「ここ一、二年のベ平連の運動に、私があきたらないものを感じている」という高畠は、「運動の〈深化〉が必然的に〈社会変革〉のプログラムへと進み、『ベトナムに平和を』は、必然的に安保。沖縄。佐藤打倒の三スローガンに深まり、運動の発展は『新左翼』を自称し新左翼セクトと協同するころにゆきつくはずであるという論理が、ベ平連の運動の中に優位を占めるにいたった」という。高畠からすれば、これは「大衆運動の党派に対する基本的優位性への自信の欠如」なのであり、「市民運動は単なる量としての大衆運動の地位におとしめられ、特定の政治目的のための力の補完として動員され利用されるものに変形させられてゆく」[*108]。ベ平連の運動は「ふつうの市民」の自発的な運動として成功を収めたが、「『ふつうの市民』が『ふつうの生活』に手をつけないまま余暇的に運動に参加している状況がのこりつづけている」[*109]と見る。高畠には、ベ平連の運動は市民の一時的な感性の発露の運動としては成功したものの、生活に根差さない余暇的運動に見えた。確かに、高畠の指摘はベ平連運動がもつ弱みを鋭くつくものだった。しかし、当時の高度経済成長下での消費社会化、マイホーム主義が拡大するなか、人びとの

「ふつうの生活」そのものが急激に変化を遂げつつあった。「ふつうの市民」が「ふつうの生活」を見直す営みと結びついた社会運動とはどのように成り立ちうるのか。当時としてはそれはかなり困難な問いでもあった。

アンポ社と『週刊アンポ』

こうしたなか、小田の提唱によりアンポ社設立に向けての準備が進められた。『ベ平連ニュース』第四四号によれば、『週刊アンポ』は、「単なる情報手段としてだけではなく、安保反対の行動を提案し、組織するもの」であり、「各地ごとにその読者大会が開かれ、討論が行なわれ、デモが組まれるというようなことを実現」することが目指された。また、「二千万なり三千万円の発行資金をカンパで集めて発行を開始したら、あとは資金が零になるまでつづけ、零になったら途端にやめる、という有限発行」とするとし、「今、百万円単位の大口募金をつのっていますが、これから一万円単位や千円単位の大衆的な発行資金の募金運動をはじめ」ると予告している。[*110] 五月中旬の時点で千数百万円が集まり、[*111]「大江健三郎氏、小田実氏、鶴見俊輔氏らは百万という単位の金を、それもまとめて提供した」[*112]という。

有限会社アンポ社の具体的な設立時期は確認できないが、編集・発行人は小田、「編集長兼小使い」には野田祐次（合同出版編集長）、那須正尚（『思想の科学』編集者）、井出孫六（作家・元『中央公論』編集者）があてられた。[*113] 当初の所在地は渋谷区神宮前三 - 三一 - 一八　外苑コーポ内、第一号発行時には、新宿区神楽坂六 - 四四　石井ビル。この住所はベ平連事務局の住所だった。

六月一二日には、べ平連・週刊アンポ共催というかたちで講演会「反安保→街へ」（講師：小田、いいだ、大江）が開催されている。この日にあわせて『週刊アンポ』のゼロ号が発刊された。[*114] 講演会の会場九段会館には「予想外の多数の人々が集まり、開場予定の三十分も前に会場は満員。つめてつめて壇上まで超満員。その数二千名以上[*115]」という盛況ぶりだった。

前宣伝のために発行された『週刊アンポ』ゼロ号は、強いインパクトを与えるものだった。ゼロ号の表紙裏に掲載された「週刊アンポとは何か」には、次のように記載されている。

「週刊アンポはたんなる雑誌ではない。たんなる雑誌ならこの世の中にはいくらでもある。これは武器だ。戦争に反対し、日米の軍事体制を攻撃する紙のつぶて。活字の弾丸。あくまでも反権力の運動の武器。

世は大量消費の時代。だが、この雑誌は、どこまでも反消費の雑誌である。資本主義の消費の仕組みにしばられているために、他誌の書けない問題を、週刊アンポは、どしどしとりあげ、たたいてゆく。戦争にたいしては徹底的であるべきだ[*116]」。

『週刊アンポ』ゼロ号の売れ行きは順調

写真17　『週刊アンポ』0号
表紙のデザインは粟津潔。様々な芸術家がデザインや文章を寄せ、斬新な紙面を提供した。

だったようで、八月一日発行の『べ平連ニュース』第四七号に第三版が出たことが告げられている。最初の発行部数が二〇万部[*117]だったので、相当な売れ行きだったことがわかる。そして、「地方発送が、どうしても大都市中心にかたよりがち、いまだに全国から、『送ってくれ』『手に入らない』の声が毎日殺到し[*118]」た。また、地方からの便りの紹介記事では、長野県の高校生からは「週刊アンポを街頭カンパの時もってい」ったところ「たいへんな人気で、いつもの何倍ものカンパが集まりました」、また、鳥取県のOLからは「送っていただいた週刊アンポ20部、社内でひっぱりだこです。そして私たちは行動する読者の会を作ることになりました。あと30部すぐ送ってください[*119]」との声が寄せられた。小中によれば「初版六十万部、のちになっても十五万部が出版され続けた[*120]」という。

『べ平連ニュース』第四八号（九月一日発行）には「これが『週刊アンポ』だ！——アンポ社との一問一答——」という記事が掲載されている。そこでは、九月三〇日に第一号を発行すること、定価は一〇〇円、ページ数はグラビアを含め七二頁などと告げられている。しかし、実際に第一号が発行されたのは、予定よりも大幅に遅れ一一月一七日だった。

『週刊アンポ』について、『朝日新聞』（一九六九年一一月二七日）で画家の滝谷節雄は次のように述べている。

> 「変った週刊誌が発刊（隔週）されたものである。（中略）発刊の趣旨は『安保フンサイ』であり、『沖縄を私たちの手に』であり『日本を私たちの手に』であり、そして、そのための人間のウズ巻きをつくろうということにある。資金はすべて購読料とカンパによるものであるから、筆

者の稿料は全部タダ。その筆者たるや、趣旨に賛成なら党派や思想を越えて、大学教授、学生はもちろん、右翼、機動隊員、大歓迎だそうで、要するに、あらゆる人間に門戸を開放し、みんなでいっしょにつくろう、というのである」。

この記事はさらに、『週刊アンポ』の編集会議の様子を当時のべ平連事務所の活気あふれる様子とともに伝えている。

「第三号の編集会議をのぞかせてもらうと――東京・神楽坂のラーメン屋の二階。六十平方メートルほどのべ平連事務所。その一角のドアに『(有)アンポ社』とある。人の出入りが多い。それも、若い人。会議は、予定よりだいぶ遅れて午後八時近くにはじまった。小田氏を中心に十四、五人。大学教授、ジャーナリストもいるという。みんながつくる雑誌だから、だれでも出席して意見を述べることはできるわけだが、そこはそれ、創刊以前からの熱心な協力者が自然とスタッフを構成する。『目玉商品は何にしよか』と小田編集長。あれは、これは、と意見がでる。若い女性がメモを片手に報告する。『それ、おもろいやないか』。『ウーン』とすぐ応じない者もいる。べ平連事務所の方には、外人が十人以上、いつの間に集ったのか会議中である。『週刊アンポ』と同時にスタートした英文『AMPO』※(月間)の編集会議かと思ったら、外人べ平連の定例の相談会とか[*121]」。

※英文『AMPO』は、サブタイトルをA Report From the Japanese People's Movementとし、日本の社会運動

に関する情報の海外発信をおこなった。武藤一羊やダグラス・ラミスらの「外国人べ平連」、アメリカの「憂慮するアジア学者委員会」などの協力により編集・制作されたという。この活動は、東京のべ平連運動の末期のアジア太平洋資料センター（ＰＡＲＣ）設立（一九七三年九月）に結びつき、べ平連運動が終わった後も、今日まで息の長い活動を続けている。[*122]

二度目の六月行動

六八年に一万数千人を集めた六月行動は、六九年にも行われた。「六九年になると、反安保、という視点が、強く六月行動の中にはい[*123]」り、また「知識人たちのよびかけをまってというようなことなしに、六行委が作られる。名まえも、全体的な実行委員会で直ちに『反安保のための』という言葉が入れられた[*124]」というように、スローガン等が協議された。準備はスピーディに進められた。前年の運動をさらに上まわるものになるのではという予兆は、四月二六日に開催され、四月二八日の沖縄デーに見られた。『朝日ジャーナル』（六九年六月二二日号）に掲載された吉川の「ベトナム反戦・反安保・街へ！」は、次のように述べている。

「この日、マスコミが意識的に無視した一つの行動があった。一万数千人の参加者によって、八重洲口から数寄屋橋、新橋へとむかう大通りを埋めつくした圧倒的ともいえるべ平連（『ベトナムに平和を！』市民連合）のデモである。主催者の予想をはるかに上まわる参加者の中には、チューリップやグラジオラスなどの花をもったグループがあったり、パネルに張った大きな手書きのポスターをめいめいにかついだグループがいたり、またヘルメットをかぶってジグザグデモをするグループがいたりした。勤め帰りのサラリーマンやＯＬがいたし、カバンをもったまま学校からかけつけた高校生もいた。六本木界隈で見かけるようなパンタロン・スタイルやミニスカートの娘さんもいた。

　このさまざまな人びとのデモは沿道のいわゆる『ヤジ馬』をその隊列に加えてふくれ上がり、機動隊が楯でふさぐ数寄屋橋交差点を非暴力による圧力で開けさせ、催涙ガスがたちこめ、石がゴロゴロころがる銀座通りを、当初の計画どおり歩きとおしたのであった[*125]」。

　この日の沖縄デーは、政府側にも衝撃を与えた。この日鎌倉から東京に戻り官邸に入った佐藤には「昼食後、段々と情報が入り段々と騒々しい」状況が明らかになってくる。安全上官邸よりも私邸の方がよいと判断した彼は、夕方四時に私邸に戻るが、そこで学生からの襲撃にあった。「宮殿、官邸は厳戒で一指もそめる事がなかったが、東京駅、新橋、渋谷駅頭はあらされ、銀座通りなど全様ゲリラ活動。ほんものの沖縄復帰集会は代々木公園で沖縄県民を迎へ社共共催で行事を行ひ、あとデモるが此の方は問題なし。はね上りの学生に一寸迷惑。然しいゝ経験か[*126]」と佐藤は記している。同日、首相秘書官の楠田實も「沖縄デーで学生荒れる。初めは、首相官邸襲撃との情報もあったが、東京駅から線路づたいに秋葉原方面にゆき、国電を止めるやら、銀座で暴れるやら。また、代沢の私邸にも四〇人ほど押し掛けたが、五分ほどで鎮圧。とにかく、ゲリラ化した学生暴動には打つ手がない[*127]」と佐藤と同様の感想を日記に書き留めた。

沖縄デーを終え、再び六月共同行動に向けた準備が進められ、五月二八日には「反戦反安保沖縄闘争勝利6・15実行委員会」が結成された。[*128]「六月行動の共同行動の最大なものとしての六・一五には、六八年以来、日大、東大をはじめとした大学闘争をたたかって来た、さまざまな大学の全共闘や反戦青年委員会のような組織と、さらに中核、ブント、ML、共労党、社労同、第四インターなどの政治組織や三つの全学連（中核・社青同解放派・反帝学連）が参加することになる」[*129]というように、全共闘及び新左翼系党派との共同行動となった。

こうして迎えた六月一五日の集会とデモには六八年を上まわる五万人が参加した。[*130]当日の様子を記した記事を紹介しておこう。

「日比谷の野外音楽堂はいっぱい。どれ程いっぱいだったかというと、後から潜り込んだ私は座席に着くことはもちろん、通路に坐ることもできなく、足はハの字にして軀を斜に傾け、お尻をペタンと地面に下した女性に『痴漢かしら？』と時に白い眼を向けられながら壇上を仰ぎ見なければならなかった事で通勤電車の五分の三位という風に理解してもらえるかも知れない」[*131]。

デモ隊のなかで歩いていた小田の眼に映ったのは「人間の渦巻」だった。彼は次のように言う。

「私がふり返って私の視界の中心にしかととらえたのは、いわば、人間の渦巻だった。たえず、みんなが自分の原理と意志にしたがって、流動している。渦巻いている」[*132]。

この時のデモでは数名が逮捕されたが、そのなかには事務局長の吉川もいた。その時の様子を小中は次のように記している。


「ちょうど、数寄屋橋から東京駅に向かい、京橋の高速道路の陸橋の少し前あたりではないかと思う。七万の群衆が銀座を埋めていた。

そこには『流れに浮かぶアワのような会』もあれば、カンオケをかついで線香の香をたてて歩く人もいた。安保を葬ろうというのであった。私は小田氏らとデモの先頭集団の中にいた。

前には、デモの宣伝カーがいる。吉川勇一氏が、車の横を歩きながら、中の人間と話していた。

その時、左側から、ばらばらと機動隊がとび出して来ると、私たちの進路を阻んだ。

吉川氏は、マイクを引き寄せて、機動隊の規制に抗議した。

『市民の当然の権利であるデモを、機動隊は妨害するな』

といった途端に列の中の歩道にいた私服がいきなり吉川氏を逮捕した[*133]」。


吉川が逮捕されたばかりでなく、この頃からべ平連の逮捕者は急増する。たとえば、埼玉べ平連の小沢遼子は次のように記している。

「六九年四月二十八日、沖縄反戦デーの日、ひとりが新幹線の線路上で捕まった。六月、朝霧のデモで十二人がまたもや捕まった。これで様子は一変。とうとう、激しいジグザグデモをくり返して、おまわりさんと華々しい攻防戦の始まりと相成ったのだ[*134]」。

北海道キャラバン

六月行動で小田が見た「人間の渦巻」。これを全国へと広げるために、六月後半は北海道キャラバンが組まれた。前章で触れたように、六月行動の前段には、九州キャラバンが行われている。この年べ平連は、六月行動を挟んで、九州と北海道で比較的規模の大きなキャラバンを組んだのである。

北海道キャラバンは、六月二〇日の函館から始まった。会場の商工会議所ホールは「立錐の余地もない超満員」となり、急遽、第二会場が設置されることになった。この日の講師は、小田と前田俊彦（社会運動家）だったが、二人は両会場を往復した。「集会の世話人になって骨折って下さった方は、戦後、山田宗睦が函館で日共党員として活動した頃の友人で、国鉄に勤務しながら小説や評論を書いている人」[*135]だった。

翌二一日は、北大と小樽で講演が行われた。小樽の会場には東京から武藤と寺井美奈子が合流し、約五〇〇人集まった参加者の様子は「学生、それも高校生がなかなか多い。労働者も、ちょぼり、ちょぼり。若い人が多いけど、全部というわけではなく、老人中年の人もいる」というものだった。[*136]さらに二二日の札幌の講演では「千二百人ぐらいの人びとが集まり」、「反戦フォーク・ゲリラの歌、講師たちの話のあと、街頭へあふれでてデモ」とやはり活気のあるものとなった。[*137]キャラバンは北海道を北上し、旭川では、「通常百名内外の小さなデモ行進」を行ってきた旭川べ平連だったが、「七百人の市民が、どのような『動員』もなく、ましてや『日当』も『弁当』を受けとる気持もめあてもなく、逆に、たとえば、『週刊アンポ』の資金カンパに応えながら、さらにデモに加わった」のであり、「保守的な旭川では画期的なこと」[138]となった。北見では「キャラバンを機会に、反戦青年委の労働者・市民・学生が横につながって（北見べ平連が――筆者注）たちまち誕生」し「第一回定例デモには四〇～五〇名が参加」[139]、さらに釧路では「集会自体は大成功で、デモの参加人数も四百名ほど」[140]だった。帯広では、「当日の朝、高校校長会で集会への参加を禁止」し「先生たちが見張りにお出ましで、高校生たちは駅前から会場へのデモにも加われず、歩道をデモ隊と一緒に歩いて参加」[141]した。北海道を巡ったキャラバン隊は札幌にもどり、「最後の行事として、全道べ平連の長沼ミサイル基地予定地への統一デモが行われ」、「バス一台で間に合うかと思ったのに、三台超満員、約二五〇名が集ま」[142]った。このような北海道キャラバンの様子を直に体験した小田が「公民館がいっぱいになるほど、集会の世話をした青年労働者がたまげるほど、人びとが集まって来る」、「若い世代が多い、なかには、中年男も老人もたしかにいる」、「それにしても多いのは、十代《ママ》、二〇代の若者たちで、なかでも目立つのは高校生の姿」[143]というように、彼はキャラバンに対する若者を中心とした参加者の熱気を感じた。七〇年に向けて、若者たちを中心に「人間の渦巻」が起こり広がる。小田がそうした期待を抱いたのは無理もなかったのかもしれない。

六九年一〇月二一日

こうして迎えた六九年の一〇・二一国際反戦デーに対して、政府の側でも警戒感を高めていた。一〇月一八日の日記に佐藤は、「小原先生が丁度来宅中に学生六名官邸に侵入、全部逮捕さる。火炎ビン三本投入、塩酸をまいたらしく、お巡りさん二人軽症〔傷〕。自由民主党本部では七名を逮捕。鉄パイプをもっておった。然し大した事なし。又東京拘置所にも火炎ビン投入」と、かなり詳細に記している。さらに一〇・二一の前日には「明日の反戦デーに備へて、今日からすでに警戒に入る[*144]」と記している。警視庁は、最高警備本部を設置し「制、私服警官二万五千人を都内に配置して史上空前の警備態勢[*145]」をしいた。

当日の佐藤は、外出を控え「官邸にあってデモ対策並にその動向を見守」っていた。そして「準備が充分出来てるせいか、新宿以外は小ぜり合ひの程度。新宿駅も十時半頃大した事はない。このまゝ終るか[*146]」と安堵の心情を吐露している。

確かにこの日の東京は厳戒態勢がしかれていた。山口文憲は、当日の様子を次のように描いている。

「新宿駅国電ホームは、1番線から10番線まで、電車はおろか、人の影もない。駅は完全に閉鎖され、外出入口、地下道には、シャッターがおろされていた。遠回りをして東口を見に行く。そこに、去年、民衆がそうしたように、今年は圧倒的な機動隊が、あの青一色で広場を埋めつくしていた[*147]」。

室謙二は「一九六九年秋は、一つのカケだったのだろう。あそこで、いろいろなものが終わり、いろいろなことが始まったと考えると、全体の構図が見やすくなる[*148]」と述べ、町内会の自警団復活に見られるように、社会運動に対する人びとの姿勢が大きく変わろうとしていたと指摘した。

社共両党、総評が中心となった統一行動は全国約六〇〇カ所で約八六万人を集めておこなわれた

（警察発表、四六万人）[149]。清水谷公園で行われたべ平連の集会も「一万数千人の人びとで溢れた」[150]。これは、「清水谷におけるべ平連の集会では、空前の参加者数」[151]だった。機動隊の警備はもっぱら三派全学連への対応に向けられており、べ平連の集会・デモは比較的自由に行われた。山口は言う。

「この日は手が回らなかったものか、通常、警備と称して出没する機動隊は、解散地近くまで、姿も見せず、実はあたりまえの事なのだが、フランスデモ、ジグザグデモ等に、全く妨害がなかったのは、参加者にとっては、久しぶりの救いであった」[152]。

べ平連のデモ隊は飯田橋で流れ解散した。この際、吉川は、デモに参加していた女性からなぜ新宿に向かわないのか詰問される。彼女たちは「べ平連はこれだけ沢山の人を集めておいて、ただデモをさせればいいと思っているのか。今日を何の日だと思うのか。権力との対決も衝突もないこんなデモだけやらせて解散させるなんて犯罪的だ」と主張し、「私は裏切者といわれ、べ平連は欺瞞的運動体ということにされてしまった」。

吉川は彼女たちの真剣な姿勢それ自体には敬意を払うものの、べ平連の立ち位置について次のように述べている。

「もし10・21のべ平連デモであえて機動隊と衝突するような手段をとったならば、それこそ裏切りであり、犯罪的であったろう。もとより激突を避けるだけが能ではない。こちらが仕掛けなくとも、機動隊の方が襲ってくる可能性は極めて大きくなっているのであり、それへの用意がなければならないことは、これまでの経験が教えている。4・28のべ平連のデモの場合がまさにそうであった。しかし、すべての人間にとって、権力との対決とは、機動隊との物理的衝突という形態のみであるとするのは、あまりにも現象的すぎる[*153]」。

この日新宿では新左翼諸党派と機動隊の衝突がおき「新宿駅周辺には学生や群衆が最高時一万人集って機動隊とにらみ合い、投石と火炎ビン、ガス弾の応酬」が九時頃まで続き、「交番、警察の輸送車襲撃などの事件が各所で起きた[*154]」。

しかし、騒乱罪が適用された一年前の一〇月二一日ほどの混乱は回避された。このような新宿の様子を現場近くで眺め、深い絶望に陥った作家がいた。三島由紀夫である。彼は、「新宿を歩きながら、ひとり憤慨しつづけた。『だめだよ、これでは。まったくだめだよ』と、ひとりごとをくり返し、自棄になったように、『だめだよ、これでは』と叫びつづけた[*155]」。彼は、自衛隊の治安出動を期待していたのである[*156]。

第六章　フォークソングとハンパク

——対抗文化運動としてのべ平連

文化運動としてのべ平連

一九六九年一一月のある高校の教室で「誰かが『出たぞ!出たぞ!』と言いながら、薄っぺらい雑誌を高校の教室にもってきた」。この時の鮮烈な印象を、四方田犬彦（比較文学者・映画評論家）は次のように記している。

「雑誌（54頁）には目次がなかった。表紙には赤やピンク、黄、臙脂、青、緑といった極彩色で、人間の顔とも指紋ともつかない不思議な渦巻きが描かれていた。頭の上半分には黒字で『出た!安保をつぶせ　沖縄を私たちの　私たちの手に　佐藤訪米阻止　手に!』と、切れ切れの文字が記されている。べ平連が発行する『週刊アンポ』の創刊号だった。じっと眺めていると、眩暈がしてきそうな表紙だった」[*1]。

『週刊アンポ』[※]第一号の表紙のデザインは粟津潔によるもので、試作品的なかたちで出されたゼロ号の表紙も粟津によるデザインだった。粟津は、『ヴェトナム・デモ』ノートにも登場していることから明らかなように、発足当初からべ平連の運動に積極的にかかわっていた。『週刊アンポ』の表紙のデザインにかかわったのは粟津だけではない。横尾忠則、赤瀬川源平をはじめ、当時、前衛的な表現を果敢に試みた人びとによるデザインが次々と登場した。

※『週刊アンポ』は、第〇号から第一五号まで、計一六回発行された。第七号までは、どこからでも読めるという趣旨から頁数が付されていない。また、第一三号、一四号、一五号は冊子体ではなく、表裏を使用した一枚紙の形態となっている。

べ平連運動の大きな特徴の一つは、文化運動としての性格を帯びていたことであった。これまでとくに注目をされてきたのは、若者層に大きなインパクトを与えたフォークソングであったが、それだけではなく、作家、美術関係者、映像関係者、詩人等々、芸術文化に携わる人びとが様々なかたちで関与した。

画家・岡本太郎もそうした芸術家の一人だった。べ平連は、ニューヨーク・タイムズへの意見広告の成功に自信を得て、第二弾としてワシントン・ポストへの意見広告運動を展開した。ワシントン・ポストに掲載された意見広告には、独特な字体の「殺すな」という文字が大きく書かれていた。この「殺すな」という文字は岡本によるものだった（九九頁、写真10）。さらに、この「殺すな」の文字は、缶バッチのデザインに用いられるが、缶バッチのデザインは、デザイナーの和田誠によるものだった。

べ平連が活動した時代は、文化の面で様々な実験が試みられた時代だった。演劇の世界での唐十郎の状況劇場（紅テント）や寺山修司の天井桟敷、佐藤信の黒テント、舞踏の世界での土方巽、漫画におけるつげ義春ら雑誌『ガロ』を中心とした諸作品など、従来の形式や発想を打破する斬新な試みが繰り広げられた。しかし一方で、べ平連にかかわった文化人のなかには、七〇年に行われた大阪万博に関与した人びとも少なくない。太陽の塔を制作した岡本太郎をはじめ、粟津潔、横尾忠則等など。さらに言えば、初期のべ平連の活動に積極的にかかわった桑原武夫、小松左京も万博に関与したのである。

べ平連自体は、本章でも触れるように、六九年夏に「ハンパク」（反戦のための万国博覧会）を開催し、大阪万博への対抗姿勢を示した。ただし、べ平連関係者すべてが万博に反対していたわけではないし、万博をどうとらえ、どのように対抗するのかという点でも、考え方は様々だった。東京オリンピックに続く巨大な国家イベントとして催された大阪万博への対応のプロセスは、当時の対抗文化運動の複雑な性格を照らし出すものでもあった。

また、音楽の世界では、一九六六年六月にビートルズが来日し、日本の音楽シーンに大きな影響を与えた。ほぼ時期を同じくしてフォーク・ブームやエレキ・ブームが若者の間におきた。若者たちが自ら楽器を奏で、自ら曲をつくり、自ら歌う。小熊英二が指摘するように、こうしたことが可能になった背景の一つには、ギターという操作が比較的簡単な楽器が、価格面でも比較的手軽に入手できるようになったことがあった。[*2] さらに言えば、テレビの普及により情報は映像と共に人々に伝播し、さらに比較的自由に編成できるラジオの深夜放送が若者の間の情報の発信や情報交換の媒体となった。消費社会化、情報社会化と連動したかたちでの音楽の世界の変容が、当時の若者文化に大きな影響を与えたと言えるだろう。

このような状況のなかで、文化運動としてのべ平連にとってとくに重要な意味をもったのが、フォークソングであり、もう一つが、大阪万博開催の前年に行われた「ハンパク」だった。

フォークソング

べ平連と言えばフォークゲリラをイメージする人も多いだろう。六九年の春から夏にかけて、新宿西口地下広場に多くの人を集め、社会現象と言ってよいほどのインパクトを与えた。べ平連の運動のなかでフォークソングはどのように登場してきたのだろうか。

『べ平連ニュース』に、初めてフォークソングに関する記事が載ったのは、第五号（六六年二月二〇日発行）である。アメリカの反戦フォーク歌手として人気が高かったジョーン・バエズに関する記事だった。この記事によれば、バエズの来日を試みるプロモーターもあるが、なかなか実現しない状況にあること、バエズは「このところアメリカで大変流行し、国内でも評判になつているプロテスト・ソング（反戦歌）の代表的歌手の一人」であるが、「私たちは、私たちの運動を通じて、東京で二回ぐらい、関西地区で一回ぐらい、いわゆる強行スケジュールではなく日本で私たちと歌つて貰うべく働きかけています[*3]」と、バエズとの接触をすでに試みていることが明らかにされている。さらに同年五月の『べ平連ニュース』には、「ジョン・バエズは、いったい、ほんとうに日本にくるのか、という問い合わせの電話や手紙が、連日、事務局にあり、その応対に、お茶をのむヒマもない有様[*4]」というように、バエズ待望熱は相当なものだった。

また、同じ第五号には、アメリカの歌手バリー・マクガイアが歌った「明日なき世界（Eve of Destruction）の日本語訳の歌詞が掲載されており、そこには次のような説明が加えられていた。

「今、わが国でも売り出されているレコード『明日なき世界』“Eve of Destruction”（ビクター・SS1629、三七〇円）は、アメリカでトップ・ソング（9月25日『ビルボード』誌ホット一〇〇第一位）になり、イギリスでも大流行になったヒット・ソング」、「ところが、つぎにかかげるように、内容が戦争の手きびしい批判であるため、大問題となり、ついにBBCでは放送禁止処分の決定を下し、それの賛否をめぐってまたまた大問題。いまやこの歌はベトナム戦争反対の運動とともに各国の若い層の中でさかんに歌われています[*5]」。

六六年四月、長い旅から戻った小田は日米市民会議の開催を提案するが、その際に彼は「ジョン・バエズを同時に呼ぶよう努力する[*6]」と述べており、小田自身もバエズの日本招聘のために動いていたのかもしれない。

いずれにしても、フォークソングはこの頃すでに、若者にとってかなり身近なものとして存在するようになりつつあった。たとえば、この年夏の『べ平連ニュース』に掲載された「事務局だより」の次の一節は、このことを物語っている。

「窓ぎわの壁にはウエスターン・ギターがかかっています。これは最近事務局にあらわれたMさんのもので、彼女は仕事のあいまにギターをかなで、フオークソングを歌ってくれます[*7]」。

関西フォークの胎動

ちょうどこの頃、関西でのフォークソングの動きが活発になり、関西の動きが東京のべ平連にも影響を与えた。

関西でのフォークソングの流れを広めるきっかけをつくったのは大阪労音だった。一九六四年、「フーテナニー」（アメリカのフォーク歌手ピート・シーガーが始めたと言われる観客参加型のコンサートのこと――筆者注）を「アメリカから持ち帰った雪村いづみが大阪労音でモダン・フォークを日本語で紹介した[*8]」。翌六五年五月には、アメリカから歌手のオデッタが来日し、大阪労音の例会でコンサートを行った。この時の司会を担当したのが鶴見俊輔だった。鶴見にとっては、ちょうど東京のべ平連が発足したばかりであり、日米合同デモの準備を進めながら、さらに京都べ平連の発足の動きも始まっているという、実に慌ただしい時期だった。ところが、この時の鶴見はフォークソングについてはまったく知識がなかった。そこで、鶴見をアシストしたのが、音楽評論家で後に『ニュー・ミュージック・マガジン』を創刊する中村とうようだった。「鶴見さんはオデッタと関わりがあるわけないし、ほとんど話題作りのウルトラCみたいなもんですよ。そしたら大阪労音が乗ってきた。だけど鶴見さんはフォークソングについて何も知らないから、ぼくがオデッタについて事前にレクチヤーすることになった[*9]」のである。

さらにその一年後の六六年七月、大阪労音に「フォークソング愛好会」が生まれ、八月に「第一回フォーク・フォーク・フォーク」という催しが開かれた[*10]。このコンサートは「超満員、入口の外に入場出来ない人の叫び声がきこえた[*11]」というほどの盛況を博した。第二回目の「フォーク・フォーク・フォーク」が開催されたのは一〇月。そこに、尻石友也という青年が登場した。立教大学を留年中の彼は、当時釜ヶ崎の屋台でアルバイトをしていた。舞台に上がった彼は、「アメリカン・モダン・フォークではない、新しいスタイルのフォークソングで観客にショックを与えた[*12]」。尻石が高石と改名しプロに転じたのは翌一一月のことだった[*13]。

無名時代の高石を含む当時の若手のフォーク歌手を全面的に支えた大阪新森小路教会の牧師・村田拓は「高石友也というひとりの強烈な個性を通して歌われる『ベトナムの空』をきいたときのあのいい知れない感動は、今もぼくの心の底に残り、響いている」と述べ、しかし、さらにそれ以上の感動の要因があったという。一つは「『ハノイやサイゴン、大阪もみんな同じ空』と歌いあげられたとき、それまで歌われていたベトナムの姿が、急にぼくの身近に迫って来た」ことであり、もうひとつは「たんに絶叫し、アジル、つまり、たんに社会の矛盾や戦争を弾劾し、告発して、平和や革命や労働を謳歌するのではなく、押えた調子と、金属質と戦争とベトナムの自然とその生命をぶつからせる緊張とリズムによって、深いヒューマンな感動のなかで、ベトナムの民衆の心を確実に定着しきっている[*14]」ことだった。

村田は高石の歌のなかに「詩のわかりやすさ、商業主義に毒されていない内容、フォークブームで歌われていた歌とも、歌ごえ運動で歌われていた革命歌とも異なる、それらをこえる、より歌としての歌」[*15]を感じ取った。

では、高石自身は当時フォークソングをどのように捉えていたのだろうか。彼はうたごえ運動と比較してフォークソングの特徴を次のように述べている。

「似ているといえば似ているし、違うといえばそうもいえる。

集団と個人との、発想の基盤の差はあるかもしれない。『うたごえ』でよくいう言葉は、みんなの歌、大衆の歌、人民の歌、そんなふうに対象が集団で歌う方もほとんど集団である。フォークソングは、その点で立場や発想はにていても、非常に個人的だと思う。民衆の力は偉大であるが、その民衆を形づくる一人ひとりの力。その一人の中にもう一歩深くくい込む、そんな傾向がみられるようだ[*16]」。

高石によれば、民衆の歌として登場し広まったという点ではうたごえ運動もフォークソングも同じような性格をもちながらも、うたごえ運動とフォークソングの最大の違いは、民衆を構成する個々人に対する考え方にあった。後述する京都の橋の下大学で歌っていた古川豪もまた「フォークソングは結構一人称なんですよね。（中略）それとリーダーがアコーディオンを弾きながらその人のもとで歌うというよりは、個人の集まりが一つの歌になる、その辺の違いみたいなのがあ[*17]」ると、高石と同様の趣旨のことを述べている。高石や古川のこうした考え方は、「ふつうの市民」一人ひとりに呼びかけるべ平連の運動スタイルと共鳴するものであることは言うまでもないだろう。

バエズの来日

待望のバエズが来日したのは、六七年初頭のことだった。彼女は、日本のプロモーターからの来日要請を以前から受けていたが、長旅が嫌なこともあって、断り続けていた。[18] 彼女の来日は、べ平連の招請を受けてのものではなく、日本のプロモーターによるものだった。したがって、バエズがべ平連の催しに参加するかどうかも、来日時点では不明だった。

日本での公演を始めたバエズは、猛烈なストレスに襲われていた。その最大の原因は通訳にあった。通訳を担当した高崎一郎が、バエズの発言の内容を正確に伝えず、それどころか、全く当たり障りのない内容に変更したり、通訳をしなかったりしたからである。当初彼女は「私が人々に分ってほしいときに分ってもらえたとは思えなかった。私と日本の人たちの間には、大きな文化的ギャップがあるのではないかと思い始めていた[19]」というように、日米の文化的差異に原因があるのではないかと考えた。しかし、三回目のコンサートの際、通訳の高崎がコンサート開始前の五分間、聴衆に向かって話している様子を見たバエズは、原因が通訳にあることに気づく。通訳の問題以外にもコンサートの収益から出る義援金の分配をめぐる広島と長崎の綱引きなど、彼女のストレスはたまる一方であり体調まで崩した。そのようななか、彼女にとって来日後はじめて気持ちよくステージに立てたのが、べ平連の集会だった。彼女は次のように述べている。

写真18　ジョーン・バエズを囲む夕
アメリカの反戦フォーク歌手バエズは、自伝でもこの集会が極めて印象的だったと記している。

「大阪の平和グループは、私にその晩開く集会へでてもらいたいといっていた。私のアドレナリンが高進した。アドレナリンは病気に効くと私は信じており、その日が過ぎていくにつれ、夜、外に出かけようと決意を固めていた。気分はだんだんよくなっていった」[*20]。

会場の様子についてのバエズの描写も生き生きとしている。

「中くらいの大きさの体育館の中を、私たちはひどく興奮している人々が溢れている間を掻き分けていった。会場に入ると前方のステージの上に、ジョーン・バエズのために、英語で書かれた歓迎のでっかい看板が見えた。私はのどがつまり、目を丸くした。なぜ私が総立ちの歓迎をうけるのか？この人たちは私について何を知っているのか？私は彼らを少しも知らないのだ。ツルミという名のすぐれた通訳が、聴衆からの質問を受けた。質問の大部分は知的なものだった——合衆国について、ヴェトナム戦争に対するアメリカの関与、平和主義、左翼、右翼ついて、私の音楽と政治の関係について、その後で、日本での私のコンサートの入場料について白熱した討論が起こった」[*21]。

バエズが言う「ツルミという名のすぐれた通訳」は鶴見良行のことだった。高崎の通訳に関するバエズからの質問に対して鶴見が「高崎は完ぺきな英語を話せますよ。彼はあなたのいうことを、一つも通訳していません」と告げると、バエズは、「溜息をつき、うめき声をあげ、ののしった」、「みんな、ショック状態になった」[*22※]。

「みんなでベトナム反戦を！ジョーン・バエズを囲む夕」が開催されたのは、六七年一月二五日のことであった。この集まりには、声なき声の会の小林トミが参加しており、『ベ平連ニュース』に参加記を寄せている。高石友也が本名の尻石友也として参加しており、小林は「その人はベ平連のよくいうふつうの市民でした。電車の中などで私たちのとなりにすわっているような青年がギターをもってうたってくれました」というように、非常に好印象をもった。そして、最後に「We shall overcome を、みんな腕をくみ、会場いっぱいの人たちとひとつになってうた」った。小林は「フォークソングは反戦歌とか抵抗歌などといわれているのが、やっとわかりかけました」[*23]と述べている。

※高崎の通訳については、六七年二月二一日付『朝日新聞』が、アメリカのCIAによる圧力があったという高崎とそれを否定するCIAの両者の発言を内容とする、アメリカの週刊誌『ニューズウィーク』の記事について報じた。『朝日新聞』はアメリカ大使館と高崎にこの件を問い合わせ、アメリカ大使館は否定、高崎は『朝日新聞』の取材に対しても圧力があったことを明言している。[*24] バエズがこのことを知ったのは、彼女が後年自伝を執筆した時だった。[*25]

高石友也と中川五郎

べ平連の集会の中心にはじめて音楽がすえられたのは、バエズ来日の一カ月前の六六年一二月五日の「プロテスト・ソングの夕べ」である。これは、一日から一〇日まで行なわれた「抗議の十日間」のなかの一つと位置づけられ、六時から日比谷公会堂で開催され、約六〇〇人が参加した。[*26]

バエズ来日を終えた六七年三月、『べ平連ニュース』は、約二頁を割いて「フォーク・ソングによせて」という特集を組んだ。この時期の『べ平連ニュース』は総ページ数が四頁なので、紙面の半分をフォーク関係の記事が占めたことになる。記事は三本で、ひとつは片桐ユズル「フォーク・ソング雑感――あたらなくても撃そ《ママ》う」、もう一つは、室謙二「歌うこと　留置場に入ること」、そして無署名の「紹介します　尻石友也さん」である。

詩人で翻訳家でもある片桐は、この時期フォークの普及を熱心に進めた一人であり、『かわら版』というミニコミをまもなく発行する。片桐は、「べ平連とは、ベトナム戦争についてだまっているよりは、なにかの意志表示をするほうが気もちがいいというひとたちのあつまりでしょう。デモをするにしても、だまって、もくもくとあるくよりは、声をあげて、シュプレッヒ・コールをしたり、歌をうたったりしたほうが、気もちがいい」とし、そこに「歌の必要性を感じ」るが、「みんなでうたえる歌がないということから、フォーク・ソングというものが期待されることになる」と述べる。片桐はフォークソングを「人民による、人民のための歌」「専門家によらないで、自分たちでつくり、自分たちで演奏する」という点で「専門家による、大衆のための歌、ポピュラー」との違いがあるという。また、みんなでうたえる歌としてはうたごえ運動の歌があったが、「なにしろ、むつかしくて、うたえません」という。さらに片桐は、「ポピュラーを工場製品とすれば、手づくりの民芸品みたいな」のがフォークソングだともいう[*27]。

べ平連の若手活動家の一人だった室は、「フォーク・ソングというのは民衆の歌でだれが作ったのかわからない。次から次へと時間をつたわってみんなの生活といっしょになって生きてきた歌だ。権力の歌でなくて反権力の歌で、体を動かす中で生れたのだから歌うことによってぎゃくに体を動かしやすくなる。デモの時に便利だ。それは心を落ちつかせ遠くを思い起させる。そういう歌といっしょにみんなで考える。行進する。みんなの戦争に反対する力を、インチキやごまかしをやっつける力をくみ上げうたいながら抗議する。そういう風な歌を僕たちはうたいたい[*28]」と述べ、デモという具体的な抗議活動と結びつけてフォークソングを論じている。

そして尻石こと高石友也の紹介記事は、高石とのインタビュー形式をとっている。彼はスキー場から帰るお金がなく、自動車に乗せてくれた人と一緒に大阪に来てしまい、そこでしばらく暮らした経験を語る。屋台の手伝いをしていた時、「目の前にＹＭＣＡがあって、そこでやっていた会に飛び入りして『ベトナムの空』をうたったんです。生れてはじめてだったんです。みんなの前でうたったのは、そうしたら何人か泣いてくれる人があって、ぼくもちょっと変な気持ちになって、それで自信がついたんです」。この経験をしたのが、六六年六月のことだったという。その高石がべ平連と関係をもつようになったことについては、「去年の十一月のバーバラさんのところです。あの時、ぼくは小田さんとか久保さんに会ったわけですが何かほっとしました。ぼくと同じような人がいてとてもうれしかった。なんだかこう一人ではないというような感じがして」というように、東京のべ平連の中心人物たちとも波長があったと語っている。そして、彼は、運動と歌の関係について「歌だけでもだめ。運動だけでもだめだと思うんです。両方がいっしょになってやればいろんなことが出来ると思うんです。わかりませんけどいろんなことをやりたいんです」[*29]と述べ、歌と社会運動の両方を車の両輪のように発展させたいという意欲を表明した。

　このように、べ平連と最初に接触をもったフォーク歌手は高石だったが、高石以上にべ平連の運動に積極的にコミットしたのが、当時高校生の中川五郎だった。中川は、高校一年生だった六五年頃から歌を作り始めていたが[*30]、そのきっかけは、ピート・シーガーの「We Shall Overcome 勝利を我等に」を聞いたことにあったという[*31]。創作活動を開始していた彼が高石と最初に出会ったのは、一九六七年三月のことだった。その時のことを中川は、次のように記している。

「ベトナム反戦講演会を聴きに行ったぼくは、偶然そこへゲストできていた高石友也のうたを聞くことができた。（中略）ぼくはそれらのうたを聞いて感激するやら、びっくりするやらで、かれがうたい終わると早速話をしに行った」[*32]。

初対面の中川に対して高石は次の言葉を投げかけたという。

「こんどYMCAで小さなフォークの会があるから、うたいにおいで」[*33]。

こうして中川は、関西のフォークソング活動の渦のなかに入っていくことになった。

一方で中川は、『べ平連ニュース』にもしばしば投書を行った。彼の投書が初めて登場するのは、第一九号である。「アメリカの勝利による停戦[*34]」と題された投書であるが、フォークソングのことには全く触れていない。中川がフォークソングに触れるのは、彼にとって『べ平連ニュース』への二回目の投書である。やや長いが、当時の雰囲気を伝える内容なので、全文を紹介しておこう。

「ぼくは、プロテスト・ソングを歌っています。歌った後、時々知らない人から話しかけられることがあります。その人達は、ぼくにこう言ってくれます。『ぼくもやる気になりました。プロテスト・ソングを歌いたいと思う』『みんなが何かをぶちまけているのを見て、ぼくも何かをしたくなった。ぼくも何かでぶちまけたい』と。こんな時、ぼくは凄く嬉しいのです。ギターのテクニックをほめられるより何倍も。ぼくの歌を聞いて、何かをみんながしてくれるなら、それこそ、ぼくのもっとも願うところです。（でも、ぼくの歌はまだまだですから……）

歌うことによって、ぼくはみんなに一つのキッカケを与えていると思います。歌を聞いて『あたしもしよう』というようになってくれたら。結局歌でなくてもいいのです。小説でも詩でもエッセイでも弁論でも何でもかんでも。

ぼくらは怒っています。憤っています。エイサクくんに、リンドンくんに。

そして戦争は悪い、なんぞ自明の理です。

でも意志表示なくては駄目だと思うんです。だからアメリカから二ホン《ママ》はなんでも素直にハイハイと言っている奴隷のような国だと言われるのです。

何かして下さい！何かをみんなにさせるようにして下さい！

ぼくは、これからも歌い続けたいと思います。

歌い続けること――それは、ぼくの、ひとつの反戦運動です[35]」。

この年一〇月、中川が多大な影響を受けたピート・シーガーが来日し、大阪府学連による平和集会が行われた。中川は高石とともにこの集会に参加するなど、ベトナム反戦運動とフォークソングの接点を追求していく[36]。

関西フォークから全国へ

六七年七月二九日と三〇日、京都・高尾の神護寺で第一回フォーク・キャンプが行われた。高石、中川以外に、フォーク・クルセダーズも参加したという[37]。翌八月には、片桐ユズルが中心になり、『かわら版』が創刊された[38]。ラジオ関西の「ミッド・ナイト・フォーク」という番組ではフォーク・

キャンプの内容が放送され「大きな反響と新しい仲間を作った」[39]。フォークに関する情報が盛んに行き交い、フォーク愛好者が増えていったのである。

それから間もなく、次のような経緯により関西フォークは思わぬところから火がつく。

「六七年一一月、九月に終了した『ミッド・ナイト・フォーク』と類似の番組『ポップス・ジャンボリー』で、関西のフォーク・グループが解散前の記念として作成したLPに収録されていた曲が流され、電話リクエストで大きな反響を呼び、一二月二五日に東芝レコードから発売され大ヒットとなった」[40]。

これがフォーク・クルセダーズの「帰ってきたヨッパライ」だった。

年が明け六八年一月、高石の後援会長も引き受けていた村田拓は、新森小路教会で「フォーク・スクール」を開始した。「このスクールは、あとでベ平連あたりの、梅田地下街の梅田大学、京都三条の橋の下大学、さらにそれが広がって新宿西口広場の集会に発展してゆくひとつの原型になるフォーク集会のスタイル」[41]だった。

すでに六七年九月には、高石事務所が開設され、高石はプロ歌手としての道を本格的に歩み始めていた。「高石事務所は全国の労音を中心に、高石友也、五つの赤い風船らとともに飛びまわり、大阪はむしろ阪大ニグロ、中川五郎、ジ・アプルズ、西尾志真子らの手で運動がすすめられる。だが、この両者はつねに連絡をとり有機的な進め方で動いていった」[42]という。

中川作詩によるヒット曲「受験生ブルース」ができたのも、この頃だった。『ベ平連ニュース』でもこの曲の詩が掲載され[*43]、さらに「事務局だより」には、「先月号で紹介した『受験生ブルース』がレコードになり、なかなかのうれゆきとか。予備校生ブルースを歌うことになりそうだと言っていよ《ママ》原作者の中川五郎君、先日事務所を訪れ、〝オラは入っちまっただ〟と大喜びでした[*44]」とある。

六八年八月九日から一一日にかけて、第三回フォーク・キャンプが開催され、二五〇人が参加した。参加者のなかには、音楽評論家の中村とうようや三橋一夫も含まれていた[*45]。いまやフォークソングは、一部の愛好家や、プロテスト・ソングを好む社会運動関係者だけでなく、広い範囲にわたって聴かれるようになった。フォーク歌手もまた、高石を先頭に、アマチュアリズムから抜け出てプロとして音楽活動を行っていく者が増えていった。こうした状況のなかで高石は次のように述べる。

> 「フォーク・キャンプを中心としてのフォークソングの、これまでの出発点は、おもにプロテストソングであった。それをもとにして、さらに発展し、大きく広がるものだと思う。(中略)プロテストソングもあれば、ラブソングもあり、子守り唄、仕事の歌、物語り歌、また、リズム・アンド・ブルースのリズムを用いたもの、朗読するもの、そんな風に範囲が非常にひろいことを意識すべきだ[*46]」。

高石のこうした考え方は、音楽そのものの発展からすれば自然なことだった。たとえば、アメリカのフォーク歌手・ボブ・デュランもまた、この頃フォーク・ロックへの道に進み、従来からのファンから激しい非難を浴びていた。当時、高石らの動きは、フォークソングの商業化路線に道を開くものとの批判を受けかねないものであり、実際にそのようになっていったのである。

集会・デモとフォークソング

ベトナム反戦運動に積極的にフォークソングを取り入れたのも大阪だった。六六年九月に発足した大阪の反戦行動委員会の活動予定が『ベ平連ニュース』第二〇号（一九六七年五月一日）に掲載されているが、そこには次のように記されている。

「六月以降は、八月の一五日をめざして、反戦行動委員会の地域組織である、南大阪反戦会議・豊能反戦行動委・京阪沿線ベトナム反戦市民の会などを中心に徹底したフォークソング集会をくり返え《ママ》して、八月一五日には、中之島講演で、一晩中が《ママ》かり火をたいて、反戦歌を唱って、できれば二四時間の徹夜断食集会をもとうと考えています[*47]」。

ほぼ同じ時期の六七年五月二六日、札幌ベ平連が開催した「ベトナムを考える夕べ」でも「ジョン・バエズの歌を会場いっぱいに流すところから始まった[*48]」。さらにこの年、ベ平連が全国主要都市七カ所で行った「ベトナム戦争のために何が出来るか」講演会（七月一四日～二二日）のなかのひとつ、七月一五日の大阪の集会では、「まずフォーク・シンガーの高石友也さんが、反戦歌を歌うことによって始ま」り、「最後に、We shall overcome をみんなで歌って解散」した。高石は、七月一九日の東京・九段会館の集会にも参加した[*49]。

六八年に入りフォークソングと運動の結びつきはさらに強まるが、とくに注目すべき取り組みは、六八年一一月一〇日に関西ベ平連が行った「ベトナムと沖縄のための10時間」だった。この行動は、最初に中之島公園でのフォーク集会から始まり、その後「同公園を出発。御堂筋をフォークソングを歌いながらデモ」というようにデモとフォークソングの結合がなされたのである。さらに、大阪府立体育館前に到着したデモ隊は「すぐに、地下鉄、阪急を乗り継いで大移動。車内でもゼッケンとフォークソングで反戦を訴える」。その後、北摂べ平連主催の「大阪空港と新明和工業の米軍協力に反対する定例行動」に合流、新明和工業前での座り込みの後、大阪に戻り「梅田地下街でフォークソング集会」を行い、「中之島公園までゼッケン・デモ」、公園到着後「再びフォークソング集会。その後、御堂筋をフォーク・デモ」というように慌ただしくも大掛かりな取り組みだった[*50]。ここでは、フォークソングが集会とデモのなかの中心的な役割を果たすかたちになっていた。

　実は、この取り組みの準備の過程で「8日と9日には、通行中の多くの市民と共にフォークソングを歌い、地下街に大きな反戦・平和の輪を創ることに成功し」、それは「激しい行動には連《ママ》いてゆけないが、何らかの形で意思表示をしたい、そういう多くの市民を、フォークソングという形態を提起することによって結集することができた」という。梅田大学の誕生だった。さらにこの取り組みは新たな課題を残したとされ「フォークソング、というものと、反戦運動との関連性、つまりはフォークソングの内容の全面的検討、一歩進むならば、私達が新しい歌を創り出すこと」であり、「当日のデモに参加した人達によって、フォークソングを考える、といった会が持たれようとしている[*51]」。社会運動にとってのフォークの意味や役割について考え、新たなフォークソングの可能性を追求しようという意欲が示されたと言えよう。

　一二月には、京都でもフォーク・デモが行われた。京都高校生べ平連の奥野卓司のレポートによれば、「中川五郎君らを中心に、三百名以上のフォークソング集会を持った」とされ、その後のデモでは「『We Shall overcome !』や『友よ』を歌い、『ベトナムに平和を！』をシュプレヒコールする内に、電車を降りた女子高生や四条通を歩く高校生が、参加してきて警察へ申請した人数をはるかにこえる人数[*52]」になったという。

　こうした関西での活発な動きに刺激されたのか、一九六八年の年末、「フォークソングの会」を開催したい旨の広告「反戦フォークソング募集」が『ベ平連ニュース』に掲載された。それによれば、「作曲家いずみ・たく氏に御協力をお願いして、創作反戦フォークソングのコンテストを行いたい[*53]」とある。しかし、「米軍から軍籍離脱した、清水徹雄君の問題で、討論会をやりたいというグループと共同で集会を開くことになり、当初一〇〇人位の規模でやる計画を変更し、五〇〇人規模のフォークソングと清水徹雄君問題の討論集会」を一月中旬ごろにやることにしたとの告知記事が改めて掲載され[*54]、一月一一日に行われた。ここでは「三時間の間に、歌われた歌が五十曲にものぼり、思いがけないほど沢山の飛入り参加申し込みと合わせて、関西ばかりでなく東京にも、フォーク・ファンの層が広がっている[*55]」ことを示す集会となった。しかし、そこに参加した東京フォークゲリラの一員となる高野光世は、「関西では相当しっかりしたフォークソングの地盤があるというが、東京はまだまだである[*56]」との感想を記している。このように関西で先行したフォークソングの波がようやく東京に影響を与えつつあった。フォークゲリラが登場するのは、まさにそうした流れのなかでのことだった。

東京フォークゲリラ登場

『べ平連ニュース』は六八年年末の事務局の様子を次のように伝えている。

「年末二五日のあわただしいべ平連事務局の一隅。たまたま各地べ平連巡りをはじめてここを訪れた大阪の北摂べ平連の若者三人が、ギターをつまびきながら反戦フォークを唄い、その傍では、女性の一団が二八日に新宿で行われる予定の反戦花束デモ用に、紙の造花づくりにいそしんでいます[*57]」。

この時事務局で準備を進めていたデモが、「デモの名の長さではギネスもの[*58]」と吉川がいう「絶対にジグザグ・デモをせず、交通を妨害せず、商店に迷惑をかけず、二列になり、花束をもって、ベトナム戦争反対・米軍タンク車通過反対を訴えるデモ」という名称で申請したデモだった。フォークゲリラの一員大木晴子（旧姓山本――以下、旧姓で記す）は、「一番最初に西口地下広場で歌ったのは」この時だと述べている[*59]。

当日のデモの様子は、それまでになく詳細に『べ平連ニュース』で報じられている。それによれば、集まったのは一五〇人。「どの人も手に手に花を持参しています。生花もあれば、リボンとモールで作ったもの、紙できれいに作ったものなど様々。何かしら付近の空気もざわめいていて、〝デモ〟というイメージからは程遠い」雰囲気を漂わせていた。「先頭は、完成したばかりの、きれいなピンクの『ヤングべ平連』の旗。関西からやってきた北摂べ平連の三人の若者が、フォークソングを道いっぱいに響かせます。こんな解放感は何カ月振りでしょうか。みんな、楽しくて楽しくて仕方がないといった表情」だった。デモは四時に終了するが、その後「大田べ平連を中心とする人々は、フォークソングを歌いながら西口地下広場で脱走兵援助のカンパをし[60]」た。山本が「一番初めに歌った」というのは、これを指すのだろう。これに刺激を受け、年明け早々小黒弘、伊津信之介、堀田卓、山本らが「新宿西口地下広場に出ていく準備を始め」、彼らは大阪の梅田地下街でのフォーク集会を見に行ったりもし、二月までに歌集を作ったという[61]。

　東京フォークゲリラの登場は、二月二七日、二八日のいずれかである。大木は二八日と記憶しているが[62]、フォーク歌手・なぎら健壱は「フォークゲリラの登場はその六九年二月二七日の夕刻、ヤング・べ平連を名乗る若者たちがギターをかき鳴らしながら、信濃町から新宿へ行進をしながら歌ったのが最初[63]」と述べている。当時浪人中でべ平連に参加し、フォークゲリラの一員でもあった堀田卓も「僕が新宿駅西口にギターを携えて行った最初の日は二月二七日だった[64]」と述べている。しかし、小田、鶴見俊輔、吉川らが「国家の立場からではなく、市民の立場から、今日はなんの日かを、考えてみるため[65]」という目的で出版した『市民の暦』では、三橋一夫が二月二七日の項にフォークゲリラの登場についての記事を記している一方、二月二八日の項に「新宿地下広場で『東京フォークゲリラ』によるフォークソング集会、はじめて開催[66]」とある。二七日か二八日か確定はできないが、いずれにせよここから新宿西口地下広場を舞台とした新たな動きが始まったのである。

新宿西口地下広場

二月末から始まった新宿西口地下広場でのフォークゲリラの集会は、当初は小規模な集会だった。「フォーク・ゴリラ」こと小黒弘は、「最初のころのわれわれには、広場を行く人びとの足を止めることすら満足にいかなかった」が、「しばらくするうちに、人の輪も普通、二百〜三百人、多い時で五百人と定着し始め、いつも顔を見せ、一緒に歌うような『常連』も増えて来た」[*67]という。山本によれば「二〇〇から三〇〇人くらいのとき、小黒さんが、『悲惨な南の戦場へ……』という静かな曲を歌いだすと、それをみんなでシーンと聴く。樺美智子さんの追悼歌『前進』、わたしがよく歌わせてもらったんですけど、ソロの歌唱ではみんなが耳を澄ませて聴く。参加者どうしの心が通じあうおだやかな集会がつづけられていた」[*68]という。

新宿西口地下広場の様子についての記事が『べ平連ニュース』にはじめて登場するのは、六九年四月一日発行の第四三号の「編集後記」である。そこには次のように書かれている。

「この原稿を書いているいま、午前四時ですが、新宿のとある喫茶店で多少疲れた目をしばたたかせながら、べ平連の若いひとたちが数人集って議論をやっているはずです。ここ一〜二ヵ月、新宿駅西口広場でほとんど毎週土曜日の夜、『反戦フォークソング』を唄っているひとたちです。昨日も西口広場では三〜四百人の行きずりのひとの足をとめてフォークソングを唄っていました[*69]」。

フォークゲリラへの人びとの関心が次第に高まり、「三月頃には輪も倍位いに広が」り、その頃から「警官がやって来て『困るね、君達』といい始めた」[70]。さらに四月中旬になると次のような出来事があった。

「いつもの土曜日の夜の三百人程の輪では、機動隊ブルースだとか、栄ちゃんのバラードなどの歌声が続いていた。その中にいい年をしたヨッパライのオジサンが一人混っていたのだが、彼はアルコール入りの絶叫的な歌声の途中に、突然広場のコンクリートをベッドに大の字になってしまった。一瞬起ったささやかなどよめきに、どんな些細な変化も見のがさない、職務に忠実な警察官殿が、まず最初に現れた。それで僕達は、彼等に、今必要なのは救急車である旨を伝え、丁寧に追放した。救急車が到着すると皆は、輪を広げて作業を行い、再度侵入を企てた警察官に撤退を命じた」[71]。

写真19　新宿西口地下広場のフォーク集会
回を重ねるごとに集会への参加者は増え、警察による規制強化がさらに集会のエネルギーを増大させた。

堀田は、ここに「群衆」から「考えて行動し得る市民の集団」への変化を感じ取った。

新宿西口地下広場のフォーク集会は、若者がギターを弾きながら歌い、それを聴衆が聴くという意味での単なるフォーク集会ではなくなっていった。五月の初めに現場を見に行った小中陽太郎によれば、広場での様子は次のようであった。

「私が注目したのは、その人の輪の中に、無数の小さな渦があって、それが互いに、真剣に議論していることだった。沖縄の返還のために何ができるか、とか、政治党派と無党派の問題、組織は悪か、市民の限界は、そういう一言では解けぬ問題を、こうもり傘を持った白髪の老人や埼玉県から来たという八百屋のおっさんと学生などが、口角泡を飛ばしてディスカッションしている」。

このような広場での様子から小中は「人々は、話し合いたがっている、会社員や行員や商店主たちが見ず知らずの人と話したがっている[*72]」のだと受け止めた。

小中が言う「話し合いたがっている」人びとの輪の広がりというのも確かに地下広場に現出した世界の一部であり、重要な要素でもあった。しかし、同じく地下広場を実際に見に行った鶴見良行は、もう一つの側面を見ていた。

「新宿駅地下広場のフォーク・ゲリラの集会にいたときのことだった。ごったがえす群衆の中で、邪魔だ、だらしがない、といったちいさなつぶやきを残し、大都会ヒッピー風の学生たちを白眼で見ながら足早に立ちさる人びとがいつもかならずあった。かれらには一定のタイプがあった。それはたいてい、農村から出てきて、その勤勉努力だけを頼りにこの大都会で働いている三十代の職工さんといった人たちだった[*73]」。

フォークゲリラを中心とする新宿西口地下広場の集会は、回を重ねるにしたがって熱気を帯びていったが、それを眺める人びとの眼は決して一様ではなかったのである。

新宿西口地下広場のフォーク集会に対する警察の介入が本格化するのは、五月に入ってからである。五月一四日、カンパ・集会等の禁止が出されたが、これがフォーク集会への関心を高め、集会は一層熱気を帯びるようになった。山本は次のように回想している。

「参加者は、実際には五〇〇人くらいだったと思いますが、五月一四日に合唱とカンパ活動に関する禁止令を出したことが、逆に数を増やしてしまった。以前からフォークソングってあったんだけども、新宿で一気に大衆化していった。けっしてフォークゲリラが十分に意識してやっていたのではない」[74]。

そして、一七日の機動隊導入は、さらに混乱を大きくするものだった。山本は次のように述べている。

「新宿西口が新しい空間として生成しつつあって、警察は、空間的な把握ができてなかったし、べ平連的なゲリラに対するメソッドがなかった。それまで、いろんなことが起きてたが、権力はみんなつぶせてた。だから西口も簡単につぶせるだろうと思って突っ込んだ。やっちゃいけないことをやった。それまではヘルメット部隊に対してだったからよかったんだけど、ヘルメットもかぶってない、歌を歌っているだけの人間だったんで、マスコミの餌食になった」[75]。

これ以降、新宿西口地下広場での警察との対立は高まり、「五月中旬あたりから、フォークゲリラのみんなも、決死の覚悟で新宿西口地下広場に行くようになった」[*76]。そして、五月二四日は、三〇〇〇名、五月三一日は五〇〇〇名と、新宿西口地下広場にはさらに多くの人々が集まるようになった。

こうして、この時期から、フォーク集会に対する警察の鎮圧行動も厳しさを増し、それに対する反発と抗議、さらには学生運動グループの流入など、新宿西口地下広場は騒然とした雰囲気になる。フォークソングよりもアジ演説がせり出し、当初は歌われていなかったインターナショナルが歌われ出す。六月二八日には機動隊がガス弾を発射し、けが人までだす事態となった。その翌朝、ベ平連事務所は家宅捜査を受ける。この約二週間前のデモでは、吉川勇一も逮捕されており、警察側は、ベ平連＝過激派というイメージを作り上げようとしていた。七月四日に伊津、五日に堀田、一四日に山本、一九日には小黒と、フォークゲリラのメンバーは次々と逮捕された。

七月一八日には、新宿西口地下広場の標識が「地下通路」に変えられた。その一週間後の二六日、約二千名の機動隊が出動するなか、自然発生的なフォーク集会が始まったが、これが新宿西口地下広場での最後のフォーク集会となった。

橋の下大学

新宿西口地下広場でのフォーク集会に対する規制が強化されていた頃、京都では橋の下大学が始まっていた。第一回目が五月二五日、第二回目が一週間後の六月一日だった。これは、この年の六月行動を行う組織として京都で結成された反戦反安保行動委員会が始めたものだった。このアイデアがどのように生まれたのか。飯沼二郎は次のように説明している。

「東京では、例の新宿西口でフォーク・ゲリラだとか、ああいうような集会をしている。大阪では、梅田で梅田大学というのをやっていますね。ところが、残念ながら京都は、新宿駅だとか梅田駅みたいな、そういう駅にあたる七条の駅のすぐ前に、ちょっとした広場がありますけれども、都心地からあまりにも遠いのですね。（中略）京都はどうも地の利が悪いといっておりましたら、一人の学生さんが、いや、橋の下がありますよ、というのですね。三条の橋の下がいいじゃないですか、といわれてみると、そのとおりで、橋の下というわけではないですが、皆さん京都をご存知でしょう。あの三条の橋の下のところに、ずっと中州がありまして、プロムナードになっている。日曜日なんかだと——日曜日でなくても——、アベックだとか、みんなうれしそうに歩いている。あそこでやろうというわけです。あそこでやれば、道路交通法にもひっかからないだろうし、鴨川が静かに流れているし、京都特有の環境で、大阪にもなければ東京にもない」[*77]。

六月一日の第二回目までは反戦反安保行動委員会主導で行われたが、「予定ではこれで終わりだったが、自発的にこれを続けていこうという人が二十人ほどあらわれて、独立した市民運動[*78]」となってその後も続けられた。これにより、橋の下大学の性格も反戦反安保のための企画から、「主催する特定の個人や団体がない」形式をとり、人間を考える場としての橋の下大学をつくる運動へと変化していった[*79]。この年の秋に橋の下大学を見に行った小中陽太郎は、その時の様子を次のように記している。

「京都べ平連の飯沼二郎先生はキリスト教のコーナー、向うにはフォークもあり、自衛隊のコーナーには、自衛隊員との討論の輪が拡がっていた。私は解放戦線の話をした。ゴザを敷き、七、八人が寄って来て車座になる。橋の上から通行人が見ている。高山彦九郎の気分だ。京阪電車が行く、舞妓も行く」[*80]。

橋の下大学に参加した高校生は、彼にとっての橋の下大学は「無試験無費用、おまけに運動のティーチィ《ママ》ンまでしてくれるといういわば井戸端大学」であり、「非常に気楽な雰囲気と運動の多様性をもっていた」、「三条大橋の下の芝生や河原で日曜の昼下りののどかな陽の下で、大声でフォークをどなり、自転車に乗ってランランランと――それが橋の下大学がめざしていたものだった」と回想している。また、彼にとっては「橋の下大学の課外授業として行われた」反戦祇園祭※も印象に残る取り組みだった[*81]。

※反戦祇園祭は、大阪でのハンパク開催前の七月二七日におこなわれた。これは、「七月五日の橋の下大学準備会の席上、伏見の一労働者のアイデアから生れた」という。同志社大学を一〇〇余人で出発した行列は、四条に着くころには三〇〇人余りに増えた。行列には「反戦鉾の他に、労働者のK君とYさんのアイデアによる、浪人生のバクダン山と沖縄山、産軍一体を告発する自衛隊山」、花鉾、ギロチン鉾、高校生鉾、修理鉾などが繰り出した[*82]。

大阪の梅田地下街から始まったべ平連の若者たちによるフォークソングの運動は、各地の実情に応じたかたちで、それぞれの地域の若者たちによる取り組みへとつながっていった。七〇年五月一四日に福岡で開かれた「友よ！フォーク集会」のチラシには次のように書かれていた。

「我々は大阪の土着的なフォークに刺激されて街頭にでた訳ですが、全国各地でもおなじような運動が進んでいます。例えば東京の各地で、大阪の地下街で、名古屋、札幌というように[*83]」。べ平連の若者たちによるフォークソングの運動に見られるように、対抗文化的要素をもつフォークソングが、当時の若者の心をとらえ実際に多くの人々を集めることになった。しかし、警察の鎮圧に対する反発もあり、政治的な主張や運動とフォークソングを直接結びつけようとする傾向が強まった。フォークソングの社会的な意味や役割についての議論は、後述するハンパクでの東京フォークゲリラと高石友也や岡林信康との論争にもつながっていった。

しかし、べ平連の若者たちによるフォークソングの運動は、多分に自然発生的なものであり、新宿西口地下広場に見られるように、当事者たちの予想をはるかに超える人々を集め注目を浴びた。社会や政治に対する不満や批判を、そして何よりも自分自身の思いを集まった人々とともに表出し、さらには議論を交わすこと。そうした機会を提供したのがフォーク集会であり、梅田大学や橋の下大学などの自ら創造する「広場」としての「大学」だったのである。「満州事変の頃に生まれた世代」がデモに自分たちの身ぶりとしての政治の可能性を見出したように、より若い世代はフォーク集会や「広場」としての「大学」に彼ら・彼女らの身ぶりとしての政治の可能性を見出そうとしたのだった。

安保と万博

新宿西口地下広場でのフォーク集会が警察の力によって排除された頃、ベ平連によるもう一つの対抗文化運動、ハンパク（反パク）開催に向けての準備が本格化していた。ハンパクとは、「反戦のための万国博覧会」の略称で、一九六九年八月七日から一一日までの五日間、大阪城公園を舞台に開催された。ハンパクの説明を行うまえに、ハンパク開催という発想が登場したそもそもの背景である七〇年安保と万博の問題について説明しておくことにしよう。

すでに述べたように、万博開催に向けての動きは、東京オリンピック開催の年にあたる六四年には始まっていた。六五年四月に会場を千里丘陵とすることが決定され、九月にはＢＩＥ（国際万博協会）により大阪万博開催が正式決定された。翌一〇月、財団法人日本万国博覧会協会が発足し、協会長には石坂泰三経団連会長が就任した。七〇年開催の大阪万博は、この年に延長をむかえる安保問題から国民の関心を背けることを目的の一つとしていたと批判されるようになるが、六七年頃までは、社会運動のなかで万博が注目されることはほとんどなかった。

興味深いのは、ベ平連関係者のなかで、あるいは、ベ平連の運動になんらかの協力をしていた人びとのなかに、万博に深くかかわった人びとがいたことである。学生時代から小田の可能性を評価し、六五年八月の徹夜ティーチインの司会を務めたり、ニューヨーク・タイムズやワシントン・ポストの意見広告運動の呼びかけ人にもなっていた桑原武夫は、大阪国際万国博覧会準備委員会が立ち上げたテーマ委員会の副委員長に就任し、実質的には「全体のリーダーシップをとった」[*84]。小松左京は、開高健とともにサブテーマ専門調査委員に就任、小松はまた粟津潔とともにアミューズメント施設調査委員にも就任している。そして、ワシントン・ポストの意見広告で「殺すな」の文字をデザインした岡本太郎は、テーマ展示プロデューサーに就任した[※]。

※テーマ展示プロデューサーに岡本太郎を推薦したのは、堺屋太一だった。二人は、沖縄行の船中で偶然一緒になり、堺屋は、船上で行われていた岡本のパフォーマンスを見て強い印象を受けていた。ただ、当時の岡本は、それほど名が売れているわけではなく、堺屋が通産省に提案した際の反応は「岡本太郎って、誰や?」というものだった[*85]。

さて、一九六八年三月一五日の『朝日新聞』朝刊は、「万国博まであと二年」と題する社説を掲載した。それによると、「開催準備に追われる万国博協会が今日までたどってきた道程は、まことに苦しいものであった」とし、各機関からの出向者で構成される協会の寄り合い所帯としての性格に触れているが、「それらにもまして協会当事者を憤らせたのは、政府の姿勢にほとんど積極性が認められない[*86]」ことだと指摘している。政府の対応は「及び腰」だというのである。この指摘を見る限り、当時の政府が七〇年安保から目をそらすためのイベントとして万博をどこまで熱心に考えていたのか、疑わしい。万博にかかわったデザイナーの一人、粟津潔は、六九年に行われたと思われる座談会で「七〇年が安保であるという政治意識は、現在ほど激烈な様相を呈していなかったと思う」と述べ、万博批判を展開していた美術評論家の針生一郎に対して「かりに僕がやっていても、粟津君そういうのをやっちゃいけないよ、とは、針生さんからも僕はいわれたことがなかった[*87]」というように、六八年を境に七〇年安保と結びつけられるかたちでの万博批判が浮上したことを指摘している。

また、六八年の時点でも、万博に対する関心はけっして高くなかった。「全国的にムードは盛上がらず」「大阪府も関係した世論調査によると、地元の大阪でも万国博を開くことは、ほとんど知っているが、内容について『話合ったことがある』というのは三〇%足らず。それも職場での話題で、〝茶の間〟にまではいりこんでいない[*88]」という状況だった。

佐藤首相は、この年五月三日に万博会場の視察にでかけている。「中馬市長の案内で市内井池の街路工事や谷町通りの拡築工事を検分して、大阪城東辺の植林、トラック・センターを見て千里山に向」った佐藤は「すべてが予定通り進行して快適な実地検分[*89]」となったと日記に記しているが、実情とはかけ離れていたと言えよう。また、「今度の大阪行きはもともと寛子夫人の『方角』から来たもので、後味が悪い[*90]」と首相秘書官の楠田實が記しているように、佐藤が自ら積極的に視察に出向いたのでもなかったようである。政府の対応が「及び腰」であったことを思わせるエピソードである。

万博に対する批判的な取り組みの口火をきったのは、雑誌『デザイン批評』によって行われた〈EXPOSE'68〉「なにかいってくれ、いまさがす」だった。[*91] これは、粟津潔や針生一郎など、同雑誌の同人が企画し行ったもので、興味深いのは、粟津以外にも横尾忠則など、万博にかかわったデザイナーたちも参加していることである。このように彼らにとって、万博を批判的にみることと万博に参加することは、必ずしも二者択一的に考えられていたわけではなかった。彼らを好意的に見るならば、万博への参加を通して、彼らなりの批判や実験を行う可能性を考えていたのかもしれない。柴田翔が「万博に参加している芸術家の中でも、たとえばナショナリズムの問題とか、ベトナム戦争の問題なんかについては非常に考えてて、かつ社会的にはっきりと自分の態度を表明している人たちもいるわけだね。そういう人たちが万博に参加している[*92]」と述べているのも、芸術家たちのそうした動向を意識してのものであろう。たとえば、太陽の塔の制作に突き進んだ岡本太郎の場合、「大阪万博のテーマである『人類の進歩と調和』をダイナミズムの欠落した予定調和として否定し」、「『太陽の塔』のあの独特の造形は、岡本ならではの『ハンパク』でもあった[*93]」という評価も成り立つのである。

ハンパク

べ平連によるハンパクへの取り組みが始まったのは、こうした万博批判の声があがり始めた頃であり、きっかけは、六八年一〇月六日に行われた「反戦文化フェスティバル」だった。この催しを主催したのは、南大阪べ平連と大阪府職員べ平連、協賛は関西べ平連とベトナム反戦大阪行動委員会。中川五郎の歌、片桐ユズルの詩の朗読、「関西べ平連の青空状況劇団『目玉座』による寸劇」、そしてロールプレイが行われ、「この時の発想」がハンパクにつながっていったという[*94]。小田によれば、「『ハンパク』を考え出したのは、『南大阪べ平連』の有象無象たち[*95]」であり、大阪を中心としたべ平連がハンパク協会をつくり準備を進めていた。その意味で、小田ら東京のべ平連は、関西のべ平連が進めるハンパクの協力者、あるいはハンパクに参加する多くの地域べ平連のひとつという関係にあった。

ハンパクに関する記事が『べ平連ニュース』に登場するのは、六九年三月号である。反戦のための万博協会の代表・山田宗睦によるよびかけ文であった。よびかけ文のサブタイトルは「本当の人間の文化を創り出そう」とあり、七〇年の万博を「『人類の進歩と調和』という美辞麗句のもとに商業主義と大国ナショナリズムの体制側からの『イデオロギー』攻勢」とみなし、「『万国博反対』や『いやがらせ』ですませることのできない、私たちの『文化』が問われ」ているのであり、「私たちの運動の中で生まれ、育ってきた全ての叡智と創造力を結集して体制側からの『イデオロギー』を徹底的にのり越えた文化をつくりだそう」[*96]と呼びかけている。

このように体制側が進める万博に対抗するものとして構想されたハンパクであったが、対抗文化的な性格は曖昧であった。たとえば、ハンパク開催の約二カ月前の『べ平連ニュース』に掲載された記事には、「我々はこの『反パク』において、我々の文化の構築を計るつもり」と述べられてはいるものの、「一体どう云う風にすればよいのかは、まだ明確でない」[*97]と述べるにとどまっている。小田が指摘するように、「『反博』とは何んぞや、の議論は、そもそもの企画の段階からあった。これは、その略称ではない本式の名称『反戦のための万国博』であるのか、それとも次の年に予定されている本物の、いや、『ニセ万国博』に反対し、これを『粉砕』するためのものとしてあるのか—この根本的な議論は、『ハンパク協会』にたむろした、『反博』の言い出しべえの若者たちの『二つはひとつだ』

式のいささか強引な結論づけにもかかわらずはじめから終りまで解決されずに底流のようにしてあった」[*98]のである。この点は、ハンパク協会の会長を務めた山田宗睦と美術評論家の針生一郎のスタンスの違いでもあった。小田によれば「山田氏は『反博』をあきらかに『反戦』の筋道の上でとらえ」「針生氏は『反万博』論議の上で考えていた」のであり、「山田氏にとっては、『反博』は『祭り』」であったのに対し、「針生氏の『反博』は、『万博』によって象徴され、現前されている『文化支配の体制』に対する『たたかい』[*99]」だった。

反戦平和運動をベースとした催しなのか、それとも万博に対する対抗文化運動としての催しなのか。この点はあいまいなまま「『新しい文化の創造』の意義について明確な認識をもっていな[*100]」い状態で準備が進められていったのである。

小田がいう二つの立場のうち、「『文化支配の体制』に対する『たたかい』」という観点に立っていた針生の主張を見ておこう。ハンパクが有していた対抗文化的性格にかかわるものだからである。針生は、「万国博にたいする批判と反戦、反体制の運動との関係」について「べ平連にとって反博は、しょせん反戦運動の一環と考えられているが、万国博はむしろ七〇年代の文化支配の体制を象徴するものであり、それにたいして反戦、反体制の文化を対置するという代案主義だけではすまされない」と述べ、「今日文化や芸術とよばれるものが、体制支配の手段に組みこまれていることを告発する場として、反博を位置づけるべきだ」と主張した。また、「反博の企画では、まず会場が確保され、つぎにテントや施設が求められている」が、「反戦運動の具体的課題のなかから、民衆の新しいメディ

写真20　ハンパク会場の様子
翌年開催予定の大阪万博に対抗して開催された。会場は大阪城公園。

アを発見し、新しい表現形式をつくりだすことがいっそう重要」と述べる。針生から見れば、ハンパクは、そのスローガンのうえでは対抗文化的な内容を含んでいるものの、実際の中身は「反戦を基準に各ジャンルからかきあつめられた既成芸術[*101]」にすぎなかった。

さて、実際に行われたハンパクは、どのようなものだったのだろうか。会場となった大阪城公園[※]には、市民大学やべ平連全国会議が行われるメイン・テントのほかに、フォークソングを中心とした音楽会場[※※]、各種演劇が行われる芝居小屋があり、毎夜オールナイト映画上映が行われ、さらに梅田地下街でのビラ撒きやティーチ・インなどもプログラムの一つになっていた。全国各地から多くのグループが参加し展示を行った。福岡べ平連が会場に持ち込んだのは、前年六月に九州大学構内に墜落した米軍機の残骸だった。高畠らの「声なき声の会」のメンバーは会場に泊まり込み、「『声なき声』の十年にわたる市民運動のスライド[*102]」を上映した。奈良の「むすびの家」による「ライ《ママ》の家」という展示は多くの人の注目を集めた。「四角い掘立小屋にはいると、中には一面に、ハンセン氏病の病後を癒す人人が書き送ってきた葉書が、ぎっしりと何千枚も貼りならべられてある」[103]というものだった。毎日『日刊ハンパク』が発行された。入場者は主催者の予想を上回る約六万人に達した。吉見俊哉によれば、会場には「単に全共闘やベ平連、各地の反戦団体の若者たちだけでなく、『労働者が、お手伝いさんが、こどもの手をひいた主婦が』集まってきて」おり、「この多様性は、この時代の大学闘争の担い手たちが最後まで獲得することのできなかったもの」[104]だったと指摘する。たしかに『日刊ハンパク』には「何かを求めてやってきたぼくみたいな人間がいっぱいいて、何となくもそもそ動きまわっている。それがこんなに沢山あつまると、まるで大きな生きものみたいになるんだナア」という高校生の感想や、「若い人のエネルギーのすごさ、私たちの規制された時代になかったものを、自由に外へ出せて、しあわせ」という「主婦キリスト者」の感想などが掲載されており、[105]ハンパクに集まった様々な人びとが自由な解放空間を味わったようである。その意味で、「この多様性と『予想を超えた人たちの広場』は」、「大阪万博のようなイベントを国家と企業だけのものから市民のものへと『内破』していく可能性を孕んだものだった[106]」。

※大阪城公園は、かつて大阪砲兵工廠があった場所であり、八月一四日の空襲で焼尽に帰した場所だった。ハンパク協会は会場について「この公園は例の鉄筋でつくられたスモッグにかすむ大阪城の真下。ゴジラとガメラ決闘の古戦場。敗戦の一日前の八月一四日、大空襲で壊滅した東洋一の大兵器工場・砲兵工廠のあったところだ[107]」

と説明している。小田の「『難死』の思想」が生まれる舞台であり、また、開高健の「日本三文オペラ」、小松左京の「日本アパッチ族」の舞台となったのも、この場所だった。

※※この時期の関西のフォークソングは、七月末のプレ・ハンパク集会を「皮切りに怒涛のような真夏のフォーク・シーズンに突入」し、ハンパクを含め、各地でフォーク・キャンプやコンサートを行っていた。「各地の会場は想像以上の観客が集まり、ミュージシャンは毎日のように歌い継ぎ、人びとは交流し、新しく生まれた歌がうたわれ、新しい歌い手やグループが各地から集まり、手作りのミニコミが並べられ、レコード屋や雑誌、歌集がうれた」という。これは「我が国のフォーク運動最大の高揚期であり、同時に高石事務所・URCレコードの隆盛のピーク」[*108]だった。

だが、実際のハンパク会場では、期間中様々なトラブルが発生し、事務局はその対応に追われる毎日だった。日中友好商社の物産展示に対して「日中友好協会はハンパクを営利の場にしている」との批判がおこり、展示スペースが縮小された。また、ハンパク会場内で小型自動車による営業を行っていたホットドッグ屋に対して立ち退きを求めたが埒が明かず、排除のために警察が会場内に入った。事務局のこうした対応が批判にさらされたが、議論の末「同じ労働者として会場での営業がみとめられ」[*109]た。あるいは、フォークソングの会場では、東京フォークゲリラのメンバーから高石友也や岡林信康らに対して商業主義的姿勢だという批判がなされた。[※]

※東京フォークゲリラの批判に対して高石、岡村も反論し論争になり、八月一〇日に行われた東京日比谷の集会

でも同様の論争が展開されたが、フォークゲリラからの批判は「二人をゆさぶるようなものではなかった」。しかし「連日の地方公演とそれに加えてのこうした論争での神経のつかれは二人を苦しめ」[110]ることになった。これに加えて「レコード協会や民放連からの圧力」、『赤旗』紙上でのフォーク批判などが彼らを追い詰めた。九月六日に岡林が「『もう歌えない』と大阪労音のコンサート出演をすっぽかして蒸発」し、年末には高石がリサイタルを終えた後「無期限渡米してしまった」[111]。東京フォークゲリラを最も厳しく批判したフォーク歌手は、「自衛隊にはいろう」の作詞者でもある高田渡だった。彼はフォークゲリラは小田実の思想的影響下にあると考え、その小田は日本ではなく世界を駆け回り「世界を見ろ」とばかり言うと指摘し、小田に対しても厳しい目を向けている[112]。

こうした一連の出来事についての議論が巻き起こるなかで、「日大全共闘、声なき声の会、東葛べ平連などを中心とする造反グループ」[113]が形成され、ハンパク事務局やさらに小田や吉川などの東京のべ平連に対する批判にまで結びついていった。そのクライマックスが最終日の大討論集会だった。

大討論集会とべ平連批判

ハンパク最終日の一一日、メインテントでは「歴史と現実」というテーマの市民大学が行われる予定だった。井上清（歴史家）が「権力による歴史の偽造」、羽仁五郎（歴史家）が「歴史学とは何か」、そして小田実が「革命と現代」という演題で話す予定だった。しかし、「三人の講師をタナあげにして、延々六時間にわたる総括会議」[114]が行われたのである。

そのなかで厳しい批判を展開したのは、高畠だった。彼は、「反博は反戦という名の商品を万国博とおなじスタイルで売り出し、受動的な観客の動員数で成功度をはかる、民青的論理におちいっている」と指摘し、「関西べ平連が設計管理を請負い、量としての群集をあつめて興行としてやってきた面が否定できない」と批判した。日大全共闘の学生は「反博が体制に守られた展示会になっている[115]」と批判した。

こうした批判について小田は、ハンパクは基本的に成功した取り組みだったと考える一方、「キモ入りになって動いた連中にいくつか不手ぎわがあって、それは率直に認めていい」が、「そのことが管理機構一般という問題にまで拡大されてしまった」点に問題があるという。「現実的には、誰かキモ入りがいて、計画をきめてやっていく以外には、そのような運動もつくり得ない」、その点を欠落させた批判ではなかったかというのである[116]。行動しながら考える、実践のなかで考えるという、小田らしい発想であろう。

しかし、こうした批判が巻き起こる中で、鶴見俊輔からなされた次の発言が小田に大きなショックを与えた。

「べ平連が大きな花火をうちあげて、全国の大衆をあつめる力をもつにいたったことを評価する。だが、そうなると、デカければデカいほどいいという量への信仰が生れ、それにたいする解毒剤を運動のなかにつくっておかないと、既成左翼と同様、支配、被支配の関係がでてくる。小田実はすぐれた組織者で、小田のゆくところべ平連ができるが、こういうべ平連は中村錦之助ファンの組織みたいで力が弱い[117]」。

小中によれば、このあと小田は吉川に対して「私は、うしろから短刀で刺された気持ちだ。多くの人に語れ、というから拷問されるようにして、自分を殺して講演して回った。それをミーハー向けとは何か、おれはべ平連をやめるから、お前もやめろ」と言ったという。そして、二人は「深夜の名神高速道を疾駆して」京都の鶴見俊輔宅に行き、三人での話し合いになった。最後は、鶴見が「『〝ミーハー向け〟だけは、言葉が過ぎた』と頭を下げ[*118]」一件落着した。

鶴見俊輔との信頼関係は崩れなかったものの、ハンパク最終日の大討論集会は、小田をしてべ平連運動のあり方を改めて考えさせる契機になった。回想のなかで小田は、次のように述べている。

「いろいろあって、そのいろいろが全体をかたちづくる――それが『反博』であり、私が了解しているかぎりでの『べ平連』だった。こうした『べ平連』認識に立つ私にとってもっとも意外だったのは、同じ認識に立って『べ平連』の運動をかたちづくって来たはずの、そう私が了解しているはずの高畠氏、鶴見氏、あるいは『声なき声の会』の態度だった。そうした『べ平連』認識に立つかぎり、『べ平連』の運動には、少し誇張して言えば、『……したい』とか『……しよう』ということはあっても、『……すべきだ』ということはなかった。[*119]」

このハンパクでの経験から、小田は、「『再出発だ』と、私は思った。『べ平連』運動の後半、私はその気持ちでいた[*120]」。

安保の延長が問われる年、七〇年はすぐそこまで来ていた。

第七章　安保を過ぎて

七〇年の幕開け

東京のべ平連の事務局長・吉川勇一は、一九七〇年一月一日の日記に「新年おめでとう、という気になれない。重い年が明けたという感じ。昭和初期の数年の正月はこんなではなかったのだろうか」[*1]と記している。一九七〇年になった。それは、六〇年安保からちょうど一〇年を経て、改めて安保を問う年だった。『週刊アンポ』を発行し、反安保の運動を展開していたべ平連にとって正念場の時がやってきたのである。

一月三日はべ平連の定例デモの日だった。「正月だから参加者は三、四百と考えていたが千五百から二千近い参加者があり、認識不足を認める。高校生の数のなんと多いことか」[*2]と吉川を驚かせたように、安保の問題に関心を寄せる人も少なくなかった。

『べ平連ニュース』は、七〇年一月号の冒頭に「70年がやってきた!」という小田実のインタビユー記事を掲載した。そのなかで小田は、「1月、2月は準備期間なので、もう一度〝草の根〟から運動をはじめようと思う」と述べ、「具体的には、集会とデモの旅行をもう一度、全国でやろう[*3]」と自らの構想を示している。

そうしたなか、一月三一日と二月一日の両日、べ平連全国懇談会が開催された。開催の前日、吉川は日録に「明日はべ平連の全国懇談会。問合わせの電話が事務所に殺到してくる。元来は、各地で行動しているべ平連グループの間の連絡懇談会なのだが、個人の参加希望者が物凄く多い。会場に溢れるのではないかと心配になってくる[*4]」と記している。そして実際に開催されてみると、会場の新宿区体育館は「昨年よりも出席者は多いと思って百五十名の会場を用意したのだが、なんと二百五十名もの参加者があって超満員[*5]」となった。この参加者数は、それまで開催された全国懇談会のなかで最も多い参加者数だった[*6]。

この全国懇談会で明らかになったべ平連運動の特徴を吉川は、「各地のべ平連が、一般的なベトナム反戦・反安保の活動だけではなく、具体的な個別的課題を追求しており、それとともに行動単位がその問題別、地域別に細分化しつつある[*7]」と指摘している。

沖縄デー

定例デモへの参加者数や全国懇談会の熱気などから、べ平連関係者は、七〇年安保の延長の時期である六月に向けて運動は拡大していくだろうという期待感を持ったに違いない。しかし、三月一九日に大阪万博が始まった頃から、安保反対の運動が盛り上がりに欠いていることが認識されるようになった。このことを象徴するのが、『週刊アンポ』第一二号に掲載された小田の文章だった。小田は次のように書いている。

「『アンポ』は、もう、終ってしまったのか。

敗れ去ったというのか。

勝ったという負け惜しみを連発しているあいだに終ってしまったのか。

『アンポ』とは、さきに述べた『安保』を叩きつぶそうとする人びとの動き、いや、『人間の渦巻』のことをいうのだが、『渦巻』は消え去って、すべてはしずかになってしまったというのか。

そうではないだろう。

いや、そうさせてはならない[*8]」。

ここには六月に向けて運動が盛り上がらないことに対する焦りと、しかしながら、何としても反安保の目的に少しでも近づかねばならないという意志とが共存している。小田は続けて次のように言う。

「ただ一つの道は、自分で契機をつくり出すことだ。一人で、プラカードをつくって、それをもって、歩き出す。もう一度、歩き出す。すなわち、アンポ・ふたたび・街へ[*9]」。

当面の焦点は、四月二八日の沖縄デーだった。べ平連も参加する六月行動委員会と全共闘、反戦青年委員会の共闘方式で取り組まれることになった。しかし、この時期には新左翼党派間の対立、とくに革マル派と他の諸党派との対立が激しくなり、べ平連をはじめとする市民運動団体はその調整に苦慮することになった。四月八日に革マル派から沖縄デーに対する共闘申し入れがあったが、「昨年秋以来の革マルと他の諸派との対立激化は、話し合うことすら不可能なほどで、見通しはほとんどない。今後の革マルの出方で問題はむつかしくなるだろう。市民団体のほうは、もう内ゲバにウンザリしており、仲介調整の姿勢は今のところない[*10]」と吉川は記している。

四月一七日には、六月行動委員会の世話人会が行われ、革マル派からの公開質問状に対する回答を朝方四時までかかって作成している。四月二二日に開かれた六月行動委員会、全共闘、反戦青年委員会の会合では「革マル問題では難航。各派の革マルに対する反撥は予想以上に強い[*11]」状況だった。この日以降、吉川は福富節男や国民文化会議の大沢真一郎とともに、革マル派と他の諸党派との間に立ち、連日のように調整を続けることになった[*12]。

それまで冊子体で出されていた『週刊アンポ』は、第一三号から両面に印刷した一枚紙形式になった。第一三号は、「これはビラです。雑誌です。本です。新聞です」と記されているが、明らかに四・二八沖縄デー参加の呼びかけビラないしはポスターの体裁をとっていた。片面は、「つぶせ！アンポ　沖縄を私たちの手に日本を私たちの手に　4・28」というタイトルで、最下段に「さあ　いよいよ〔人間の渦巻〕を！！！」とあり、ポスターに転用できる体裁であった。もう片面には、地域べ平連の名前が縦横に列挙され、その間の桝に、集会への呼びかけ、各地の集会の時刻と場所など、四・二八に関する情報が並べられている[*13]。

新左翼党派間の調整に苦労を重ねようやく迎えた四月二八日の集会は、明治公園で約一万六〇〇〇人を集めて行われた。ところが、集会開会に際して革マル派の入場を他の新左翼諸党派が実力で阻止した。この事態を重く見た六月行動委員会（ベトナム反戦ちょうちんデモの会、大泉市民の集い、べ平連、朝鮮問題行動委員会、婦人民主クラブ、国民文化会議で構成）は「主催者としての地位を降り、司会者を引揚げ、抗議の意志を表明した[*14]」。新左翼党派間の対立はますます激しくなる一方であり、吉川や福富・大沢らによる調整にも限界があったと言えよう。また、べ平連自体も新左翼諸党派との関係で苦しめられた。久野収によれば「各べ平連はセクトの加入や退出によって、さまざまな影響を受け、べ平連はその調整に大きなエネルギーをさかれる上に、商業ジャーナリズムから反代々木的〝新左翼〟の一派という〝光栄〟あるレッテルをはりつけられる結果になった[*15]」のであった。山場の六月に向けて運動が盛り上がるよりもむしろ、統一行動の運動体内部での亀裂がますます深まり、べ平連自体の運動も壁に直面していたのである。

雨のなかの六月行動

沖縄デーが終わり、次はいよいよ六月の統一行動への準備の段階に入った。五月九日、六月行動委員会の総会があり、「四・二八デモの革マル問題、主催を途中で降りた問題など、全然異論なく諒承され」たが、「六月行動委の形骸化の問題」に討論が集中し、「六月へ向けて反戦市民運動の新しいイニシアチブを保証するために『新行動委員会』を発足させる[*16]」こととなった。

この六月行動に向けて、『週刊アンポ』第一四号が発行された。「六月行動のアピール」は、「岸内閣が新『日米安保条約』を成立させ、それに反対する行動の中で樺美智子が若い生命を奪われてから、十年がたちました」と、六〇年安保の記憶に触れ、「安保体制が侵略加担の体制であり、安保の成立を許したことがベトナムの民衆、インドシナ三国の民衆への苦しみをいちじるしく加重してきた」として、安保体制がベトナム戦争に対する加害の立場に日本を立たせたと述べる。そして「この歴史的な年に、『インドシナ反戦と反安保のための六月行動』を全国でくりひろげたい」「六月一四日の大共同行動を中心に、連日各地域でそれぞれ独自性を生かしくふうをこらした行動（裏面を見てください）をおこないます」[*17]と述べている。

六月一四日、「主催者発表は七万二千名。昨年の六・一五を上回る大変な参加者」[*18]となった。この日はあいにくの天気で「青山をすぎるころから雨が激しく降り、あたかも、私たちは暗い時代への急坂に、からだを投げ出して、どうなだれが来るとしても、その雪片の一つでも背中で受けとめてみようといったあんばいだった」[*19]。警察による規制が厳しさを増したこともあり、デモの参加者の中には殺気立った雰囲気も存在した。出発地点で私服刑事が発見され「たちまち大勢の人にとり囲まれ吊し上げがはじまった」。そして「怒りが爆発し、私服は殴られ、倒れ」た。そこにべ平連の救援対策部がかけつけ、私服刑事を自動車に乗せ運び出そうとすると「ヘルメットの学生たちに取り囲まれ、動けなくなり」「旗竿で屋根がガンガンたたかれ」る有様だった。その現場に「学生べ平連のグループがスクラムを組んで道をあけさせ、自動車はようやく」通れるようになり私服刑事を運び出した。また、集会場で新左翼党派同士の衝突が起こる気配を察した市民グループが「徒手空拳で割って入っ

写真21　べ平連のフランスデモ

デモ参加者が手をつなぎ道路一杯に広がって行うデモ。べ平連は、アンブレラ・デモや道行く人に花や色紙のチラシを渡しながら行うデモなど、趣向を凝らしたデモも行った。

た」。さらに、解散地点では次のような出来事も起きた。「私服刑事」とみなされた人物が「ヘルメットの諸君」にかこまれ、当人の「弁解がますます疑惑をます」かたちとなり、「『ヤッチャエ！』ついに取り囲んだ人びとは殴りつけ、その人は倒れ」た。そこに駆け付けた救対の女性が、「その人の奥さん」だった。これらの出来事を記した吉川は、市民のデモのあり方を次のように言う。

「誰でも入れる開かれたデモ。べ平連のデモはいつもそうです。そのデモの中での人間への信頼は、私たちの力の基礎になっています。隣りの人間が私服刑事ではないか？そう思った途端、デモの中の人を見る眼が変るのです。それは恐ろしいことです[20]」。

毎日デモ

この六月行動と並行して、べ平連独自の取り組みとして毎日デモが行われた。このデモについて小中陽太郎が「六八年から六九年にかけて急激に膨張したべ平連が、もう一度、原点にたち返ったすばらしい運動[21]」というように、毎日デモは京都での国際会議、ハンパクに見られたべ平連の運動をめぐる考え方の相違に発する対立や批判を経て、デモという出発点に戻って運動を考え直す試みでもあった。

毎日デモは、当初の計画では六月一日から一五日までの予定だった。六月一四日に行われる六月行動の集会にかかわる調整に時間を取られた吉川は、第一日目には参加できず、二日目から参加した。吉川によると「昨日も今日も、参加者は予想よりはるかに多い。プラカードも多く、沿道の人びとによびかけながら歩く。途中から参加する人もかなりいる。フォーク・ゲリラのギターも加わり、解散地の新橋土橋では路上いっぱいの集会となり、ちょっとした新宿地下広場の雰囲気も再現[22]」したという。

初日から参加した小田実の印象は吉川とやや異なっていた。デモの一日目の小田の印象は「イシュクしているという感じ」がし、「そのいかにもイシュクした表情は五年前『べ平連』の運動を始めたとき、道を行く人たちにあまりみられなかった表情」であり「一年前の六月十五日にも、人びとの表情はもっといきいきとしていた[23]」気がするという。しかし、デモを重ねるにつれ「街の表情にいろどりが出て[24]」きたともいう。つまり、飛入りの参加者が増えてきたというのである。

『朝日新聞』が報じるところによれば、麹町警察署調べによるデモ参加者は、一日が三〇〇〇人、二日が四五〇人、三日、八〇〇人、四日、六六〇人、五日、五〇〇人。記者が小田に対して「飛入り、少ないですねえ」と尋ねると、小田は「そうかね。でも、あたりまえだよ。みんな目的を持って街を歩いてるんだろう。かんたんにデモにはいるわけもないよ」、さらに「人間のウズの広がりは成功したんでしょうか」という質問に対して、「いきづまっている、なんていうのもいるけど、オレは政治家じゃない。結局は、なるようにしかならないよ。[25]」と多少投げやりな答えを返している。

東京のべ平連の若手メンバーの一人・遠藤洋一によれば「22日小田実氏は、記者団に向かって、なんで14日とか土曜の今日とか、人々のあつまりそうな時ばかり記者は来るのか、このデモは毎日、毎日が大切であって、特別の日だけが大切なのではないのだ[26]」と強調したという。

当初一五日までと計画されていた毎日デモは、「二十二日の自然発効の前日まで続けようと声があがり[27]」、結局、二三日までに変更された。六月二三日は、一〇年前の安保自然承認の日であり、この日をもって安保の延長が決まる日だった。この日の日記に佐藤は「安保反対のデモも気勢上らず、数も予定の半分以下」、「然し全国的には各地で衝突小ぜりあいと云ふ処[28]」と記した。佐藤が言うように、六〇年安保に比べると反対運動は盛り上がりに欠け、六〇年安保のような政治危機をもたらすものとはならなかった。六九年の日米首脳会談での沖縄返還合意、年末の総選挙での自民党の勝利、そして安保の自動延長という佐藤の「シナリオは、すべて期待通りに実現した[29]」のだった。

毎日デモは、この二三日を過ぎてもさらに続けられた。きりのよい六月三〇日までとの意見が出た際、「福富節男氏が、『三十日なぞというのは明治政府の採用した太陽暦の区切りにすぎぬ。私たち市民の行動は、市民の暦によるべきだ』という名文句を吐[30]」き、結局七月の第一土曜日、つまり、べ平連の定例デモの日まで続けられたのであった。毎日デモの最終回の七月二日のデモの参加者は一五〇人だった。※

※小田実は、毎日デモのあと「これまでの疲労が一挙にでたのか、病気にな[31]」り、長野県での療養生活を経て、その後徳島で長期間の入院生活を送ることになった。

もう一つの人間の渦巻——大阪万博と大衆社会

七〇年安保に際して人間の渦巻を起こすという小田らの構想は実現しなかった。政府の自動延長という対応もあり（すでに自民党は、前年一〇月に安保の自動延長を党議決定し公表していた）「七〇年安保は、六〇年に比べると平穏であり、安保条約の廃棄はいうに及ばず、佐藤政権を揺るがせるにも至らなかった[32]」のである。

その間、人間の渦巻が起こったのは、大阪千里丘陵で始まっていた万博会場だった。

万博の開幕は三月一五日。出だしは決して順調ではなかった。初日の入場者は二七万四〇〇〇人

写真22　人混みの大阪万博会場

1970年3月に始まった大阪万博には主催者の予測を超えるほどの多くの人びとが集まった。後ろに見えるのは岡本太郎制作の太陽の塔。

で、万博協会の入場予想者数五〇万人越えの半分だった。「曇り空で寒かったのと、混雑がひどいという前評判がブレーキをかけた[33]」と見られた。大阪万博の仕掛け人だった堺屋太一によれば、「東京が中心のマスコミは、当初万国博を、『大阪という田舎』で開かれるイベントとしか扱わなかった。テレビや新聞の報道は決して大きくなかった[34]」という。

しかし、その後入場者数は順調に伸びていき三六日目の四月一九日に入場者数一〇〇〇万人を突破し[35]、五月一四日に行われた記者会見で、万博協会は入場者数五〇〇〇万人突破の目途がついたと発表した[36]。そして、べ平連が毎日デモを開始し、六月行動のための調整で四苦八苦していた六月七日の日曜日には、一日の入場者数が六二万七〇〇〇人を記録し、一日の入場者数としてそれまでの最多記録であったモントリオール博の五六万九〇〇〇人を大幅に塗り替えた[*37]。フランスのルモンド紙の特派員ギランは、「この万国博が安保による激動を避けるための措置だったことは周知の通りだが、佐藤政府の戦術は大成功を収めた[*38]」と述べた。

このような万博の盛況を、安保反対闘争を進める側は十分に認識するどころか、極めて軽視していた。たとえば、当時全学連中核派の指導部にいた青木忠は、針生一郎によるインタビューに答えて「万国博の問題が当初出されたときから、七〇年の安保改定をかなり意識していただろうと思うんですけど、実際に今の情勢からいったら、万国博は間違いなくつぶれるんじゃないか。つぶれるっていうのは、やんないっていうんじゃなしに、七〇年安保闘争の爆発は間違いなくおこるし、そういうなかで、政府の考えた意図も完全に打ち砕かれるんじゃないか」、「デモに出る人間が多くて、万国博なんかはツマンナイっていう雰囲気が全国的に出来るんじゃないか[*39]」と述べていた。安保反対闘争を行う側、とくに新左翼党派とその影響を受けた学生運動の側においては、万博に対する状況認識がほとんど現実から乖離していたと言わざるを得ない。

万博が開催されていた時期に、反対運動がなかったわけではない。開幕が近づく中で、「日中友好協会正統本部などの親中団体、反安保キリスト者連合、べ平連、関西地区反戦など約十団体」が六九年一二月に準備会を立ち上げ、四回の現地デモ、ビラ撒き、討論集会を重ねていた。そして、万博の開会式が行われた三月一四日には安保・万博粉砕共闘会議が結成され、一五日に会場周辺のデモを行う申請を行っていたが、大阪府公安委員会が不許可決定し、行政訴訟も却下され、不許可デモを強行することにした[*40]。

三月一四日の開会式の日、「右翼大日本愛国党の三人が『唯物的ブルジョア万博反対宣言』というビラをまき、公務執行妨害、道交法違反、建造物侵入現行犯で逮捕」された。開幕日である一五日には、万博中央口構内で「学生や青年労働者約百人がジグザグデモやすわり込み」を行い、女性六人を含む六七人が逮捕された[*41]。京都べ平連の鈴木正穂によれば、この時の様子を「ほとんど混乱を起こすことなく、無表情に、無感動に一般客はながめていた[*42]」という。また、「おなじ頃、お祭り広場の席から釜ヶ崎解放戦線のビラがまかれた」が、「すぐに警官が追いかけ」、一六日には国府館展示室の蔣介石・宋美齢夫妻の写真が入ったガラスケースが割られガードマンに取り押さえられ逮捕された。いずれも散発的であり、「僕等は会場の中で、インターナショナルを歌えないどころか、安保フンサイと叫べない。デモ、集会が一切禁止されている[*43]」状況だった。右翼と左翼のそれぞれが反対の運動を行ったが、万博の開幕には影響を与えない、エピソード的なものに終わったと言えよう。

開幕後の人間の渦巻が広がるなかで、かなり戯画的なかたちで万博反対の意思表示が行われた。岡本太郎制作の太陽の塔乗っ取り事件である。事件がおこったのは四月二六日の夕刻。太陽の塔の「先端の黄金の顔の右目の中へ、赤軍と書いた赤ヘルメットをかぶり、タオルで覆面した、グレーの上着、黒ズボン姿の学生ふうの男」が登り、「『バンパクをつぶせ』とアジ演説をはじめた」。男は、万博協会職員と警察による説得に応じず、持久戦となった[*44]。男が機動隊員の説得に応じて太陽の塔を降りたのは、一週間後の五月三日午前六時ごろだった。この出来事の一カ月前に日本赤軍によるよど号ハイジャック事件がおきたばかりであり、赤軍派への注目が高まってもいたが、男は威力業務妨害、建造物侵入の現行犯で逮捕された。赤軍派とは関係のない、元公務員の男だった[*45]。

このような直接的な反対運動ではなく、安保に関わる個別具体的な運動を通じて、万博に向く人びとの眼を安保に向けさせるべきだという考えもあった。関西べ平連の場合がそうだった。すなわち、「体制が、万博を打ち出し、一億総丸がかえを計《ママ》るならば、僕たちは、体制の最も弱い環として、彼らがいまだに克服できない、いわゆる『核アレルギー』と『戦争政策』を突く個別的、具体的な運動をやるべきだろう。そして、そのことこそが、『70年は万博じゃなくて、安保だ』ということの中身であり、『万博などに行くヒマがない』状況をまさに、僕たちが創り出す『反万博闘争』だと思う[*46]」。このような考えに立ち、関西べ平連が取り組むのが「あいば野ナイキJ設置反対」運動だった。しかし、こうした運動も含めて、万博会場の人間の渦巻には影響を与えることはなかった。万博に対する人びとの関心は高まるばかりであり、結局延べ六〇〇〇万人の入場者数を記録することになった。

九月一一日、佐藤首相は万博閉会式出席のため新幹線で大阪に向かった。翌日、神戸の六甲山に行った佐藤は「山上のホテルでカレーライスを記者諸君と共に[*47]」したが、そこでのオフレコ懇談のなかで「万博で安保も反安保もなくなってしまった[*48]」と述べている。また、閉会式に出席した楠田は「とにかく大成功。無事に終わった。世紀の大祭典と言えるだろう。総理もホッとした表情[*49]」と記している。佐藤にとっては、万博が予想以上の「成功」を収め、安保の政治争点化が全くかすんでしまったことを喜び、安心もしたのであった。

安保後の模索

万博の閉会式が行われた翌日の七〇年九月一四日と一五日の両日、ベ平連は全国懇談会を開催した。懇談会には「東北地方の盛岡ベ平連から九州地方の福岡ベ平連まで四十六のベ平連その他の市民団体から百三十名が出席[50]」した。

ベ平連ニュースに参加記を執筆した阿部裕は「参加団体及び人員が少ないことは日程もあろうが、厳しい情勢を反映しているのだろうか」と述べ、「運動の中心が、地理的に地方に拡散移行していること、行動形態も専門化し専門的に実践活動が進行している」と感じた。その一方で「ちょっと立寄ったＯＬでも話しに溶けこめる雰囲気、ベ平連独特なユニークな面が鳴りをひそめたのではないか[51]」とも指摘している。一方、吉川は、「具体的な課題に具体的な活動をもってとりくんできた市民グループは、六月の大きな連続街頭デモの時期を過ぎても決して挫折などを味あわず、むしろ七〇年代闘争の本番はこれから、という姿勢をもって活動を進めている[52]」と前向きに受け止めている。七〇年一二月の『ベ平連ニュース』には、一年を振り返るかたちで「七〇年――五つの潮流」という記事が掲載され、カンボジア侵攻、六月行動、入管体制、米軍解体、自衛隊工作の五つについて、それぞれの活動の経緯が紹介されている。そのなかで、六月行動については「今年の六月は、表面的に見れば、運動側はそれほどハナバナしい行動を、成果をあげることも出来ず、体制に十分に打撃を与えることができなかったと思われるかもしれない。しかし、べ平連の企画した毎日デモは、派手ではないが地味にだが、確実に一つの成果を上げたものだった[*53]」と述べている。もちろん、五つの課題はいずれもベトナム戦争と深くかかわるものではあったが、「ベトナム」という言葉が全くでてこないことが、この時期以後のべ平連の運動を暗示するものだった。べ平連の運動はこの時期以後、個別の課題へと細分化する傾向を強めていった。すべては、ベトナム戦争に関連するものの、では「ベトナムに平和を!」というスローガンの下に結集する意味はどこまであるのだろうか?べ平連の運動の分散化と目標の曖昧化を意味するものだったと言えるだろう。

三島事件

べ平連が安保以後の運動を模索していた一一月二五日、三島由紀夫が楯の会メンバー四人とともに東京・市谷にある陸上自衛隊東部方面総監部に向かい、益田兼利総監を拘束、バルコニーから自衛隊員に向かい演説を行った後、総監室で割腹自殺を遂げるという衝撃的な事件が起こった。『べ平連ニュース』第六三号の「編集後記」で吉岡忍は三島事件に言及した。吉岡は、「三島と私たちとの共通した認識は、日本の支配階級の集中的矛盾の表現として自衛隊が存在する」という点にあり、「右翼は右翼なりに、この現状に対して緊迫した危機意識を持って」おり、「日本の現状を右から再編するための行動として、三島由紀夫の行動があった」。しかし「これは、私たちに対する挑戦」であり、「革命と反革命の衝突の意味を持っている[*54]」と述べた。

写真23　三島事件

三島事件は大きな衝撃を与えたが、小田実は、人びとに語り伝える日本語表現の乏しさを事件からくみ取った。写真は陸上自衛隊市ヶ谷駐屯地で演説する三島由紀夫。

小田はどう見ていたのだろうか。実は、三島事件がおこる少し前、小田は三島について興味深い言及をしている。一つは、森有正との対談のなかで、もう一つは『読売新聞』の連載においてである。

小田と森有正の対談は、三島事件が起こる前の六八年夏と六九年夏の二度にわたって行われ、事件後の七三年に本として出版されている。この対談のなかで小田は、「三島由紀夫氏と全共闘の学生が意気投合して、あんなインチキ言っている進歩的文化人たちより刀を一本振り回す三島由紀夫のほうが見事だという倫理とも論理ともつかないものが生まれて来る」、「行動の目的を抜きにして、死を賭した行動自体美しいという倫理感に結びついていったりする[*55]」と、三島の行動の美学とそれに共鳴する全共闘に対して、きわめて批判的な意見を述べている。より興味深いのは、年が明けた七〇年一月から『読売新聞』が特集した連載である。同紙夕刊は、「変革の思想とはなにか」というテーマで、「各界の知識人・政党人二十氏」が「一人三回、六十回にわたって、それぞれの立場から『変革の思想』をめぐる率直な論争」を行うもので、しかも「ポレミック・メドレー、つまりリレー論争という形[*56]」をとるユニークな企画だった。執筆者たちは、それぞれ自分より前に登場した執筆者たちの論を読み、それに対するコメントを含めた自身の考えを展開するという形式だった。最初に登場したのは作家の石川達三、二番手は歴史研究者の井上清だった。そして三番手が三島、三島の次が小田だった。

三島の文章で注目される部分は、前年の一〇・二一（第五章も参照）について言及した部分である。彼は次のように述べている。

「昨年十月二十一日、あれだけ戒厳令すれすれの整備体制を敷き、三、四年前なら予防検束と叩かれた筈の完璧な予防措置を張りめぐらし、しかも警察の巧みなキャンペーンによって地域住民の協力を得、ゲリラ隊は商店街のおやじからバケツの水をぶっかけられ、新聞はこぞって暴力に反対し……現憲法下でこれだけの鎮圧効果を収め得ることに確信を抱いた政府が、何で火中の栗を拾うような改憲の大事にとりかかることがあろう[*57]」。

三島が感じたのは、自衛隊出動の必要もないほどに強化された警察力とそれに協力する市民社会の姿であり、それを容認するメディアの姿勢であった。三島はこれを「改憲サボタージュは、完全に自民党の体質になった[*58]」と見た。権力が市民社会を完璧に掌握したのであるから、自民党は憲法改正への意欲を完全に失ってしまったと三島は考えたのである。こうした現状認識に立つ三島は、後半では自ら組織する楯の会を「相当数の民兵を包含」する国土防衛軍の「パイオニア」として位置付けられるのだとしたうえで[*59]、変革のための「行動とは、死を決した最終的な行動しか[*60]」ないという自らの行動美学を述べている。

以上のように、一〇・二一に衝撃を受けた三島は、自らの行動美学にそったかたちでの計画を練り始めていたことが分かるだろう。三島の次に紙面に登場した小田は、「三島氏のように、死の決意について語ることはとうていできない」、「ぼくは死がこわい」、「生きるのが好きだ。そして、生きよう、と思う」と述べている。そして小田にとって「生きる」ということは、「矛盾のなかを生きる」ことなのであり、生きるためなら何でもしていいという考え方と、「人間らしく生きられないなら死んでしまったほうがよい」という考えかたの「二つのものの中間にいる[*61]」のだと自己規定している。「純粋な死」に向けて生きる三島と、矛盾のなかを生き続ける小田という二人の作家の対照的な立場がここにきて一層明確になっていたと言えるだろう。

さて、三島事件がおきた時、小田は長野県の山中で病気療養中だった。事件について小田は、「ある人から電話で教えられて知」り、その時「『あ、敵が死んだな』と思っ[*62]」たという。三島事件から一〇日ほどしか経っていない時期に、小田らがつくっていた同人誌『人間として』は、緊急の座談会を行っている。小田、開高、柴田翔、高橋和巳、真継と、同人全員が集まって行われた。緊急の座談会であるにもかかわらず全員が集まったのは、それだけ三島事件の衝撃が大きかったからであろう。この対談のなかで小田は、三島を二つの意味での「敵」だと規定する。一つは政治的イデオロギーの面で、そしてもう一つはライフ・スタイルの面での敵なのだという。小田は、このどちらの面においても「敵」である三島に対して徹底的に批判するのであるが、事件後の左翼の人びとの反応は違っていると指摘する。すなわち、「左翼の人々が何と言ったかというと、政治的イデオロギーには反対だけれども、あの死は非常に見事である。ライフ・スタイルにおいて共感する、と言っている。非常に甘いこと言ってるなという感じを持」ち、それに「非常に腹を立てた」[*63]という。小田が問題にするのは、むしろ三島のライフスタイルであり、「私は三島氏の死を聞いた瞬間、なにを感じたかというと、断固として畳の上で死んでやるぞということを考えた」[*64]のである。

ここまでの小田の発言内容は、三島の生前から小田が三島に抱いていた考えの延長線上にある。実際に三島事件がおきた後の小田の反応として興味深いのは、三島の檄文についての小田の感想である。この問題について小田が考えるきっかけになったのは、座談会のなかでの開高の発言だった。開高は「確かに格調と気品はない」が、「あそこで彼の日頃の華麗な文章を駆使した日にはだれもついてこれない」のであり、「あれはあくまで大衆に訴えるという形式のものだった」[*65]と指摘している。これに対して小田は、三島が「大衆を意識していることは事実」と開高の意見に同意しながらも、「大衆に訴えかける文章がいかにむずかしいかを、私自身認識している」[*66]と自らの経験を述べている。座談会での小田の発言は漠然としたものにとどまっていたが、おそらく座談会後も小田はこの問題を考え続けたのだろう。翌年の『文藝春秋』二月号に掲載されたインタビュー記事で小田は次のように述べている。

「べ平連でわれわれがデモをするとき、三島氏が自衛隊に対して呼びかけたように、街頭の不特定多数の人びとに対して、このデモに入れというコトバで呼びかけるわけですね。そのとき、私たちが呼びかける日本語というのが、いかに無いかよくわかるよ。……凛々しく、原理がちゃんとあって、借りものでないコトバというものは成立してない」[*67]。

このように言う小田は、三島の檄文においてもまた、あれだけの文章を書く三島ですら、人びとの心に届くものを書けなかったのだということに注目した。人びとの心に届く言葉の不在。これは三島のみならず、ベトナム反戦運動を担ってきた小田自らにもあてはまることではないのか。これが三島事件以後、小田の三島観に新たに加わった観点だった。

相変わらず体調がすぐれない小田だったが、七一年一月二二日、二三日に行われた全国懇談会には出席した。ここでも小田は、三島事件について話している。彼は「私の敵、三島氏の檄文の貧しさは、彼が不特定多数に語りかける言葉をもっていなかったことを示している」、「私たちはそういう言葉を発見しなければならない。そのために具体的な提案だが、略語を使うのはやめよう。日帝だとか脱通といったら私はわからないと答える」[*68]と述べているのである。おそらく小田は、急激に変化を遂げる大衆社会化状況のなかで、にもかかわらず、あるいはそれゆえに、大衆へとつながる表現の回路を必死に探ろうとしていた。変化する大衆社会と自らの政治的社会的な発言との乖離を、小田も三島も感じ取り、三島はその焦慮を行動の美学へと結びつけた。しかし、三島の場合、自らの行動を表現しなおかつ人びとに訴える言葉を最終的に持ち得なかった。もちろん小田は、三島とは政治的な立場を決定的に異にしていた。また、そのライフスタイルについての考え方も、矛盾のなかを徹底的に生きることを基本とする小田は、三島とは対極に位置していた。しかし、人びとへ訴えることの困難さを三島の檄文は教えるものであり、それは小田自身の課題でもあったのである。

反軍闘争

七〇年安保を過ぎても、べ平連の運動は続けられたが、運動が分散化する傾向はさらに強まった。そのなかで大きな比重を占めたのが脱走兵支援の運動から発展した反軍闘争であった。

七〇年四月発行の『脱走兵通信』第一〇号に、編集部が「ジャテック１９７０年４月…」と題する文章を載せている。それによれば、「反戦米兵支援の運動は、この一年大きな発展をみせ、新しい段階に入った」とし、脱走兵運動だけではなく「反戦放送、ＧＩ新聞の発行・配布、ＧＩカウンセリング、さらに岩国基地にみられるように、基地内の米兵の戦いを支持する大衆的なデモンストレーション」[*69]など、運動の種類も格段に増えたことを紹介している。このような流れのなかで、「消極的であれ、積極的であれ、反戦米兵がとるべき道が多様である以上、個別に対応し、いちばん有効な抵抗の方法を探る」、「すなわち、なるべく脱走はするな、軍隊内でたたかえ、われわれも支援するぞ、という路線への転換」[*70]が進んだ。

さらに一九七一年四月に『脱走兵通信』に代わって発刊された『ジャテック通信』第一号では、匿名による討論会の記事が掲載されており、ここで脱走兵支援以後の運動を振り返りながら、今後の方向性をめぐっての議論が行われている。すなわち「これまでのジャテックの運動には二つの筋というか、流れ」があったとし、一つは「脱走兵を援助、連帯することによって反戦の意志を明らかにしていく」運動、もう一つは「米軍内でＧＩたちが自ら反戦の組織をつくり、内側から抵抗を始めた。これに連帯し、アングラＧＩ新聞の印刷や配布を手伝ったり集会を開くという運動」であり、後者は「去年いっぱいで大体殆んどの大きな基地で定着」したという。そして、「いろんな運動が多元的に積み重なって、いまやジャテックとしては、米軍解体に関係のあるいっさいの営業品目を扱う」とし、「GIへの働きかけ、カウンセリング、反戦スナック経営、脱走援助、軍裁支援、資金作り……」といった例を挙げ、「これらの運動の組織的な司令部としてではなく、情報のクリアリング・サービス、調整機関としてジャテックがある」[*71]という。反軍闘争もまた、それまでのべ平連の運動と同様にゆるやかなネットワーク型運動を維持していたと言えるだろう。

　これ以降のべ平連の反軍闘争では、大きく分けて三つの取り組みが行われていった。第一は、米軍基地に対する運動であり、米軍基地内の嫌戦・反戦気分を醸成し、米軍内の反戦運動を刺激し、可能であれば連帯していく活動である。反戦放送やGI新聞、GIカウンセリングなどがあり、反戦喫茶もまた、こうした活動の一環であった。これらの運動については、PCS（Pacific Counseling Service）[※]というアメリカ人による反軍活動との連携も存在し、まさに国境を超えた市民レベルのベトナム反戦運動としての性格を有していた。第二は、対自衛隊闘争であった。六九年秋に自衛隊の小西誠三曹問題が生じ、「第二・第三の小西を！行動委員会」が各地に生まれた。小西裁判に対する支援を中心に、自衛隊解体まで視野に入れた運動が展開されていった。この問題は、日本復帰に伴う沖縄への自衛隊の移駐問題とも関連して、注目されていくことになった。第三は、ベトナム戦争に対する日本の加害責任に関わる運動である。一つは対企業の運動であり、具体的には軍需産業としての三菱重工に対する一株株主運動や新明和工業に対する抗議行動などが行われた。七二年五月から始まった相模原の米陸軍相模補給廠からの戦車搬出阻止闘争も、日本の加害責任と結びついた運動だった。

※ＰＣＳは、シッド・ピーターマンやヤン・イークス、アニー・イークスら、アメリカ人活動家によるカウンセリング活動を中心とした米軍解体運動を進めた。「ＰＣＳ事務所はジャテックセンターと呼ばれ」「常時数人が忙しく働いていた」という。「朝霧と岸根で始まった基地工作活動は、三沢、岩国、横田、横須賀、板付、佐世保、沖縄に広」がり、「地元べ平連や東京、京都から来た若い活動家が、ＰＣＳのアメリカ人活動家と共に家を借りて住みつき、ＧＩ向け反戦新聞の発行や配布、ＧＩへのカウンセリング、反戦集会やデモの組織などをおこなった[*72]」。

このように七〇年代に入り反軍闘争の対象は拡大し、様々な個別の運動が展開されていった。しかし、べ平連が全体の運動を牽引するというよりも、べ平連も運動を担う団体の一つというパターンが少なくなかった。たとえば、相模原戦車搬出阻止闘争の場合、当初から相模原べ平連や横須賀べ平連も積極的に参加していたが、運動が高揚するなかで梅林宏道（のちにＮＰＯピースデポ代表）や山口幸夫（のちに原子力資料情報室共同代表）らによる「ただの市民が戦車を止める会」が発足し、中心的な役割を担うようになった。[*73] 運動体の名称は「べ平連」ではなく、具体的な運動課題を表す名称でよかったのであり、このことはベトナム反戦運動の個別化を意味するものだった。小田や吉川ら東京のべ平連の中心人物たちがこの時期最も力を入れたのは、三菱重工の一株株主運動だったが、それも個別化するベトナム反戦運動の一つだった。

以下では、こうした多様な反軍運動のひとつであるものの、米軍解体運動との結びつきがあり、また、べ平連メンバーのなかの若い世代が中心になりながらも、それより上の世代も支援して展開された反戦喫茶運動を取り上げることにしよう。

反戦喫茶運動

べ平連運動のなかから誕生した反戦喫茶は、青森県三沢市にできた「アウル」と山口県岩国市にできた「ほびっと」の二つがあった。

そもそも反戦喫茶のアイデアは、アメリカのＧＩコーヒー・ハウスに起源を持っていた。すなわち「フレッド・ガードナーというＧＩが、自分の体験を基に、一九六八年一月にサウスカロライナ州のジャクソン陸軍基地附近に最初のＧＩコーヒー・ハウスＵＦＯ（空とぶ円盤）を開店した」[*74]のが始まりだった。こうしたコーヒー・ハウスが一九七〇年一月段階で、全米に九つ誕生したという。[*75]

こうしたアメリカでの反戦喫茶の情報が日本にもたらされたのは、六八年八月の反戦と変革に関する京都国際会議の場だった。この会議に参加したドナ・Ａ・マイケルソンは「コーヒー・ショップでさまざまな兵隊たちとあたって反戦のために働いている」[*76]ＧＩ喫茶運動の当事者だった。

このようにもたらされた情報に最も敏感に反応したのが、同志社大学の学生で京都べ平連の若手メンバーの一人・鈴木正穂（のち京都市議会議員）だった。彼は、反戦と変革に関する京都国際会議終了後に岩国を訪れ、そこで「『空飛ぶ円盤』のコーヒーショップ運動を、岩国基地の周辺で起こせばいいと思う」[77]と、自らのアイデアを記している。この鈴木のアイデアは、この年の同志社大学の大学祭で「反戦喫茶〈空飛ぶ円盤〉を、実験的にヤリはじめてみ」ることにつながった。そこでは「フォークソングを歌ってみたり、詩を読んでみたり、スピーチしてみたり、壁にはポスターをはっ[78]」てあったりした。

反戦スナック・アウル

反戦喫茶（正確にはスナック）として最初に登場したのは、アウルだった。鶴見俊輔によれば、東京のべ平連のなかでアウルを支援したのは鶴見良行だったという。[79]店の名称の「ＯＷＬ」とは『フクロウ』と同時に、軍隊用語のＡＷＯＬ（Absent Without Leave）、つまり『無許可離隊』のことをさしている。〝米兵よ、夜になったらフクロウのように目をあけて、軍隊から脱走してきなさい〟という呼びかけがこめられて[80]」いた。アウル開店は七〇年七月。開店当時の様子を『朝日新聞』は次のように報じた。

「基地近くのバー街、三沢市中央一丁目にあるこのスナックは広さ三十平方メートル。少ない日でも二〇人近くの米兵が集り、店内ではピースシンボルのペンダントが売られ、反軍ＧＩ新聞、反戦パンフレットなどが並べられている。ビールを手にした米兵らはＶサインをかわしたり、反戦新聞を読みふけっている[81]」。

こうしてスタートしたアウルであったが、店の様子は次第に変化していった。「開店当初、米兵はピース・ペンダントをつけて訪れ、反戦ポスターをはった店内でロックのレコードを聞き、規律づくめの日常にしばしの想いを求めているに過ぎなかった」が、「内外各地から送られて来るアングラ紙、雑誌、書籍、録音テープ、映画、ＯＷＬのビラ等が効果を発揮したのであろうか、店に集る米兵の反戦意識は次第に高まりを見せていった、とりわけ、ロック集会や良心的兵役拒否者への除隊申請のカウンセリングが、彼らに同じ考えを抱く者が三沢にも数多くあることを気づかせ、孤立していた個個の兵士を結びつける契機になった」というのである。さらに「昨年十月、たび重なる会合の末に『ＨＡＩＲ』の復刊第一号がされ」、「二月の岡林信康を『日本のカントリー・ジョー』との触れ込みで招き、四日間のコンサートを催し」「予想を上回る盛会[82]」となった。アウルの場合、反戦喫茶ではなく反戦スナックであるが、基地の近くにあるこうした施設が、反軍闘争の拠点として果たす役割の大きさを知ることができるだろう。

しかし、七〇年一〇月、『週刊朝日』の記者として三沢に取材に行き、アウルにしばらく滞在していた川本三郎（現・文芸評論家）は、アウルのもう一つの側面について指摘している。川本によれば「やってくる米兵の数は思ったよりも多かった。しかしそれはＯＷＬが反戦運動の拠点であるからというよりも、この店が三沢のバーのなかでは珍しくアメリカのカウンター・カルチャーの雰囲気を持っていたからのようだった。『ここに来ると自分の学生時代の下宿を思い出す』という米兵が多かった[83]」という。「米兵は酒が入るにつれて元気がなくなっていった。みんなもうベトナム戦争にうんざりしていた。ただ除隊の日が来ることばかりを考えていた。といって反戦運動をやろうとする元気のある者もいなかった。ＯＷＬにやってきては『厭戦』気分を発散させているだけだった」、そして「それに対してＭ君もＨ君も積極的に脱走を働きかけることをしかねていた。なぜなら、現実にベトナムで生きるか死ぬかを迫られているのは彼ら米兵なのであり、とりあえずはベトナム戦争に対しては第三者の立場にいる日本人は、彼らほどの切実な切迫感がないのだから[*84]」という。

そして、川本が指摘するもう一つの点も大きな問題だった。川本は次のように述べている。

「ＯＷＬは三沢の町のなかでも浮いていた。他所からやってきた若い連中が何か人騒がせなことをしているという目で見られていた。Ｈ君は個人的なキャラクターで近所のおばさんたちに人気があったが、だからといって彼女たちがＯＷＬの運動に理解を持っているかというとそうでもなかった[*85]」。

一九七一年一二月七日にアメリカからジェーン・フォンダらのＦＴＡショー[※]のグループが来日した。沖縄を含む日本の米軍基地がある都市で公演を行うためであり、日本での最後のショーは、一月二二日、三沢で行われた。

※ＦＴＡ（Free Theater Association）は、「ショウによってＧＩ運動を支援する」目的で、風刺劇を通し「非人間的な抑圧に対抗する兵士たちの感情」を表すことを企図し一九七一年三月からアメリカ国内の基地をめぐり公演を行っていた。女優のジェーン・フォンダらのメンバーは、一二月一〇日の横田基地の近くにある福生市民会館を皮切りに、横須賀、京都、岩国、東京で公演を行い、三沢が最終公演の地となった[*86]。

埼玉べ平連の小沢遼子は、岩国と三沢で行われたショーを見たようだが、三沢でのショーの終了後FTAショー・グループの「一行を八戸空港に見送」り、その後「三沢に一週間ほど残った[87]」。小沢がそこで見たのは、次のような光景だった。

「石炭ストーブで、ススだらけになりながら、いろんな米兵たちと知り合った。ブルース好きのGIは、タージ・マハールという楽団のレコードを持ってきて聞かせてくれた。ロック好き、演説好き、女好き、そして、どういうわけかGIたちは、そろってアカダマ・ポートワインが好きだ。技術部門のGIばかりだと聞いたが、そのせいか、岩国よりも少し線が細くて、インテリ臭い。反戦スナック『アウル』に、一日に五回もやってくる常連もいる。三沢の米兵の数は、どんどん減り、ほんとに淋しいクリスマスだ、と、外人バーの目ばかりの濃いおねえさんがぼやいていた[88]」。

また、小沢は、アウルで働く二人の若者についても記述している。

「ここにも、反戦活動を続けている日本の若い人たちがいた。薄い毛布にくるまり、ベンチにシュラフを持ち込んで、アウルに寝泊まりしながら、一日一人百円の共同炊事をしながら、彼らは頑張っていた。そしてもうひとつ、彼らがやらなければならない問題をかかえていた。むつ小川原総合開発と名づけられる、大工業地帯が、青森県に出現しようとしている。その計画に対する反対運動である[89]」。

このように、反戦運動以外にも地域で生じている開発問題などにべ平連運動は関わり始めていた。これはアウルの場合だけではなく、全国各地の地域べ平連に見られた傾向である。

アウルは、七二年七月に閉店した。

反戦喫茶・ほびっと

岩国の反戦喫茶ほびっとが開店したのは、七二年二月のことだったが、ほびっとの開店以前から、岩国では脱走兵支援や米軍基地の反軍闘争に対する支援が行われていた。[*90] たとえば、七〇年四月一二日には、広島べ平連・岩国べ平連の主催で岩国反戦米兵支援連帯集会という二〇〇名規模の集会が行われ、同月一二日には、岩国錦帯橋の下で反戦米兵四〇名が参加したべ平連主催のラブ・インという催しも行われていた。この年一月、岩国米海兵隊基地では、ＧＩによる反戦紙「Semper FI」が創刊されており、[※] 基地内の反軍闘争の公然化がべ平連の反軍闘争を刺激したとも言える。

※米反戦兵士による新聞としては、アメリカ兵士組合の機関誌として一九六八年一月に発刊された「The Bond」、六七～六八年にかけて出された「Nietnam GI」、バークレーで刊行された「Ally」の三大ＧＩ新聞と呼ばれた全国紙的性格を有するものや、米国内の各基地ごとで発行されたものがあり、全部で「五〇紙から七、八〇紙」が発行されていたという。[*91] また、「We Got the Brass」アジア版が六九年一〇月に、同じ月に三沢基地でも「HAIR」（第一次）が創刊され、一一月には米軍朝霧基地で「KILL FOR PEACE」が創刊された。「Semper FI」

は、これらのＧＩ反戦新聞に続くものだった。

　このような状況のなかノーム・ユーイングという米兵が、ジャテックの存在を知り、四月六日に「コレ以上ガマンデキナイと出てきた[*92]」。脱走兵ノームは、日本人家族の手で匿われるが、五月末に逮捕された。そして、七月四日に岩国基地内の営倉でおきた兵士の反乱に参加した。ちょうどこの日、岩国べ平連の講演会が、小田実、小西誠、吉川勇一を講師として行われたところだった。

　反戦喫茶ほびっとの運営の中心的な役割を担った中川六平（のち編集者）が岩国を初めて訪れたのは、このように岩国で米軍内の兵士と日本の反戦運動とが共鳴し合いつつある時期だった。当時同志社大学に在籍し、京都べ平連にも参加していた中川は、七〇年四月五日に行われるデモに参加するために岩国にやってきた。彼は、一人で岩国べ平連をやっていた青年を手伝うために四月末に再度岩国を訪問し、一週間の岩国滞在を通して基地の街岩国の様子や、この地での反戦運動の状況を肌で感じることになった[*93]。京都に戻って以後も、岩国べ平連の青年との情報交換を続け、しばしば岩国の反戦運動にも参加する生活がしばらく続いた。それは、たとえば岩国基地のゲート前での「反戦放送」だったり、岩国駅前でのビラ撒き、フォーコーナーと呼ばれたバー街での「Semper FI」の配布、そして、脱走兵ノームの裁判の傍聴だったりした。

　このような活動を行っていた中川が、反戦喫茶を岩国で始めようと考えたのは、七一年秋のことであり、彼を中心に喫茶店開業の準備が始まった。ほびっと開店の目的は、「多くの反戦平和活動家や一般市民の物心両面に亘る援助のもとに岩国市における反戦平和活動の一つの拠点として設置し、具体的には日本人市民、アメリカ軍岩国基地の兵士達の話し合いと憩いの場を提供することを目的[*94]」とするものだった。しかし、開業までの道は平坦ではなかった。たとえば、七一年一一月二八日、「核の問題でデモをやった際にも一人の私服警察官から『殺してやるぞ！』との暴言を受け」、「このような脅迫は、コーヒーハウス建設の途上で、岩国べ平連の責任者胡子雅男にたいしても、警察官によってなされた[*95]」という。また、ちょうど同じ時期、地元の新聞に「岩国に赤軍派？」という見出しで、喫茶店の店舗探しをしている中川とその協力者である教会関係者について「赤軍派と色づけ、田口さんや岩井さんたちをその仲間にデッチ上げている」「悪意に満ちた記事[*96]」が掲載された。さらに、開業前の七二年二月一二日、中川が「午前一二時半、友を見送りに岩国駅へ行った時、三人の私服警察官にとりかこまれ」「乱暴な言葉を浴びせられた」。それは「この町におられんようにするぞ！[*97]」という言葉だった。このように、ほびっとは開店前から様々な妨害を受け、そうした妨害を乗り越えて開店に至ったのである。

開店前日、反戦喫茶のアイデアを早い時期から抱いていた鈴木正穂は、「二十三歳の春、ぼくは、岩国に来ている。いよいよ明日（二月二十五日）コーヒー・ハウス『ほびっと』が開店する。さらなる米軍解体運動のために[*98]」と、念願の夢がかなった喜びとこれからの期待を記した。こうして迎えた二月二五日、中川の日記は喜びと希望に満ちた内容になっている。やや長くなるが、苦労の末に開店を迎えることができた若者たちの生き生きとした様子を見てみよう。

「カランカランカランカラン……。鐘の乾いた音が響いてきた。ドアの右上に取り付けた鐘の音だ。

『初めての客！』

ワシノが声を上げ、カウンターの中から身を乗り出した。ぼくも、カウンターの椅子から立ち上がる。トミさんがいった。

『まだ10時だよ』

ほびっとの開店は午前11時。入口に立っていたのは、向かいの染川家具店のおじさんだ。茶色の作業服姿で、右手を上下に振りながら、

『早く外に出てきなさいよ』と、僕の顔を見ながらいった。

おじさんの後を追って外に出て行く。風が冷たい。店の前に近所の人たちが輪になっていた。元病院の駐車場に、近所の人たちが2本の長い竹を囲んで色紙を持っている。竹の枝に折り紙を白い糸でくくっている人もいる。

『みんな外に出て来いよ。』アンドウの声が後ろから聞こえてきた。その声に誘われるようにカランカランカランカラン……。ワシノにトミさん、マサホさんの声が続いた。みんな一様に『オー！』と声を上げた。

『このへんでは、店が出来ると、こうしてお祝いをする。商売繁盛を祈ってね』と染川のおじさんが笑顔で話した。広谷製粉のおばさん、左隣の矢野保険屋のおばさんは白いかっぽう着姿

だ。名越自動車修理工場のおばさんもいる。矢野のおばさんの横にいるのは息子さんだ。色とりどりの折り紙を2本の竹ざおの枝にしばりつけている。ホウキやチリトリ、しゃもじもくくりつけられていた。

『こりゃあ、商売繁盛だ』とワシノがいった。ぼくらの驚きは喜びの声に変わった。

『千客万来やな』とマサホさんだ。

『ホウキでね、お客さんを拾ってくるんですよ』

『しゃもじもよ』……。

おばさんたちは口々に話しかけてくる。和やかな空気に包まれているようだ。昨夜、コーヒー券を配ったぼくらを励ましているのだ。『がんばりなさいよ』という優しさがひしひしと伝わってくる。ほびっと、初めての客は、近所のこの人たちだ。ぼくは、そう思った」[99]。

この中川の日記に見られるように、ほびっとと地域社会との関係は、それなりに良好だったと言えよう。結局、開店初日は「大忙し。来たお客、約１４０人。売上１万４０００円。日本人のほうが米兵より多い」[100]というように、良好な滑り出しだった。開店から間もない三月一九日に岩国でのデモに参加した小沢遼子も、ほびっとにも立ち寄り、「予想外にきれいでカッコよく」「売り上げもまあまあ」[101]というほびっとの印象を記している。

しかし、開店後もほびっとへの妨害は続いた。ほびっとの顧客にも脅しがあった。たとえば、四月二〇日にほびっとに来た女性は、それまでにも「何度か来てくれた若い女の子」だったが、コーヒー

写真24　ほびっとへの弾圧に抗議するパンフレット
岩国にできた反戦喫茶ほびっとは、様々な嫌がらせや弾圧に抗しつつべ平連の若者たちを中心に運営された。

を運ぶと「警察はひどい」と言い出し、彼女の住むアパートに二人の警察官が現れ、いくつかの質問をしたあと「ああいうところに行く人間はろくでもない奴だ」「赤軍に関係している。麻薬にも関係している」「あそこは爆弾を作っている[*102]」と言ったというのである。

六月四日にはほびっとは家宅捜査を受け、マスコミは警察発表をそのまま報道した。赤軍派の武器の引き渡し場所としてほびっとが使われたというのである。しかし、武器の引き渡しがなされたとされたのは、七一年一一月のことで、ほびっと開店のはるか以前の時期であることが示すように、全く根拠のない捜査であった。六月九日には福岡べ平連がマスコミへの抗議文を発表、東京のべ平連もそれに続き、さらに八月七日には、警察と裁判官を相手取り損害賠償請求を行った。また、六月二二日、米軍岩国基地は、米兵のほびっとへの立ち入りを禁じる、オフ・リミットを発した。これに対しても、岩国べ平連やPCSとともに抗議の記者会見を行うが、いずれにしても、開店後も様々な妨害を受けながらの営業が続いたのであった。
警察や米軍からの執拗な妨害が続いたということは、それだけほびっとの活動の影響力があったということの裏返しでもあった。たしかに、三沢のアウルに比べると、ほびっとの活動はそれなりに活発だった。開店早々の三月一九日はべ平連の全国懇談会（名称は反戦市民運動全国懇談会）が岩国で開催されているし、ほびっとを会場にした様々な講演会や集会も行われている。たとえば、ほびっとの家宅捜査の一カ月後、「夢の一週間」という連続講演・公演が行われている。初日の七月二日は「満州事変とファシズム」というテーマについて吉川勇一が話をし、その後、中尾ハジメ、笠原芳光、岡林信康、小沢遼子、そして最終日の八日、小田実の講演と続いた。

このように様々な妨害があったにもかかわらず、四年間にわたってほびっとの活動が続き、アウルに比べて活発だったのには、それなりの理由があった。先にも紹介したように、アウルは二人の青年だけで切り盛りしていたが、ほびっとの場合、京都べ平連と福岡べ平連の若者たちが入れ替わり協力するかたちをとっており、運営を支える人材供給の面で大きな違いがあった。また、中小企業診断士の資格をもつ京都べ平連の北沢恒彦が経営面でのアドバイスを行うなど、若者たちをバックアップする体制も存在していた。さらに地理的な面も無視はできない。青森に比べて岩国は、福岡と京都からは行きやすい位置にあったため、若者たちばかりでなく、京都の鶴見俊輔や福岡の石崎昭哲ら、べ平連運動で重要な役割を担っていた年長者たちも必要に応じて足を運ぶことができた。また、ＰＣＳなど、国外の米軍解体運動組織との連携も存在した。そして、地域社会との関係についてみても、先に紹介した開店の時の様子から伺われるように、地域社会から浮いた存在というわけではなかった。もう一つ指摘しなければならないのは、七二年の米軍内の反戦運動が三沢よりも岩国の方が激しかったことである。これは、三沢基地に駐留するのが空軍、岩国基地に駐留するのが海兵隊という軍隊組織の違いも反映していた。ほびっとの存在は、脱走兵支援、軍裁支援、反軍放送、デモ・集会など、当時各地の反軍闘争で試みられていた方法が岩国で凝縮的に行われる空間を提供したということができるだろう。

ほびっとが店を閉じるのは、一九七六年一月のことだった。開店から四年が経過していた。その間京都べ平連は七三年四月に、東京のべ平連は七四年一月に、すでに解散集会を行っていた。

二つの反戦喫茶（スナック）を取り上げたが、もちろん、同時並行的に様々な運動が展開されていた。それらの運動一つ一つが重要な運動であったことは言うまでもないが、七〇年安保以前のように、べ平連という一つの括りで説明することは、きわめて困難である。べ平連全国懇談会でも言われたように、この時期のべ平連の運動は、「個別課題」を追求していくという方向性を強めていった。それは運動の多様化とも言えるが、運動の分散化であったことも否定できない。そこから、べ平連という旗を掲げなくても出来る運動ではないのか、べ平連という旗を掲げ続けることにどのような積極的な意味があるのか、という疑問が出て来ても不思議ではなかったと言えるだろう。こうした運動内部の状況に加え、もともとべ平連が掲げたベトナムからのアメリカの撤退をめぐる動き、すなわちベトナム和平協定締結をめぐる動きが次第に顕在化してきた。べ平連はいつまで続けるのか。いつどのタイミングで解散するのか。べ平連解散論が浮上してくるのであった。

解散論の浮上

べ平連の解散論に関する議論として早いものは、京都べ平連の飯沼二郎によるものだった。『ベトナム通信』第三五号（一九七〇年一二月発行）に掲載された「京都べ平連の解体」である。

このなかで飯沼は、「五年半まえに発足した京都べ平連なる運動体は、今や完全に発展的解消をとげおわった」のであり、「もはや『京都べ平連』なる運動体は、実態としては存在しない」とし、「『個人原理』に基づく運動が、発展するにしたがって、それぞれの運動目標（われわれは、それを『専門』とよんできた）に従って解体することは当然[*103]」だという。京都べ平連は様々な運動の連絡機関であり、それ以上でも以下でもない、というのが飯沼の下した結論だった。飯沼によれば「一九七〇年のはじめごろから、デモのあとの集会は、京都べ平連そのものにたいする討論の場から、しだいに、各グループ、各個人からの、運動の状況報告、および、今後一カ月間に予定されている運動へのアッピールの場へと変化して[*104]」いたのだった。すなわち運動の実態からすれば解散せざるをえないと言うのが飯沼の認識だった。

七一年にはいると、解散論につながる、あるいはそうしたニュアンスを漂わせるものが散見されるようになる。『べ平連ニュース』では、五月一日発行の第六七号で室謙二が「べ平連は、今、大きな曲がりかどに来ている。という言い方は、何度も何度も言われて来た。しかし今度のは、どうやら本当に本物だ[105]」と述べている。九月一一日と一二日に行われた全国懇談会でも、吉川勇一が「べ平連が今、大転換期に来ていることは確か」と発言し、福岡べ平連の石崎昭哲も、この発言に「全面的に賛成[106]」している。

実は、べ平連の解散に関しての重要な話し合いが、七一年夏に行われている。この話し合いについて文献レベルで触れているのは小中であり、彼は「私たちは群馬県の磯部の温泉につかり、運動について語り合った[107]」とだけ記し、話し合いの内容については触れていない。この話し合いのメモが、福岡べ平連の中心人物であった石崎昭哲のメモというかたちで残っている。[108] このメモの冒頭には「《べ平連非公式会議》」と記され、出席者は、「花崎（皋平）（札ぽろ）、小沢（遼子）（浦和）、片山（哲夫か?）（神戸）、石崎（昭哲）（福岡）、鶴見俊輔（京都）、飯沼（二郎）（京都）、古山（洋三）、武藤（一羊）、吉川（勇一）、鶴見良行、福富（節男）、藤枝（澪子）、小中（陽太郎）（以上東京）」（姓の下の括弧内の名前は筆者注）の一三名で、夕方五時半から翌日の明け方まで話し合いが続いたようである。病気療養中の小田は参加していない。

話し合いのなかでは、石崎が「10の日デモは２００回、街頭フォークは毎週土曜、近い中に雁の巣ビラまきを企画、等々のことは一応しているもののやはり何となく旨く行かない」と運動の停滞を述べ、「べ平連は解散してもいいのではないかと考えてはいるものの、そうすると自分のよって立つ基盤がなくなって困る人もいるし考えあぐねている」として、べ平連解散についての見解を述べている。さらに石崎は「人も集まらなくなった。小田実の影響は福岡ではうすくなっている様な気がする」とも述べている。これに対して、鶴見俊輔は「京都でも、岩国を見ても、小田的な人間はずい分出て来ていて、もうその様な人たちだけで十分やっていけるのではないか。べ平連に関しては一度タガをはずして、しばらく時をおいて、もう一度新しいタガを考えて見ようではないか」と、そして吉川は「神楽坂に関して云えば、べ平連は解散しても、個別の闘争団体は残って活動をつづけるだろう」と述べ、べ平連の解散について肯定的な見方を示した。話し合いで解散論を否定する者はおらず、すでにこの時点で基本的にはべ平連はいずれ解散せざるをえないという認識に立っていたと見ることができるだろう。しかし、それぞれ個別の領域での運動が展開していること、また、ベトナム戦争が終結に向かっているように見えるとはいえ、必ずしも確実ではないこと、などから、当面は運動を続けるということになり、最後に「べ平連は安楽死」させる、という結論に達している。

九月一一日と一二日に行われた全国懇談会での石崎と吉川の発言は、この話し合いでの議論を踏まえたものだと見てよいだろう。個別の運動を進めながらも、べ平連という運動体がもはや存続する必要性がないというタイミングで解散する。もちろん、それぞれのべ平連関係者がすべてそのような認識をもっていたわけではない。しかし、中心的な役割を担っていた人びとのなかでは、そうした認識が共有されていたのである。

解散のタイミングとして考えられたのは、当然のことながら、ベトナム和平協定の締結であった。

エピローグ

ベトナム和平協定締結

一九七三年一月二七日、パリでベトナム和平協定が調印され、翌日発効した。北爆開始から八年が経過していた。和平協定は「紛争を一時的に凍結させることでアメリカ敗北の衝撃をやわらげ、南ベトナム喪失の日も先延ばしにする時間稼ぎでしかなかった」ものの、三月二九日に軍事顧問を除く米軍が撤退し、「ベトナムの大地から外国軍隊が姿を消したのは一一四年ぶりだった」という意味では画期的なものだった。[*1]

和平協定調印の翌日、ベ平連は声明を発表した。声明は「ベトナム人民の勝利に、深い敬意を表する」と述べる一方、和平協定後もなおアメリカはベトナム介入の意図を捨てていないとし、さらに日本が「アメリカの侵略戦争を支持し、それに加担してきた」点を指摘した。[*2] 一カ月後の二月二六日、ベ平連は改めて声明を発表した。[*3] 一月とは異なり、この声明には個々の団体名は記されておらず、べ平連の声明という形式をとっていた。声明の骨子は一月二八日の声明と変わらない。変わったのは文体である。一月の声明が「である調」だったのに対し、二月の声明は「ですます調」になっていた。この二つの声明の発表にどのような意図が働いていたのか、立証する材料はない。「ふつうの市民」を対象とした「ふつうの市民」による運動を展開してきたべ平連として、「ふつうの市民」に訴えかける声明が必要だったのかもしれない。

「ベトナム二週間」と「ベトナムに平和を！市民会議」

声明にもあるように、べ平連は和平協定締結によりベトナム戦争が完全に終わったとは見ていなかった。べ平連の運動は、和平協定締結を区切りとしてやめるべきなのか、和平協定締結にもかかわらず、さらに引き続き行っていくべきなのか。これが、べ平連の関係者が直面した問題だった。

東京のべ平連は、四月二二日からの二週間、「ベトナム二週間」というキャンペーンを行うこととし、東京では南ベトナム大使館や経団連に対するデモが行われた。このキャンペーンについて小田実は、「あなたの町で、職場で、学校で、この二週間のあいだ、行動をおこす。合衆国の策動、それと結びつこうとする日本の策動は、今や、現実の問題です。その現実の問題としての策動に、あなた自身が自分の行動によってぶちこわすことから、これからのたたかいは始まります[*4]」と、全国各地での行動を呼びかけた。

この「ベトナム二週間」の最終盤の五月三日と四日に開催されたのが「ベトナムに平和を！市民会

議」だった。この会議には三〇〇人以上が集まり、討議の記録は雑誌『潮』に掲載された。司会を担当したのは、鶴見良行（神楽坂べ平連）、小沢遼子（埼玉べ平連）、黒田光太郎（福岡べ平連）の三人だった。会議の冒頭鶴見は、会議の論点を三つ提示した。第一はべ平連運動の解散の問題、第二は、ベトナムを含むアジアとのかかわり方の問題、そして第三は、「自立した人間たちによる自立した運動」の相互の連携や協力の問題だった。[5] 鶴見により示された論点から分かるように、少なくないべ平連関係者がべ平連の解散を考え始めていた。しかし、それは単なる解散ではなく、それまでの運動を踏まえ、解散以後の次のステップにどのようにつなげていくのか、ということが意識されていた。小田実が行った主催者報告「それは一つの始まりである」にも、この考えは明確に表れていた。小田は次のように述べている。

「これは『始めで終わりだ』とも考えられるし、『終わりで始めだ』とも考えられる。一つのものは終わるんだけれども、同時に新しいものが始まるんだという一つの切れ目、切れ目にきているんだということは、私たち一人ひとりが考えていることだろうと思います[6]」。

小田はこの会議のなかで、「成長・連合」という考え方を打ち出した。すなわち、それは、個人を出発点とした個々の運動がそれぞれに成長しながら、ほかの成長する運動と結びついていくものとイメージされている。べ平連のような反戦運動が、公害反対運動のような住民運動であるとか、消費者運動であるとか、様々な運動と結びつき協力し合うというイメージである。そして、アジアの問題もまた、「成長・連合」という文脈で取り上げていきたいとし、アジア人の集会を実現させたいと小田は述べている。

しかし、和平協定調印により、ベトナム反戦運動に対する熱気は失われていった。たとえば、編集部欄に「ベトナム停戦協定が調印された一月末以来、各地からの通信、たより、投書がめっきり少なくなっています[*7]」と記されたのは四月一日発行の『べ平連ニュース』だった。さらに翌月号の『べ平連ニュース』に掲載された座談会のなかで吉岡忍は「投書がへったなぁ。今月号はついに投書欄をやめなければなんなくなってしまった[*8]」と述べている。すでに四月三〇日には、京都べ平連が解散集会を行っていた。

京都べ平連の解散

七〇年安保を過ぎて自然消滅した地域べ平連も少なくなかったが、最も早く自覚的に解散を選択したのが京都べ平連だった。すでに七二年一一月二三日に「京都べ平連をどうするか、というテーマで、ベトナム戦争がどの時点で終ったと判断し、たとえば、定例デモをどうするのか、という話し合いがもたれ」た。そこには四〇人程の参加者があり熱心な討議が行われたという[*9]。

そして、ベトナム和平協定の調印からまもない、七三年二月の『ベトナム通信』紙上に「京都べ平連は、二、三ヶ月後に、一応解散ということになりそう」、「いままでの運動の総括といった意味を含めた特集を、3号つづけて出す[*10]」という記事が掲載された。このような早い段階での解散の決定は、飯沼二郎の考えが大きく影響した。すでに述べたように、飯沼からすれば、べ平連から発した様々な集団がそれぞれの課題に対応した運動を展開し始めており、べ平連は情報交換の場以上の意味をもたなくなっていた。飯沼自身もこの頃にはすでに『朝鮮人』を自ら発行し、朝鮮問題へエネルギーを注ぐようになっていたのである。

四月三〇日の解散集会は、京大楽友会館で「これからもやるぞ！解散集会」と銘打って行われた。集会には約二〇〇〇人が参加した。

解散の決定と最後のキャラバン

東京のべ平連の解散がはっきり示されたのは、八月一八日、一九日に京都で行われた反戦市民運動全国懇談会においてであった。『べ平連ニュース』は、「神楽坂べ平連の十二月解散とともに、私たちが作りだそうとしている新しい運動の方向と課題が討議され、次の展望を切り拓くきわめて具体的な提案がなされた[*11]」と伝えている。べ平連の解散はこの時点では年末と予定されていた。

最後の定例デモは一〇月六日に行われた。定例デモとしては九七回目のデモだった。定例デモ以前の三回のデモをあわせれば一〇〇回目のデモということになる。坂本町公園を出発したこの日のデモの参加者は約四〇〇人だった[*12]。

解散が近づきつつあるなか、一一月にはべ平連としての最後のキャラバンが行われた。今回のキャラバンのアイデアは、京都での反戦市民運動全国懇談会での中川六平によるものだった。中川が岩国でほびっとを始めて一年以上が経過していた。彼は「小さなグループを作って北から南まで歩こう！」と提案し、それに向けての全国キャラバン事務局がつくられた。各キャラバンの目的は全国各地のべ平連や住民運動と接触しその実情を知ること、そのため「できるだけ、べ平連という枠を取っぱらい、数多くの人と会い、数多くのグループと話をする、その中から普遍的な問題を探っていく[*13]」ことにあった。あわせて、このキャラバンにあわせて岩国で「若者会議」を開くことも計画された。

　このキャラバンは、それまでべ平連が行ってきたキャラバンと大きく異なっていた。違いの一つは、キャラバンの主体が、中川、室謙二や吉岡忍ら、若手メンバーだったことである。それ以上に重要な違いは、キャラバン隊が行く地方毎に集会や講演会、デモを行うというそれまでの方式ではなく、べ平連の若手メンバーが、その地域で活動している人物と会い、情報交換や意見交換をするというものだった。たとえば、九州に向かったキャラバン隊は、福岡の十の日デモに参加した後、前田俊彦邸に向かい宿泊し、翌日は豊前火力発電所反対運動を行っていた中津市在住の作家・松下竜一のところに行き、反対運動の学習会に参加している。また、山陰地方に向かったメンバーは、米子べ平連の是枝慶治を訪問、是枝の案内で「松江の中海の埋立地を視察」している。この他、キャラバン隊のメンバーは、伝習館闘争の舞台となった柳川の柳下村塾や淡路島空港反対期成同盟を訪問するなど、べ平連以外の社会運動団体との接触を行ったり、社会運動の現場を見てまわったりした[*14]。以上のように「大物講演会的でない小者交流会的全国キャラバン[*15]」が行われたのだった。

　このキャラバンで得た情報を持ち寄るかたちで岩国での話し合いが行われた。場所は、ほびっとの「裏にある十二畳程の座敷」だった。二四日の夜から翌日の午前中まで話は続けられたようだが、「この2日間で、これといった結論も方針も出た訳ではない」[*16]という。そもそもこのキャラバンの企画自体、べ平連の解散以後の運動を念頭において行われたものであり、何か結論や方針が出るようなものではなかった。

解散集会

東京のべ平連の解散集会は、七四年一月二六日午後六時から、東京の共立講堂で行われた。この日はベトナム和平協定調印一周年の前日に当たっていた。一月二〇日付の案内文には、当日の講師として、小田実、小中陽太郎、鶴見俊輔、武藤一羊の四人の名前があり、「現在、世界旅行中の小田実も、前日二五日までに帰国し、世界、とくにラテンアメリカ、アジア、アフリカの中から見た日本と、今後の私たちの方向を話す予定」[*17]と記されていた。集会のタイトルは「危機の中での出直し――べ平連以後を論ずる」。会場には約一〇〇〇人がつめかけた。

会場には小田の姿はなかった。集会は、吉川による「べ平連解散と小田氏からの手紙」という報告から始まった。吉川によれば「小田実氏がいない間になくなっちゃうというのも、何となく、始めた人に悪いではないかというような気があって、何とか彼の帰りを待ちたい」[*18]という理由から、解散のスケジュールが立てられたという。しかし、解散集会の日、小田はまだ海外にいた。前年の九月初めに日本を発った小田から吉川に送られた手紙はわずか三通[※]。吉川は、小田からの手紙のうち二通を会場で紹介した。

紹介されたのは、一月一日付のナイロビからの手紙と集会がある週の月曜日に吉川に届いたタンザニアからの手紙で、いずれもアフリカからの手紙だった。手紙のなかで小田は、最初に渡ったラテンアメリカ、そして手紙を綴っているアフリカでの見聞を交え、彼が感じたことを書いている。小田にとってアフリカは衝撃だったようで「アフリカは悲しい。アジアは貧しくとも、それなりにしっかりしている感じだが、アフリカはそうではない」[*19]と記している。いずれにせよ、ラテンアメリカとアフリカの厳しい現実を目にした小田は、べ平連の運動とはいったい何だったのかを改めて考えた。そして小田は「べ平連はやはり、いいにつけ悪しきにつけ、繁栄の中から生まれて来た運動であり、繁栄に対応しようとする運動であったということだ」[*20]という結論に達する。

　吉川の報告のあと演壇に立ったのは鶴見俊輔だった。鶴見は話のなかで、彼が好きな歌「メダカの学校」を引き合いに出す。「絶対的な音痴」を自認する鶴見は演壇で歌いはしなかったが、この歌の「だれが生徒か先生か」というフレーズに惹かれるのだという。そしてべ平連の運動は、自由な運動として、この「メダカの学校」のような「生き生きとした学校であった」のだと言う。一方鶴見は、当初は「定型を打破するという形で出てきた」べ平連の運動が「相当に定型化してきた、七五調が出てきたという感じがする」と述べ、これを「もう一度打破」する必要があり、べ平連の解散はそのひとつのキッカケなのだと言う。[*21]

※小田からの吉川宛の手紙の中には、集会の日程を気にしながらも貧乏旅行を続ける小田らしい姿が記されてい

4月11日(木)市民ゼネスト世直し集会6時 日比谷野外音楽堂に集まろう!

べ平連ニュース

The BEHEIREN News

終刊号

チョボチョボ9年間ののち

これから私は、そしてあなたは……

衆生が衆知をあつめ
衆力となった

小田実

写真25 『べ平連ニュース』最終号
最後の『べ平連ニュース』は1974年3月に発行。通算101号だった。各地の地域べ平連でも、それぞれに趣向を凝らしたニュースが発行されていた。

る。ケニアからの手紙では、「二〇日から二二日の間に日本に着く。あるいはそれより早くなるだろう。金も底をついた。ろくに飯を食っていないのでやせている」とあり、タンザニアからの手紙では、「二三日には帰りつく、帰ったらすぐあって討論したい」と記したあと、最後は次の文章で締めくくられていた。

「暑くて暑くて正月もヘチマもない。アフリカは物が高い。メシもまずい。シンドイ。やせてしまった。金がなくなった。タクシーに乗れない。歩きに歩いている。やせた。小田実」[*22]。

この解散集会の内容も掲載した『べ平連ニュース』終刊号が発行されたのは、七四年三月一日だった。通算一〇一号目の『べ平連ニュース』だった。第一面から第二面にかけては「チョボチョボ9年間ののち」というタイトルの小田の文章が掲載された。べ平連の運動を振り返って小田は、「『べ平連』は『衆知』をあつめた運動だった」とし、それは「ひとにぎりのチエ者が考えて、あとは無知なる衆生をひきずって行ったという運動ではない」、「それぞれナケナシの知恵を出し合い、それでなんとかやって来た」のだと述べている。小田はまた「古今東西、人間チョボチョボである、チョボチョボがチョボチョボの力を出しあい、それでやって来た」[*23]と「ふつうの市民」によるべ平連の運動を表現した。ここには、鶴見が「メダカの学校」に仮託して述べた考え方と相通じるものがあるだろう。

『べ平連ニュース』終刊号の編集後記は、編集を支えた若手のメンバーがそれぞれ短文で自らの思いを記している。その後にさりげなく記された一文は、運動に関わる全ての人びとに対してべ平連運動が持っていた眼差しを象徴する文だった。

「ニュース最終号。シロウトの編集と製作を長いあいだ親切に助けてくれた印刷所の渡辺さん、松本さん、重留さん、山下さん、ほんとうにありがとう」[*24]。

再び、青空の下で

東京のべ平連の解散から二年が過ぎた一九七六年一月一八日、岩国の反戦喫茶ほびっとはこの日をもって店をたたむことになっていた。中川六平に代わって中川と同様に京都べ平連のメンバーだった冨田裕明がほびっとのきりもりをしていた。この日、中川は東京にいたが、彼の著書のなかで『ほびっと友の会通信』の次の一文を紹介している。

「七六年一月一八日　日曜日。コーヒーハウス『ほびっと』最後の日。駅前より基地までデモ。基地のゲート前で、みんなで記念写真をうつした。金網の向こうに、突きぬけるような青空があった」[*25]。

ほびっと閉店からさらに二〇年近くの歳月が流れた一九九四年一〇月、中川は、久々に岩国に足を運んだ。周りの家々はまだかなり残っていたが「一カ所だけがポッと空き地になっている」。そこがかつてほびっとがあった場所だった。「秋の日の天気はよく、見上げると青空がどこまでも広がっている」[*26]と、そこにもまた青空が広がっていた。

一九六四年一〇月のあの青空から三〇年の歳月が流れていた。さらに遡れば、小田たち「満州事変の頃」の世代の脳裏に焼き付いていた一九四五年八月一五日の青空からは五〇年が経とうとしていた。米ソ冷戦の時代が終わり、九三年には、日本でも自民党が結党以来初めて下野した。そして、九五年夏には、アジアに対する日本の戦争責任を内容とする村山談話が発表された。

べ平連の時代

「ベトナムに平和を！」をスローガンとしたべ平連の運動は、ベトナム戦争のなかで理不尽なかたちで多くの人びとが命を奪われている、そのような状況を何とか克服したいという思いが凝集された運動としてスタートした。そこには、当時まだ濃厚に残っていたそれぞれの戦争体験が人びとの行動のバネとして働いていた。六〇年代後半の時期は、戦争経験世代が社会の中心的な役割を担っていたが、戦後世代が本格的に社会に進出し始めた時期でもあった。べ平連の運動に即して言えば、小田実ら「満州事変の頃」の世代が大きな役割を果たし、彼らよりも上の世代がバックアップし、運動の途中から多くの若者が参入し、べ平連の運動は拡大していった。それは、急速に希薄化してゆく戦争体験、戦後体験を、戦争を知らない次の世代にバトンタッチしていく運動でもあった。

しかし、時代は急激に変化していった。べ平連の時代は高度成長の時代の真っただ中だった。べ平連が発足した六五年は五七カ月にも及ぶ「いざなぎ景気」が始まった年だった。人びとの消費生活は大きく変わり、各家庭にはテレビ、冷蔵庫、洗濯機がほぼ標準装備化され、当時3Cと言われたカラーテレビ、自家用車、クーラーも普及し始めていた。べ平連のデモに参加する若者のいでたちも、学生服からGパンへと、わずか三年ほどで大きく変わった。こうした消費社会化の進展はそれを支える社会構造の変化を伴っていた。たとえば、自家用車の保有台数は一九六〇年の四四万台から七〇年の六七八万台へと急増するが、それは巨額の道路投資による公共事業を伴っていた。[*27] こうした変化と並行して大学の大衆化も進み、大学生はかつてのエリートではなくなりつつあった。経済的な貧しさからの脱却ではなく、社会的地位の見通しを喪失したことからくる「現代的不幸」に若者たちの反乱の原因があると指摘したのは小熊英二だった。[*28] べ平連の運動にも、とくに六七年から六八年にかけて、こうした若者たちも数多く加わってくるようになり、反戦と変革に関する国際会議に見られたように、世代間の対立となって現れることもあった。

もちろん、べ平連の運動を担ったのは若者たちばかりではなかった。また、べ平連の運動を世代だけで考えることは出来ない。武藤一羊が「鶴見さんと小田さんではうんと違う、ぼくと吉川君のあいだでも相当な開きがある」[*29] と述べているように、同じ「満州事変の頃」の世代を含む年長者の世代のなかでも、考え方や気質はそれぞれかなり違っていた。そして同じ若者層の間でも相当な違いがあったであろう。

　こうしたべ平連の運動がもっていた緩やかな多様性は、地域べ平連のあり方においても同様だった。東京のべ平連と東京以外のべ平連という違いばかりでなく、たとえば、同じ関西地区でも京都と大阪と神戸では運動の担い手やスタイルの点でも違いがあり、さらに小さな地方都市の地域べ平連や一人べ平連など、それぞれの地域の歴史性や社会的条件に規定された多様な地域べ平連が存在した。こうした多様性をもつ運動体が、ある一時期にあちこちに誕生したのは、テレビの普及による情報社会化の進展や「民族大移動」と呼ばれた人びとの移動により、様々な情報が全国津々浦々に行き渡るようになったということと無関係ではなかっただろう。

　しかし、六〇年代の後半の変化は、東京オリンピックと大阪万博の対比からも明らかなように、戦争の記憶が希薄化するなか、大量消費社会へと人びとを誘っていった。そうした流れに対抗する試みとしてフォークゲリラやハンパクが当時の若者を中心として行われたが、大阪万博の「人間の渦巻」は圧倒的であった。そのなかで大きな物語としての「政治」は後景に退く。時代の陰画と言うかたちでそのことを示したのが三島事件であった。三島事件を受けて大衆に呼びかける言葉の貧しさを指摘した小田は、急激に変化する日本社会と自分自身の間の距離感を感じていたとも言える。東京のべ平連の解散は七四年一月であるが、本書で明らかにしたように、すでに七〇年から七一年にかけて解散やむなしという認識が運動の担い手たちには広がりつつあった。それは、七〇年代以降の日本の社会運動の困難さを予示していたとも言えるだろう。

プラグマティズムの運動

ベトナム反戦運動を担ったのはべ平連だけではない。社共両党や総評が中心になった一〇月二一日の国際反戦デーは、アメリカのベトナム反戦運動を大いに勇気づけたと言われる。[*30] いずれにせよ、六〇年代後半、日本では様々なベトナム反戦運動が行われ、べ平連もその一翼を担ったのである。[*31]

　そのような様々なベトナム反戦運動のなかにあってべ平連の運動は、運動のスタイルや表現方法のレベルで、日本の社会運動に新風を吹き込んだ。そこには自由な発想があり、「ふつうの市民」としてそれぞれの主体性を尊重しあう対等平等の発想があった。鶴見俊輔が述べるように、定型化された運動ではなく、散文型の運動だったのであり、小田が言う「人間みなチョボチョボ」同士の運動だった。

　べ平連の運動を鶴見俊輔は「メダカの学校」という歌に例えた。ある時には誰かが先生で、しかし状況が変われば、生徒だった人間が先生になる。状況によって人びとの役割が入れ替わりながらも、それぞれが学びあい、そのことを通して運動が成長していく。これはプラグマティズムの考え方を実践したものだったとも言える。油井大三郎は、アメリカのベトナム反戦運動が一定の成果をあげた理由の一つにアメリカのプラグマティズムの精神風土の影響をあげている。[*32] 日本にアメリカと同様のプラグマティズムの精神風土があるわけではないが、周知のように鶴見俊輔は、アメリカのプラグマテイズムを深く学んだ人物でもあった。もちろん、鶴見がベ平連の運動を設計したわけではない。ベ平連の運動に集まった様々な人びとの知恵や行動の積み重ねのプロセスが、結果としてみれば、日本におけるプラグマティズムの実践例となったと言えるのではないのだろうか。

ベ平連の運動には、多くの状況判断のミスや失敗もあった。脱走兵支援ひとつとっても、実際に脱走兵が出現して慌てて対応が練られたのであり、その逆ではなかった。スパイに入り込まれ、脱走兵支援に失敗したこともあった。七〇年安保に対する小田の見通しは、現実とのギャップがかなりあったと言わざるを得ない。しかし、こうした失敗の責任を他者に転嫁するのではなく、運動のなかでの実践を通して解決策を見出していく、そうした行為が繰り返し行われたのがベ平連の運動だった。

こうした実践を通して運動を作り上げていくというスタイルを通して、ベ平連の関係者たちが発見したのは、アジアの問題だった。ベ平連の運動がスタートした頃、『ベトナム戦記』を執筆した開高を除けば、実際のベトナムを知る者は皆無に等しかったように、ベ平連の関係者にとってアジアは未知の部分が多い世界だった。このことは、大村収容所問題が韓国人脱走兵・金東希の存在を通じてようやく知られるようになったことからも明らかであろう。運動のなかで次第に比重を大きくしたアジアへの関心の高まりは、七〇年代以降、鶴見良行の東南アジア研究や小田実の日韓連帯運動を生み出していくことになった。

身ぶりとしての政治

このような性格を有するべ平連の運動だが、「代表」として活動した小田が、最後までこだわった問題があった。ベトナム反戦という自分たちの主張、考えを、ふつうに暮らすふつうの人びととの間にどのように訴え、どのように広げていけるのか、という問題である。三島事件に対する反応からも分かるように、小田は、人びとに広く呼びかける言葉を日本語はいまだ獲得していないと考えており、そうした言葉が必要であるとも考えていた。小田に限らず、べ平連の運動は、人びとにどう訴えかけ共感を広げていくかという課題について、行動を通して模索した運動でもあったのではないのだろうか。そして、そのなかで最も重視されたのが、自らの身体を使い道行く人びとに直接訴えかけるデモという方法だった。

身ぶりというのは、単なる身のこなしという意味だけではなく、人びとが他者とコミュニケートをとろうとする際の、発話から表情、そして身のこなしや振る舞いまでを含む幅広い意味をもつ。したがって、デモのなかで歩きながら、ビラや花を配りながら、人びとに共感が広がる身ぶりが模索されていった。もちろん、デモだけではない。フォークソングであったり詩であったり、あるいは様々なミニコミの発行も、身ぶりの模索の延長線上にあったといえるだろう。それらは身ぶりを通したもう一つの政治空間を生み出す試みだった。

私たちは今、インターネットの登場と拡大で、べ平連の時代とは比較にならないほど便利なコミュニケーションのツールをもっている。ところが一方で、フェイクニュースが氾濫し、ネット空間での誹謗中傷がエスカレートするなど、歪んだコミュニケーション空間が生み出されてもいる。べ平連が模索したのは、身ぶりを通して人びとに訴え理解や共感を広げていく試みでもあった。こうした試みは、今もなお、いや、今だからこそ、きわめて重要なものとして振り返ってみる必要があるのではないのだろうか。

注記

プロローグ

＊1　堀口大學「燃えろ東京精神」、講談社編『東京オリンピック―文学者の見た世紀の祭典―』講談社学芸文庫、二〇一四年、一七頁。

＊2　井上靖「開幕」、同右、一九頁。

＊3　石坂洋次郎「開会の成典を見て」、同右、二三頁。

＊4　石川達三「開会式に思う」、同右、二六頁。

＊5　亀井勝一郎「人類の花園」、同右、五六頁。

＊6　三島由紀夫「東洋と西洋を結ぶ日」、同右、三〇頁。

＊7　杉本苑子「あすへの祈念」、同右、三七頁。

＊8　阿川弘之「男子選手村の風景」、同右、二五六頁。

＊9　町村敬志「オリンピックで見上げた空はなぜ青かったのか―メガイベントの隠れた効用とその両義性―」石坂友司・松林秀樹編著『一九六四年東京オリンピックは何を生んだのか』青弓社、二〇一八年、一五七頁。

＊10　同右、一六三頁。

＊11　五十嵐惠邦『敗戦の記憶―身体・文化・物語　1945－1970―』中央公論新社、二〇〇七年、二四二頁。

＊12　大江健三郎「七万三千人の《子供の時間》」、前掲、講談社編『東京オリンピック』、五三～五四頁。

＊13　五十嵐、前掲書、二五八頁。

＊14　同右、二五九頁。

＊15　安岡章太郎『僕の昭和史』講談社文芸文庫、二〇一八年、六四九頁。

*16 小田実「晴れていた」、前掲、講談社編『東京オリンピック』、四二〜四三頁。

*17 小田実『原点からの旅―気楽で重い日本―』徳間書店、一九六九年、二五一頁。

*18 小田実「〝世紀の祭典〟五輪の現実」、前掲、講談社編『東京オリンピック』、三七六〜三七七頁。

*19 同右、三七七〜三七八頁。

*20 三島由紀夫「完全性への夢」、同右、一三九〜一四〇頁。

*21 小田切秀雄編『共同討議　対決の思想』勁草書房、一九六八年、一三六〜一三七頁。

*22 保阪正康『三島由紀夫と楯の会事件』ちくま文庫、二〇一八年。

*23 開高健「超世の慶事でござる―わが双眼鏡に映った開会式―」、石井正己編『1964年の東京オリンピック―「世紀の祭典」はいかに書かれ、語られたか―』河出書房新社、二〇一四年、二八頁。

*24 小玉武『開高健―生きた、書いた、ぶつかった！―』筑摩書房、二〇一七年、二一九〜二二〇頁。

*25 前掲、開高「超世の慶事でござる―わが双眼鏡に映った開会式―」、三九頁。

*26 小玉、前掲書、二二五頁。

*27 秋元啓一「『ヴェトナム戦記』のこと」『開高健全作品　エッセイ2　付録』一九七四年、二頁。

*28 小玉、前掲書、二二七頁。

*29 開高健「あとがき」、開高健『ベトナム戦記』朝日文庫、一九九〇年、二九一頁。

*30 小松左京『やぶれかぶれ青春期・大阪万博奮闘記』新潮文庫、二〇一八年、二三七頁。

*31 同右、二三五〜二三六頁。

*32 堺屋太一『地上最大の行事―万国博覧会―』光文社新書、二〇一八年、五五頁。

*33 同右、九二頁。

*34 同右、九二〜九三頁。

*35 吉見俊哉『万博と戦後日本』講談社学術文庫、二〇一一年、六一頁。

＊36　吉見俊哉『万博幻想—戦後政治の呪縛—』ちくま新書、二〇〇五年、七一～七二頁。
＊37　堺屋、前掲書、一一〇頁。
＊38　前掲、吉見『万博と戦後日本』、五八頁。
＊39　幸田真音『この日のために—池田勇人・東京五輪への軌跡—』下、角川書店、二〇一六年、二五五頁。
＊40　佐藤栄作『佐藤栄作日記』第二巻、朝日新聞社、一九九八年、一八六頁。

第一章

＊1　小中陽太郎『市民たちの青春、小田実と歩いた世界—ベトナム戦争を止めようとした男—』講談社、二〇〇八年、六七頁。
＊2　小林トミ「若者は走る、オチボはゆっくりと歩く」、小田実編『べ平連—巨大な反戦の渦を！—』三一書房、一九六九年、一八一頁。
＊3　パンフレット「ベトナムに平和を！」、ベトナムに平和を！市民連合編『資料・「べ平連」運動』上巻、河出書房新社、一九七四年、六頁。
＊4　小林トミ著・岩垂弘編『「声なき声」をきけ—反戦市民運動の原点—』同時代社、二〇〇三年、一八四頁。
＊5　S. A. Avenell, *Making Japanese Citizens : Civil Society and the Mythodology of the Shimin in Postwar Japan*, University of California Press, 2010, p. 242.
＊6　青地晨・吉川勇一・同人「表現の自由は、いま」、『人間として』第一〇号、一九七二年六月、二八～二九頁。
＊7　いいだもも「市民民主主義運動の論理と心理」、前掲『資料・「べ平連」運動』上巻、二五頁。
＊8　同右、二六頁。
＊9　同右、同頁。
＊10　黒川伊織「いやがらせの思想—『ベトナムに平和を！』神戸行動委員会の経験—」、『大原社会問題研究所雑誌』

第六九七号、二〇一六年一一月、二二二頁。
*11 五木寛之『箱舟の去ったあと―五木寛之討論集―』講談社、一九七三年、五四頁。
*12 同右、五五頁。
*13 栗原幸夫『革命幻談・つい昨日の話』社会評論社、一九九〇年、一五八頁。
*14 伊津信之助・小田実・久能昭・小中陽太郎・鶴見俊輔・鶴見良行・福富節男・山口文憲・武藤一羊・吉岡忍・吉川勇一（司会・古山洋三）「討論・われわれにとっての〝ベトナム〟とは」、前掲、小田編『べ平連』、八三頁。
*15 武藤一羊「原点としての朝鮮戦争」、池田浩・天野恵一編『検証〔昭和の思想〕Ⅴ―思想としての運動体験―』社会評論社、一九九四年、三一頁。
*16 小田実『「べ平連」・回顧録でない回顧』第三書館、一九九五年、二六頁。
*17 「『満州事変からインドシナ戦争まで』集会より―インタビュー　武藤一羊さんに聞く―」、『べ平連ニュース』第六〇号、一九七〇年九月、一頁（べ平連・〈ベトナムに平和を！〉市民連合発行『べ平連ニュース縮刷版』（以下『縮刷版』と略記）一九七四年、三五三頁）。
*18 「あなたへの訴えかけ―集会『満州事変からインドシナ戦争まで』について―」、『べ平連ニュース』第六〇号、一九七〇年九月、一頁（『縮刷版』、三五三頁）。
*19 小田実『明後日の手記』河出書房、一九五一年、二一五頁。
*20 赤澤史朗「『戦争体験』と平和運動―第二次わだつみ会試論―」、『年報・日本現代史』第八号、二〇〇二年、二四～二六頁。
*21 小松左京『小松左京自伝―実存を求めて―』日本経済新聞出版社、二〇〇八年、二二二頁。
*22 同右、同頁。
*23 同右、二六頁。
*24 同右、同頁。

＊25 「『ベトナムに平和を！』そして『歴史の一瞬』への呼びかけ」、前掲『資料・「ベ平連」運動』上巻、一七頁。

＊26 「『ワシントン・ポスト』紙へ再び反戦広告を!!」、同右、七一頁。

＊27 小松左京「〝平和的人類〟の願い―『日米市民会議』に参加して―」、同右、一三五～一三六頁。

＊28 鶴見俊輔・開高健・小田実編『平和を呼ぶ声―ベトナム反戦・日本人の願い―』番町書房、一九六七年、九八頁。

＊29 「ワシントン・ポスト紙全面広告文の翻訳」、前掲『資料・「ベ平連」運動』上巻、二一〇～二一一頁。

＊30 室謙二『天皇とマッカーサーのどちらが偉い？―日本が自由であったころの回想―』岩波書店、二〇一一年、一六三頁。

＊31 坂本一亀「『何でも見てやろう』のこと」、『月報8　小田実全仕事6』、一九七一年、五頁。

＊32 粕谷一希『戦後思潮―知識人たちの肖像―』藤原書店、二〇〇八年、三三四頁。

＊33 斎藤美奈子『日本の同時代小説』岩波新書、二〇一八年、三九頁。

＊34 小田実「へんな中学生」、小田実『日本を考える』河出書房新社、一九六三年、二〇九頁。

＊35 小田実「戦争は終わった」、前掲、小田『日本を考える』、二一五～二一六頁。

＊36 小熊英二『〈民主〉と〈愛国〉―戦後日本のナショナリズムと公共性―』新曜社、二〇〇二年、七五七頁。

＊37 小田実『何でも見てやろう』河出書房新社、一九六一年、九五～九六頁。

＊38 同右、三四九～三五〇頁。

＊39 小田実『「難死」の思想』岩波現代文庫、二〇〇八年、一頁。

＊40 同右、同頁。

＊41 岳真也『反骨人間探訪―乱暴な幕開け―』ブロンズ社、一九七二年、八一頁。

＊42 小田実「『あたりまえ』意識のなかの憲法」、前掲、小田『日本を考える』、九二頁。

＊43 室謙二、前掲書、三九頁。

＊44 前掲、小田『「難死」の思想』、二～三頁。

*45　同右、四頁。
*46　同右、一九〜二〇頁。
*47　吉見義明『焼跡からのデモクラシー――草の根の占領期体験――』上、岩波書店、二〇一四年、七一頁。
*48　同右、二〇九頁。
*49　同右、七一頁。

第二章

*1　飯沼二郎・小田実・北沢恒彦・鈴木正穂・鶴見俊輔「京都ベ平連をめぐって」、『復刻版　ベトナム通信』（以下『復刻版通信』と略記）不二出版、一九九〇年、一頁。
*2　前掲、小田『「ベ平連」・回顧録でない回顧』、二一頁。
*3　小熊英二『1968〈下〉――叛乱の終焉とその遺産――』新曜社、二〇〇九年、三〇八頁。
*4　竹内洋『革新幻想の戦後史』中央公論新社、二〇〇一年、三五五頁。
*5　同右、三五五頁。
*6　同右、三五六頁。
*7　佐野洋『てっぺん野郎――本人も知らなかった石原慎太郎――』講談社、二〇〇三年、三二三頁。
*8　上之郷利昭「ベ平連に何が起っているか」、『諸君！』第五巻第四号、一九七三年四月、八五頁。
*9　久野収（聞き手　高畠通敏）『久野収　市民として哲学者として』毎日新聞社、一九九五年、二六三頁。
*10　吉川勇一（聞き手：天野恵一・水島たかし）「インタビュー　ベ平連の経験と共同行動の論理――開高健問題から反改憲運動まで――」、『季刊　運動〈経験〉』第二三号、二〇〇七年一二月、四九頁。
*11　吉川勇一『市民運動の宿題――ベトナム反戦から未来へ――』思想の科学社、一九九一年、九九〜一〇〇頁。
*12　前掲、小田『「ベ平連」・回顧録でない回顧』、三三頁。

*13 国立歴史民俗博物館編『企画展示「１９６８年」―無数の問いの噴出の時代―』二〇一七年、一九頁。
*14 油井大三郎『ベトナム戦争に抗した人々』山川出版社、二〇一七年、二〇頁。
*15 小田実「正攻法の魅力」、『中井正一全集』第二巻〈転換期の美学的課題〉付録『中井正一 2』美術出版社、一九六五年、九頁。
*16 前掲、小熊『１９６８〈下〉』、三〇八頁。
*17 同右、八九九頁。
*18 米谷ふみ子「世界的英雄、近所の洟垂れ小僧」、藤原書店編集部編『われわれの小田実』藤原書店、二〇一三年、六八頁。
*19 小田実・古井由吉・井上ひさし・小森陽一「戦後の日米関係と日本文学―朝鮮戦争から九・一一まで―」、井上ひさし・小森陽一編著『座談会 昭和文学史 六』集英社、二〇〇四年、二八〇頁。
*20 鶴見俊輔・上野千鶴子・小熊英二『戦争が遺したもの―鶴見俊輔に戦後世代が聞く―』新曜社、二〇〇四年、三六頁。
*21 『朝日新聞』一九六三年五月二五日。
*22 『朝日新聞』（夕刊）一九六五年二月二二日。
*23 『朝日新聞』（夕刊）一九六四年一二月二六日。
*24 桑原武夫「序」『明後日の手記』一九五一年。
*25 安岡章太郎「解説 孫悟空の孤独」『小田実全仕事 6』河出書房新社、一九七一年、四二〇頁。
*26 前掲、鶴見・上野・小熊『戦争が遺したもの』、二二六頁。
*27 黒川創『日高六郎・95歳のポルトレ―対話をとおして―』新宿書房、二〇一二年、九一頁。
*28 小田実「甘美な逃げ口上」、『中国』第六号（小田実『壁を破る―世界のなかの体験と思想―』中央公論社、一九六四年、に収録）。

＊29 小田実『日本の知識人』筑摩書房、一九六四年。
＊30 鶴見俊輔『同時代—鶴見俊輔対話集—』合同出版、一九七一年、一八一頁。
＊31 同右、一八三頁。
＊32 同右、一九〇頁。
＊33 前掲、竹内『革新幻想の戦後史』、三六六頁。
＊34 同右、三六七頁。
＊35 同右、三六八頁。
＊36 田邉園子『伝説の編集者　坂本一亀とその時代』作品社、二〇〇三年、八六頁。
＊37 同右、一〇頁。
＊38 真継伸彦「解説　小田実の啓示」『小田実全仕事　1』河出書房新社、一九七〇年、四一一頁。
＊39 同右、四一三頁。
＊40 前掲、小熊『〈民主〉と〈愛国〉』、七五三頁。
＊41 開高健「本質的な先生小田実」、開高健『饒舌の思想』ちくま文庫、二〇〇九年、五六九頁。（初出は『文藝春秋』一九六五年七月号）。
＊42 小田実『戦後を拓く思想』講談社、一九六五年、一九一頁。
＊43 同右、一二二頁。
＊44 同右、一二五頁。
＊45 オグルスビー・北小路敏・小田実「座談会　青年と政治」、『文藝』第四巻第一一号、一九六五年一〇月、二九八〜二九九頁。
＊46 鶴見良行「ちいさな小田実」、『小田実全仕事10　月報9』河出書房新社、一九七一年、七頁。

第三章

＊1　高畠通敏「べ平連の中の『私』」、『思想の科学　会報』第四七号、一九六五年七月、一頁（思想の科学研究会編『思想の科学　会報』（以下『復刻版会報』と略記）第三巻、一九八五年、三〇九頁）。

＊2　高畠通敏・鶴見俊輔・成谷茂・服部旦・小林トミ・斉藤夏穂・横山貞子「声なき声・1965（座談会）」、『声なき声のたより』第三三号、一九六五年一月一五日、八頁（『復刻版　声なき声のたより』（以下『復刻版たより』と略記）第一巻、思想の科学社、一九九六年、二六六頁）。

＊3　前掲、小田『「べ平連」・回顧録でない回顧』、一四六頁。

＊4　小田実「世界へひらく運動を――〝ベトナムに平和を〟日米共同行動の訴え――」、前掲『資料・「べ平連」運動』上巻、一四頁。

＊5　福富節男『デモと自由と好奇心と』第三書館、一九九一年、六四頁。

＊6　前掲、小林「若者は走る、オチボはゆっくりと歩く」、前掲、小田実編『べ平連』、一八一～一八二頁。

＊7　久野収「『原点』への反省――一粒の麦もし死なずば――」、『潮』一九七三年七月号、二六五頁。

＊8　針生一郎「市民運動の新たな地平」、『潮』一九七三年七月号、三四七頁。

＊9　前掲、高畠「べ平連の中の『私』」、『思想の科学　会報』第四七号、一〇頁（『復刻版会報』第三巻、三一八頁）。

＊10　国民文化会議資料（ファイル 8-9/317）（大原社会問題研究所蔵）。

＊11　後藤宏行「評議員会日記抄」、『思想の科学会報』第四七号、二七頁（『復刻版会報』第三巻、三三五頁）。

＊12　前掲、小中『市民たちの青春』、七八頁。

＊13　前掲、吉川「べ平連の経験と共同行動の論理」、四五頁。

＊14　西尾典祐『城山三郎伝―昭和を生きた気骨の作家―』ミネルヴァ書房、二〇一一年、一九四頁。

＊15　開高健「金ある人は金を、知恵ある人は知恵を」、前掲『資料・「べ平連」運動』上巻、四五頁。

＊16　前掲、「討論・われわれにとっての〝ベトナム〟とは」、前掲、小田実編『べ平連』、八五頁。

*17　前掲、小中『市民たちの青春』、七八頁。

*18　開高健「東京からの忠告―わが『べ平連』アピールに力を―」、前掲『資料・「べ平連」運動』上巻、四七頁。

*19　牧おさむ「七月十日のデモに参加して」、『声なき声のたより』第三五号、一九六五年八月一日、一二頁（『復刻版たより』第一巻、二九八頁）。

*20　久保圭之介「明日くる人達に―広告募金運動を通じて―」、前掲、鶴見・開高・小田編『平和を呼ぶ声』、三〇六頁。

*21　M・T記「ベトナムをベトナム人の手に」、『声なき声のたより』第三四号、一九六五年、六月一〇日、六頁（『復刻版たより』第一巻、二八三頁）。

*22　前掲、久保「明日くる人達に―広告募金運動を通じて―」、三〇六～三〇七頁。

*23　前掲、後藤宏行「評議員会日記抄」、二八頁（『復刻版会報』第三巻、三三六頁）。

*24　「八・一五記念徹夜討論集会《ティーチ・イン》議事録全文　戦争と平和を考える」、『文藝』第四巻第十号（九月増刊号）、河出書房、一九六五年九月、四五～四六頁。

*25　坂本義和『人間と国家（上）　ある政治学との回想』岩波新書、二〇一一年、二〇七～二〇八頁。

*26　前掲、「八・一五記念徹夜討論集会《ティーチ・イン》議事録全文」、七一頁。

*27　同右、八七～八八頁。

*28　同右、一一四頁。

*29　同右、一三六頁。

*30　べ平連事務所「よびかけ」、前掲『資料・「べ平連」運動』上巻、三九頁。

*31　同右、四〇頁。

*32　「『べ平連ニュース』創刊のことば」、『べ平連ニュース』第一号、一九六五年一〇月二三日、一頁（『縮刷版』、一頁）。

＊33 前掲、吉川『市民運動の宿題』、九四～九六頁。
＊34 同右、九八頁。
＊35 同右、九九頁。
＊36 同右、一〇〇～一〇一頁。
＊37 同右、一〇一頁
＊38 「事務局だより」、『ベ平連ニュース』第四号、一九六六年一月二〇日、四頁（『縮刷版』、八頁）。
＊39 「事務局だより」、『ベ平連ニュース』第六号、一九六六年三月二〇日、二頁（『縮刷版』、一二頁）。
＊40 「ベ平連事務局連絡速報―No.1 '66. 4. 6」、前掲『資料・「ベ平連」運動』上巻、六九頁。
＊41 「小田実さん帰国　山積みされたこれからの運動計画」、『ベ平連ニュース』第七号、一九六六年四月二〇日、一頁（『縮刷版』、一三頁）。
＊42 小田実「市民による『日米安全保障条約』を！―全国縦断反戦講演旅行の動機と目的―」、前掲『資料・「ベ平連」運動』上巻、七四頁。
＊43 「全国縦断講演旅行の成果」、『ベ平連ニュース』第一〇号、一九六六年六月二〇日、一頁（『縮刷版』、一九頁）。
＊44 同右。
＊45 H・ジン、鶴見俊輔、R・フェザーストン、いいだ・もも、開高健、鶴見良行、武藤一羊「座談会 ヴェトナム反戦運動の交流―日本列島縦断講演旅行を終えて―」、『世界』一九六六年八月号、二三五頁。
＊46 同右、二三六頁。
＊47 同右、二三六～二三七頁
＊48 ハワード・ジン「魚と漁師―日米反戦講演旅行について―」、前掲『資料・「ベ平連」運動』上巻、八九頁。
＊49 前掲、吉川『市民運動の宿題』、一二三頁。
＊50 石田郁夫、武藤一羊、吉原公一郎「座談会 平和運動の現状と理念」『新日本文学』一九六六年九月号、一五八頁。

*51　鶴見俊輔・小田実・開高健編『反戦の論理―全国縦断日米反戦講演記録―』河出書房、一九六七年、一九四～一九五頁。

*52　前掲、小熊『1968〈上〉』、六八頁、道場親信『占領と平和―〈戦後〉という経験―』青土社、二〇〇五年、四五九頁、同「ポスト・ベトナム戦争期におけるアジア連帯運動―『内なるアジア』と『アジアの中の日本』の間で―」、和田春樹他編『岩波講座　東アジア近現代通史　第八巻　ベトナム戦争の時代 1960－1975年』岩波書店、二〇一一年、一〇四頁。

*53　「二瓶敏教授　履歴・業績」、専修大学経済学会『専修経済論集』第三四巻第三号、二〇〇〇年三月、四一五頁。

*54　小田実「義務としての旅から帰って」、『ベ平連ニュース』第八・九合併号、一九六六年五月二八日、一頁（『縮刷版』、一五頁）。

*55　同右、同頁。

*56　「日米市民会議を開く」、『ベ平連ニュース』第一二号、一九六六年九月一日、一頁（『縮刷版』、二五頁）。

*57　同右、二～三頁（『縮刷版』、二六～二七頁）。

*58　石田雄『一身にして二生、一人にして両身―ある政治研究者の戦前と戦後―』岩波書店、二〇〇六年、一六九頁。

*59　小田実「やれそうもないが今年やりたいこと」、『ベ平連ニュース』第一七号、一九六七年二月一日、三頁（『縮刷版』、四三頁）。

*60　ハワード・ジン、ロズリン・ジン「ベ平連のすべての友人の皆さんへ　新年おめでとう！世界に平和を！」、『ベ平連ニュース』第一七号、一九六七年二月一日、三頁（『縮刷版』、四三頁）。

*61　M. Duberman, *Howard Zinn:A Life on the Left*, The New Press, New York, 2012. D. デリンジャー『「アメリカ」が知らないアメリカ―反戦・非暴力のわが回想』藤原書店、一九九七年。

*62　作田啓一・鶴見良行・樋口謹一・松田道雄・武藤一羊「座談会『反戦』から『変革』へ」、『朝日ジャーナル』一九六八年九月六日号、一七頁。

＊63　「事務局だより」、『べ平連ニュース』第八・九合併号、一九六六年五月二八日、四頁（『縮刷版』、一八頁）。

＊64　「『ワシントン・ポスト』全面広告まであとひと息　三月上旬掲載を実現させよう」、『べ平連ニュース』第一七号、一九六七年二月一日、一頁（『縮刷版』、四一頁）。

第四章

＊1　飯沼二郎・小田実・北沢恒彦・鈴木正穂・鶴見俊輔「座談会　『京都べ平連をめぐって』」（『復刻版通信』、二頁）。

＊2　笠原芳光「べ平連とアナキズム」『ベトナム通信』第六三号、一九七三年五・六・七月合併号、四頁（『復刻版通信』、六二二頁）。

＊3　「『ベトナムに平和を』京都集会」、前掲『資料・べ平連運動』上巻、二一～二二頁。

＊4　前掲「座談会　『京都べ平連をめぐって』」、七頁。

＊5　北沢恒彦「定例デモの根元」、『ベトナム通信』第六二号、一九七三年四月、一〇頁（『復刻版通信』、六一四頁）。

＊6　前掲「座談会　『京都べ平連をめぐって』」、五～六頁。

＊7　北沢恒彦「京都『べ平連』」、『べ平連ニュース』第二号、一九六五年一一月二五日、三頁（『縮刷版』四頁）。

＊8　前掲「座談会　『京都べ平連をめぐって』」、六頁。

＊9　同右、六頁。

＊10　前掲、北沢「京都『べ平連』」。

＊11　同右。

＊12　「各地のうごき」、『べ平連ニュース』第一号、一九六五年一〇月二三日、四頁（『縮刷版』、二頁）。

＊13　北沢豊美「『べ平連』伊那谷の会」、『べ平連ニュース』第二号、一九六五年一一月二五日、三頁（『縮刷版』、四頁）。

＊14　同右。

＊15 飯沼瑛「一年は五月の為に在る」（吉川勇一資料、立教大学共生社会研究センター蔵）。
＊16 「読者からの便り」、『べ平連ニュース』第三号、一九六五年一二月二〇日、三頁（『縮刷版』、六頁）。
＊17 「ベトナムに平和を！日本各地の動き」、『べ平連ニュース』第一四号、一九六六年一一月一日、三頁（『縮刷版』、三三頁）。
＊18 同右。
＊19 同右。
＊20 同右、四頁（『縮刷版』、三四頁）。
＊21 「べ平連―一九六六年―」、『べ平連ニュース』第一六号、一九六七年一月一日、四頁（『縮刷版』、四〇頁）。
＊22 同右。
＊23 古山洋三「べ平連全国会議をおわって」、『べ平連ニュース』第一四号、一九六六年一一月一日、二頁（『縮刷版』、三二頁）。
＊24 市橋秀夫「日本におけるベトナム反戦運動史の一研究―福岡・十の日デモの時代（1）―」、『日本アジア研究』第一一号、二〇一四年三月、一三四頁。
＊25 同右、一三五頁。
＊26 同右、一三九頁。
＊27 同右、一四〇頁。
＊28 市橋秀夫「日本におけるベトナム反戦運動史の一研究―福岡・十の日デモの時代（2）―」、『日本アジア研究』第一二号、二〇一五年三月、八〇頁。
＊29 同右、一〇〇～一〇一頁。
＊30 市橋秀夫「日本におけるベトナム反戦運動史の一研究―福岡・十の日デモの時代（3）―」、『日本アジア研究』第一三号、二〇一六年三月、二九頁。

＊31 「福岡べ平連　第一回会合」（石崎昭哲資料、埼玉大学教養学部市橋秀夫研究室蔵）。
＊32 前掲、黒川「いやがらせの思想」、一二三頁。
＊33 「各地のうごき」、『べ平連ニュース』第一号、一九六五年一〇月二三日、四頁（『縮刷版』、二頁）。
＊34 前掲、黒川「いやがらせの思想」、三〇頁。
＊35 黒川伊織「ベトナム反戦から内なるアジアへ―べ平連こうべの軌跡―」、出原政雄編『戦後日本思想と知識人の役割』法律文化社、二〇一五年、三五四頁。
＊36 菅英輝『冷戦期アメリカのアジア政策―「自由主義的国際秩序」の変容と「日米協力」―』晃洋書房、二〇一九年、一九〇頁。
＊37 田中哲也『佐世保からの証言―「70年の選択」を前に―』三省堂、一九六九年、一四頁。
＊38 佐世保19日市民の会編『市民運動の出発―佐世保・1968・1・19』社会新報、一九六九年、一二頁。
＊39 前掲、小田『「べ平連」・回顧録でない回顧』、三七六～三七七頁。
＊40 山下弘文『諫早に死す―山下弘文・自伝―』南方新社、二〇〇一年、一三六頁。
＊41 長崎地区反戦青年委員会『長崎反戦―エンタープライズ闘争の記録―』一九六八年、二四頁。
＊42 Ｋ・Ｋ（地方記者）「マスコミと市民のあいだ」、『マスコミ市民』第一三号、一九六八年三月、二七頁。
＊43 「阻止行動の生んだ連帯と断絶―『群衆』を『市民』に成長させた七日間」『朝日ジャーナル』、一九六八年二月四日号、九頁。
＊44 吉川勇一「市民運動'68の認識」、前掲、『資料・「べ平連」運動』上巻、三三八頁。
＊45 田中、前掲書、五七頁。
＊46 佐世保地区労三〇年史編集委員会編『佐世保地区労運動史』一九八七年、四四四～四四九頁。
＊47 小田実・鶴見俊輔編『反戦と変革―抵抗と平和への提言―』學藝書房、一九六八年、二三四～二三六頁。
＊48 倉原政則「〝歩く〟十九日市民の会の道」、九州公論社『虹』第一九二号、一九六八年七月、二九頁。

＊49　佐世保19日市民の会『一年を迎えた19日市民の会―その回顧と展望―』一九六九年、一頁。
＊50　「べ平連各地の動き」、『べ平連ニュース』第三一号、一九六八年四月一日、六頁（『縮刷版』、一二六頁）。
＊51　前掲、笠原芳光「べ平連とアナキズム」、『ベトナム通信』第六三号（終刊号）、四頁（『復刻版通信』、六二二頁）。
＊52　山下孝忠「八紘一宇の塔に反戦旗を―宮崎べ平連―」、前掲、小田実編『べ平連』、一五二～一五三頁。
＊53　「宮崎」、『週刊アンポ』第三号、一九六九年一二月一五日。
＊54　前掲、山下「八紘一宇の塔に反戦旗を―宮崎べ平連―」、一五五頁。
＊55　同右、一五六～一五八頁。
＊56　前掲、「宮崎」、『週刊アンポ』第三号。
＊57　前掲、山下「八紘一宇の塔に反戦旗を―宮崎べ平連―」、一六〇～一六一頁。
＊58　「国際統一行動　ベトナムに平和を　抗議の十日間」、『べ平連ニュース』第一五号、一九六六年一二月一日、一頁（『縮刷版』、三五頁）。
＊59　「ベトナム戦争反対のために　今何が出来るか―べ平連・全国主要都市で講演会―」、『べ平連ニュース』第二二号、一九六七年七月一日、一頁（『縮刷版』、六三頁）。

第五章

＊1　関谷滋「イントレピッドの四人とジャテックの誕生」、関谷滋・坂元良江編『となりに脱走兵がいた時代―ジャテック、ある市民運動の記録―』思想の科学社、一九九八年、一九頁。
＊2　同右、一一～一三頁。
＊3　同右、一九頁。
＊4　栗原幸夫『革命幻談・つい昨日の話』社会評論社、一九九〇年、一七六頁。
＊5　前掲、小中『市民たちの青春』、九〇～九一頁。

*6　同右、九一頁。

*7　前掲、関谷「イントレピッドの四人とジャテックの誕生」、二二六頁。

*8　比嘉康文『我が身は炎となりて—佐藤首相に焼身抗議した由比忠之進とその時代—』新星出版、二〇一一年、六二頁。

*9　前掲、『佐藤栄作日記』第三巻、一七二頁。

*10　比嘉、前掲書、三四三頁。

*11　『毎日新聞』一九六七年一一月一四日。

*12　前掲、室『天皇とマッカーサーのどちらが偉い?』、二三六頁。

*13　前掲、小中『市民たちの青春』、九三頁。

*14　S記「北爆に参加したくない　脱走水兵　べ平連が支援」、『べ平連ニュース』第二七号、一九六七年一二月一日、一頁（『縮刷版』九三頁）。

*15　「嬉しいニュースです」、『べ平連ニュース』第二七号、一九六七年一二月一日、六頁（『縮刷版』九八頁）。

*16　「私もかくまってあげたい」、同右。

*17　「戦争のない国へ行かせてあげたい」、同右。

*18　吉川勇一「脱走兵とふつうの市民たち」、『べ平連ニュース』第二七号、一九六七年一二月一日、五頁（『縮刷版』九七頁）。

*19　前掲、関谷・坂元編『となりに脱走兵がいた時代』、三九頁。

*20　編集グループSURE編『北沢恒彦とは何者だったのか?』編集グループSURE、一六二頁。

*21　塩沢由典「金東希よ—あなたは何を私たちに」、『ベトナム通信』第四号、一九六八年三月一日、六頁（『復刻版通信』、一六頁）。

*22　고경태, 1968 년 2 월 12 일 베트남 퐁니・퐁넛 학살 그리고 세계, 한겨레출판, 2015, pp. 307 ~ 308.

＊23　権赫泰『平和なき「平和主義」―戦後日本の思想と運動―』法政大学出版局、二〇一六年、一二九頁。
＊24　同右、一三〇頁。
＊25　海老坂武『かくも激しき希望の歳月―一九六六～一九七二―』岩波書店、二〇〇四年、一二〇頁。
＊26　「よびかけ」、前掲、『資料・「ベ平連」運動』上巻、二七二頁。
＊27　海老坂、前掲書、一二三頁。
＊28　同右、一二四～一二五頁。
＊29　同右、一二六頁。
＊30　前掲、栗原『革命幻談』、一七七頁。
＊31　前掲、小中『市民たちの青春』、九五頁、前掲、関谷・坂元『となりに脱走兵がいた時代』、五〇頁。
＊32　「ベトナム帰休兵に反戦ビラ」、『ベ平連ニュース』第一六号、一九六七年一月一日、一頁（『縮刷版』三七頁）。
＊33　栗原幸夫「自発性と多様性の統一―ベ平連の原理を、さらに実跡的に―」、『ベ平連ニュース』第一七号、一九六七年二月一日、二頁（『縮刷版』四二頁）。
＊34　「立川でのビラまきと砂川の見学」、『ベ平連ニュース』第一九号、一九六七年四月一日、一頁（『縮刷版』八五頁）。
＊35　「ベ平連米大使館前をデモ　佐藤首相のベトナム訪問出発前日」、『ベ平連ニュース』第二六号、一九六七年一一月一日、一頁（『縮刷版』八五頁）。
＊36　「佐藤首相は南ベトナムへ行くべきではありません」、前掲、『資料・「ベ平連」運動』上巻、二五五頁。
＊37　前掲、『佐藤栄作日記』第三巻、一四八頁。
＊38　同右、一四九頁。
＊39　加藤典洋「私の秘密」、10・8山崎博昭プロジェクト編『かつて10・8羽田闘争があった―山崎博昭追悼50周年記念〔寄稿編〕』合同フォレスト、二〇一七年、三一〇～三一一頁。

＊40　吉川勇一「米大使館デモと羽田デモ」、前掲、『資料・「ベ平連」運動』上巻、二六一頁。

＊41　しいら書房編『世界は業火につつまれねばならない』しいら書房、一九六九年、一七一頁。

＊42　亀和田武『60年代ポップ少年』小学館、二〇一六年、一八七〜一九一頁。

＊43　庄司洸「小西裁判にかかわる心情」、前掲『資料・「ベ平連」運動』下巻、二〇二〜二〇三頁。

＊44　井上澄夫「戦無派—一〇・八ショック組闘争宣言—」、前掲、小田実編『ベ平連』一八八〜一八九頁。

＊45　吉岡忍「『殺すなバッジ』はこうして生まれた」、『市民の意見』第一三四号、二〇一二年一〇月、二九頁。

＊46　前掲、海老坂『かくも激しき希望の歳月』、一〇七頁。

＊47　同右、同頁。

＊48　安藤丈将「警察とニューレフトの『１９６８年』—運動のポリシングとその遺産—」、『思想』二〇一八年五月号、一五四頁。

＊49　「羽田事件についての声明」、『ベ平連ニュース』第二六号、一九六七年一一月一日、三頁（『縮刷版』八七頁）。

＊50　前掲、小熊『１９６８〈上〉』、五三七頁。

＊51　斎藤宏平「あるサラリーマンの一週間」、『声なき声のたより』第四四号、一二頁（『復刻版たより』第一巻、四二八〜四二九頁）。

＊52　明友会「バクト集団から市民運動へ」、『声なき声のたより』第四五号、一三頁（『復刻版たより』第一巻、四三七頁）。

＊53　安藤、前掲論文、一五二頁。

＊54　「六月を反戦と平和のために　『ベトナム反戦全国行動』の呼びかけ」、『ベ平連ニュース』第三二号、一九六八年五月一日、二頁（『縮刷版』一三二頁）。

＊55　福富節男『デモと自由と好奇心と』第三書館、一九九一年、七五頁。

＊56　福富節男「六月行動委員会の軌跡」、前掲、『資料・「ベ平連」運動』下巻、一二二頁。

＊57　「アメリカにベトナム戦争の即時全面中止を要求する『六月行動月間』」、『ベ平連ニュース』第三三号、一九六八年六月一日、一頁（『縮刷版』一三九頁）。
＊58　前掲、福富「六月行動委員会の軌跡」、一二二頁。
＊59　日高六郎「直接民主主義と『六月行動』」、前掲、『資料・「ベ平連」運動』上巻、三七一頁。
＊60　「新しい行動と新しい思想と」、『ベ平連ニュース』第三四号、一九六八年七月一日、二～三頁（『縮刷版』一四八～一四九頁）。
＊61　同右、三頁（『縮刷版』、一四九頁）。
＊62　大沢真一郎『後方の思想―あるいは長征への出発―』社会評論社、一九七一年、二六一頁。
＊63　五味正彦「ベ反学連の立場から」、前掲、『資料・「ベ平連」運動』上巻、四七〇頁）。
＊64　「70年代の私たちの運動に向けて　反戦と変革にかんする国際会議」、『ベ平連ニュース』第三五号、一九六八年八月一日、一頁（『縮刷版』一五五頁）。
＊65　前掲、座談会「京都ベ平連をめぐって」、一二一頁。
＊66　前掲、小中『市民たちの青春』、一二五頁。
＊67　前掲、「70年代の私たちの運動に向けて　反戦と変革にかんする国際会議」。
＊68　栗原幸夫『未来形の過去から―無党の運動論に向って―』インパクト出版会、二〇〇六年、一二四頁。
＊69　同右、一二五頁。
＊70　作田啓一・鶴見良行・樋口謹一・松田道雄・武藤一羊「座談会　『反戦』から『変革』へ」、『朝日ジャーナル』一九六八年九月六日号、一〇頁。
＊71　前掲、小田・鶴見編『反戦と変革』、二三七頁。
＊72　鶴見良行「米国ニュー・レフトとの対話」、同「アメリカの反戦運動と革命」、吉川勇一編『鶴見良行著作集2　ベ平連』みすず書房、二〇〇二年。

*73　油井大三郎『ベトナム戦争に抗した人々』山川出版社、二〇一七年、七四頁。
*74　同右、八四頁。
*75　「反戦と社会変革のための国際会議　いま　どうして？　鶴見良行氏にインタビュー」、『ベ平連ニュース』第三四号、一九六八年七月一日、六頁（『縮刷版』一五二頁）。
*76　吉見俊哉『アメリカの越え方―和子・俊輔・良行の抵抗と越境―』弘文堂、二〇一二年、一三八～一三九頁。
*77　プログラム「反戦と変革に関する国際会議場において」（吉川勇一資料、立教大学共生社会研究センター蔵）。
*78　前掲、小田・鶴見編『反戦と変革』、一七四～一七五頁。
*79　同右、二四一～二四二頁。
*80　前掲、海老坂『かくも激しき希望の歳月』、一四九頁。
*81　高橋武智『私たちは、脱走アメリカ兵を越境させた……―ベ平連・ジャテック、最後の密出国作戦の回想―』作品社、二〇〇七年、一五～一八頁。
*82　本野義雄「記憶の海の底から」、前掲、関谷・坂元編『となりに脱走兵がいた時代』、四〇八頁、ながたなにがし「『句会』についての個人的なまとめ」、同書、三七四頁。
*83　前掲、小熊『１９６８〈下〉』、三七八～三八二頁。
*84　井上澄夫「6・15をのりこえて　新しい力を生み出そう！」、『ベ平連ニュース』第三七号、一九六八年一〇月一日、一頁（『縮刷版』一六九頁）。
*85　和田幾太郎「ベ平連への提案と提言」、『ベ平連ニュース』第三八号、一九六八年一一月一日、四頁（『縮刷版』一七八頁）。
*86　「新宿米タンク・ローリー車抗議　市民団体三千のデモと一万の集会　10・20」、『ベ平連ニュース』第三八号、一九六八年一一月一日、二頁（『縮刷版』一七六頁）。
*87　井上澄夫「動員の思想　自立の思想」、『ベ平連ニュース』第三八号、一九六八年一一月一日、三頁（『縮刷版』

一七七頁）。

＊88 同右。

＊89 前掲、『佐藤栄作日記』第三巻、三三八頁。

＊90 「69年のベ平連　反戦・変革・運動講座・アンポ社　小田実氏にインタビュー」、『ベ平連ニュース』第四〇号、一九六九年一月一日、一～二頁（『縮刷版』一九一～一九二頁）。

＊91 同右、二頁（『縮刷版』一九二頁）。

＊92 小田実「『アンポ』の一語」、前掲、『資料・「ベ平連」運動』中巻、五頁。

＊93 同右、六頁。

＊94 同右、五頁。

＊95 小田実・岩井章「反安保行動の主体と思想」『現代の眼』一九六八年一二月号、八八頁。

＊96 同右、九一～九二頁。

＊97 同右、九三頁。

＊98 同右、九五頁。

＊99 前掲、「討論・われわれにとっての〝ベトナム〟とは」、前掲、小田編『ベ平連』、六九頁。

＊100 同右、二七頁。

＊101 吉川勇一「70年安保と取組むベ平連―『ベ平連全国懇談会』の討論―」、前掲、『資料・「ベ平連」運動』中巻、三〇頁。

＊102 同右、三一頁。

＊103 同右、三〇～三一頁。

＊104 「ベ平連第四回懇談会」、『ベ平連ニュース』第四二号、一九六九年三月一日、二頁（『縮刷版』二一〇頁）。

＊105 『大泉市民の集いニュース』第一号、一九六八年七月一〇日、復刻版、一三頁。

＊106 前掲、「ベ平連第四回懇談会」、『ベ平連ニュース』第四二号、一九六九年三月一日、二頁（『縮刷版』二一〇頁）。

＊107 高畠通敏「十年」、『声なき声のたより』第五〇号、二三〜二四頁（『復刻版たより』第一巻、四八九〜四九〇頁）。

＊108 同右、四八九頁。

＊109 同右、四九〇頁。

＊110 「『週刊アンポ』で安保粉砕」、『ベ平連ニュース』第四四号、一九六九年五月一日、五頁（『縮刷版』二二七頁）。

＊111 『毎日新聞』一九六九年五月一三日。

＊112 小中陽太郎『私のなかのベトナム戦争―ベ平連に賭けた青春と群像―』、サンケイ新聞社出版局、一九七三年、一五四頁。

＊113 同右、同頁。

＊114 「週刊アンポ発刊！」、『ベ平連ニュース』第四五号、一九六九年六月一日、八頁（『縮刷版』二四〇頁）。

＊115 「編集後記」、『ベ平連ニュース』第四六号、一九六九年七月一日、一二頁（『縮刷版』二五二頁）。

＊116 『週刊アンポ』ゼロ号、表紙裏。

＊117 『毎日新聞』一九六九年五月一三日。

＊118 「『あなたにおねがい！』アンポ社」、『ベ平連ニュース』第四七号、一九六九年八月一日、八頁（『縮刷版』二六〇頁）。

＊119 同右。

＊120 前掲、小中『私のなかのベトナム戦争』、一五六頁。

＊121 『朝日新聞』一九六九年一一月二七日。

＊122 前掲、道場「ポスト・ベトナム戦争期におけるアジア連帯運動」、一一五〜一一六頁。

＊123 前掲、小中『私のなかのベトナム戦争』、一一八頁。

＊124 前掲、福富「六月行動委員会の軌跡」、一二五頁。

＊125　吉川勇一「ベトナム反戦・反安保・街へ！」、前掲、『資料・「ベ平連」運動』中巻、五八頁。

＊126　前掲、『佐藤栄作日記』第三巻、四三四頁。

＊127　楠田實『楠田實日記―佐藤栄作総理首席秘書官の二〇〇〇日―』中央公論新社、二〇〇一年、三二八頁。

＊128　『ベ平連ニュース』第四五号、一九六九年六月一日、一頁（『縮刷版』二三三頁）。

＊129　前掲、福富「六月行動委員会の軌跡」、一二五頁。

＊130　前掲、福富『デモと自由と好奇心と』、七六頁。

＊131　鳥山浩「6・15反戦・反安保・沖縄闘争勝利　街へ出た。歩いた。歌った。闘った。」、『ベ平連ニュース』第四六号、一九六九年七月一日、二頁（『縮刷版』二四二頁）。

＊132　小田実「何かが始まっている―六月一五日からの人間の渦巻―」、前掲、小田編『ベ平連』、二八頁。

＊133　前掲、小中『私のなかのベトナム戦争』、一一二～一一三頁。

＊134　小沢遼子『よそもの連合太平記』筑摩書房、一九七三年、一九一頁。

＊135　花崎皋平「反戦キャラバン、北海道を行く―北海道キャラバンの記録―」、前掲、小田編『ベ平連』、一七〇～一七一頁。

＊136　半扇香京「北海道キャラバンからの報告」、『ベトナム通信』第一九号、一九六九年八月一日、六頁（『復刻版通信』、一二二頁）。

＊137　前掲、花崎「反戦キャラバン、北海道を行く」、一七一頁。

＊138　前掲、小田「何かが始まっている―六月一五日からの人間の渦巻―」、二五頁。

＊139　前掲、花崎「反戦キャラバン、北海道を行く」、一七七頁。

＊140　同右、同頁。

＊141　同右、一七八頁。

＊142　同右、一七六頁。

＊143 前掲、小田「何かが始まっている—六月一五日からの人間の渦巻—」、二三三頁。
＊144 前掲、『佐藤栄作日記』第三巻、五二〇頁。
＊145 『朝日新聞』一九六九年一〇月二一日。
＊146 前掲、『佐藤栄作日記』第三巻、五二一頁。
＊147 山口文憲「わたしの見た10月21日」、『べ平連ニュース』第五〇号、一九六九年一一月一日、三頁（『縮刷版』二七九頁）。
＊148 室謙二「町内会・自警団の復活」、前掲、『資料・「べ平連」運動』下巻、一六一頁。
＊149 『朝日新聞』一九六九年一〇月二三日。
＊150 吉川勇一「べ平連デモと権力との対決」、『べ平連ニュース』第五〇号、一九六九年一一月一日、六頁（『縮刷版』二八二頁）。
＊151 山口、前掲「わたしの見た10月21日」、『べ平連ニュース』第五〇号、一九六九年一一月一日、三頁（『縮刷版』二七九頁）。
＊152 同右。
＊153 前掲、吉川「べ平連デモと権力との対決」『べ平連ニュース』第五〇号、一九六九年一一月一日、六頁（『縮刷版』二八二頁）。
＊154 『朝日新聞』一九六九年一〇月二三日。
＊155 保阪正康『三島由紀夫と楯の会事件』ちくま文庫、二〇一八年、二二八～二二九頁。
＊156 同右、二二八頁。

第六章

＊1 四方田犬彦「グラフィックス　異端とエロス」、四方田編著『1968〔1〕文化』筑摩書房、二〇一八年、五

二頁。
＊2　前掲、小熊『1968〈下〉』、四〇一頁。
＊3　「我々が今　すべきこと」、『べ平連ニュース』第五号、一九六六年二月二〇日、四頁（『縮刷版』、九頁）。
＊4　「事務局だより」、『べ平連ニュース』第八・九合併号、一九六六年五月二八日、一頁（『縮刷版』、一八頁）。
＊5　「タイトルなし」、『べ平連ニュース』第五号、一九六六年二月二〇日、二頁（『縮刷版』、一〇頁）。
＊6　「小田実さん帰国」、『べ平連ニュース』第六号、一九六六年四月二〇日、一頁（『縮刷版』、一三頁）。
＊7　「事務局だより」、『べ平連ニュース』第一一号、一九六六年四月二〇日、四頁（『縮刷版』、二四頁）。
＊8　広瀬勝「新たな力と方向を―関西フォーク運動の展開」、室謙二編『時代はかわる―フォークとゲリラの思想』社会新報、一九六九年、二〇八頁。
＊9　篠原章『日本ロック雑誌クロニクル』太田出版、二〇〇四年、一〇二～一〇三頁。
＊10　前田祥丈・平原康司編著『日本のフォーク&ロック・ヒストリー①　60年代フォークの時代』シンコー・ミュージック、一九九三年、七八～七九頁。
＊11　前掲、広瀬「新たな力と方向を」、二〇九頁。
＊12　前田・平原編著、前掲書、七九頁。
＊13　同右、八一頁。
＊14　村田拓「はじめに―フォーク・ルネッサンスをもとめて」、高石友也・岡林信康・中川五郎『フォークは未来をつくる―民衆がつくる民衆のうた―』社会新報、一九六九年、四～五頁。
＊15　同右、四頁。
＊16　高石友也「歌と民衆―あなたと俺のうた―」、同右、七二頁。
＊17　「座談会　1970年代のピース☆スタイル」、立命館大学国際平和ミュージアム『2014年度秋季特別展　PEACE☆スタイル　ピース☆スタイル』、二〇一四年、二九～三〇頁。

＊18　ジョーン・バエズ『ジョーン・バエズ自伝　We Shall Overcome』晶文社、一九九二年、一六〇頁。

＊19　同右、一六三頁。

＊20　同右、一七〇頁。

＊21　同右、同頁。

＊22　同右、一七一頁。

＊23　小林トミ「『バエズを囲む夕』に出席して」、『べ平連ニュース』第一七号、一九六七年二月一日、一頁（『縮刷版』、四一頁）。

＊24　『朝日新聞』一九六七年二月二一日。

＊25　前掲、ジョーン・バエズ『ジョーン・バエズ自伝』、一七三頁。

＊26　「抗議の十日間をめぐって」、『べ平連ニュース』第一六号、一九六七年一月一日、二頁（『縮刷版』、三八頁）。

＊27　片桐ユズル「フォーク・ソング雑感——あたらなくても撃そう——」、『べ平連ニュース』第一八号、一九六七年三月一日、二頁（『縮刷版』、四六頁）。

＊28　室謙二「歌うこと　留置場に入ること」、『べ平連ニュース』第一六号、一九六七年一月一日、二～三頁（『縮刷版』、三八～三九頁）。

＊29　「紹介します　尻石友也さん」、『べ平連ニュース』第一六号、一九六七年一月一日、三頁（『縮刷版』、三九頁）。

＊30　中川五郎「ぼくにとってうたとは何か」、前掲、高石・岡林・中川『フォークは未来をつくる』、一七五頁。

＊31　同右、一七二頁。

＊32　同右、一八〇頁。

＊33　同右、一八一頁。

＊34　中川五郎「アメリカの勝利による停戦」、『べ平連ニュース』第一九号、一九六七年四月一日、四頁（『縮刷版』、五二頁）。

＊35　中川五郎「歌い続けること」、『べ平連ニュース』第二一号、一九六七年六月一日、五～六頁（『縮刷版』、六一～六二頁）。

＊36　前掲、室編『時代はかわる』、二一五頁。

＊37　前田、平原編著、前掲書、八三頁。

＊38　同右、同頁。

＊39　前掲、室編『時代はかわる』、二一三頁。

＊40　同右、二一四～二一五頁。

＊41　同右、二一七頁。

＊42　同右、二一九頁。

＊43　「受験生のブルース」、『べ平連ニュース』第二九号、一九六八年二月一日、三頁（『縮刷版』、一一一頁）。

＊44　「事務局だより」、『べ平連ニュース』第三〇号、一九六八年三月一日、六頁（『縮刷版』、一二〇頁）。

＊45　前掲、室編『時代はかわる』、二二〇頁。

＊46　前掲、高石・岡林・中川『フォークは未来をつくる』、八三頁。

＊47　「大阪・反戦行動委員会から」、『べ平連ニュース』第二〇号、一九六七年五月一日、四頁（『縮刷版』、五六頁）。

＊48　菊池伸視「ベトナムを考える夕べ」、『べ平連ニュース』第二二号、一九六七年七月一日、五頁（『縮刷版』、六七頁）。

＊49　「べ平連全国講演会開かれる　ベトナムへ平和の船を！」、『べ平連ニュース』第二三号、一九六七年八月一日、二頁（『縮刷版』、七〇頁）。

＊50　関西べ平連　植野芳雄「『ベトナムと沖縄のための10時間』行動」、『べ平連ニュース』第三九号、一九六八年一二月一日、七頁（『縮刷版』、一八九頁）。

＊51　同右。

＊52　奥野卓司「この感動を君に告げたい―京都のフォーク・デモ―」、『べ平連ニュース』第四〇号、一九六九年一月一日、七頁（『縮刷版』、一九七頁）。
＊53　「反戦フォークソング募集」、『べ平連ニュース』第三八号、一九六八年一一月一日、八頁（『縮刷版』、一八二頁）。
＊54　「フォーク集会延期と計画変更のおしらせ」、『べ平連ニュース』第三九号、一九六八年一二月一日、六頁（『縮刷版』、一八八頁）。
＊55　「アングラ音楽祭に集まれ」、『べ平連ニュース』第四二号、一九六九年三月一日、六頁（『縮刷版』、二一四頁）。
＊56　高野光世「『‘69反戦フォークと討論の集い』から」、『べ平連ニュース』第四一号、一九六九年二月一日、五頁（『縮刷版』、二〇五頁）。
＊57　「事務局便り」、『べ平連ニュース』第四〇号、一九六九年一月一日、一〇頁（『縮刷版』、二〇〇頁）。
＊58　前掲、吉川『市民運動の宿題』、一四八頁。
＊59　大木晴子・鈴木一誌編著『１９６９　新宿西口地下広場』新宿書房、二〇一四年、三八頁。
＊60　「新宿と花ともみじと　12・28花束デモより」、『べ平連ニュース』第四一号、一九六九年二月一日、五頁（『縮刷版』、二〇五頁）。
＊61　前掲、大木・鈴木編著『１９６９　新宿西口広場』、四二頁。
＊62　同右、五〇頁。
＊63　同右、一二八～一二九頁。
＊64　堀田卓「全浪連から来た男」、吉岡忍編著『フォーク・ゲリラとは何者か』自由国民社、一九七〇年、六四頁。
＊65　小田実・鶴見俊輔・吉川勇一編『市民の暦』朝日新聞社、一九七三年、「まえがき」。
＊66　同右、六三頁。
＊67　フォーク・ゲリラ「フォーク・ゲリラは、あらゆる空間を解放する―東京フォーク・ゲリラ―」、前掲、小田編『べ平連』、一六四頁。

＊68　前掲、大木・鈴木編著『1969　新宿西口地下広場』、七九頁。

＊69　「編集後記」、『ベ平連ニュース』第四三号、一九六九年四月一日、六頁（前掲、『縮刷版』、二二二頁）。

＊70　前掲、堀田「全浪連から来た男」、六五頁。

＊71　同右、同頁。

＊72　前掲、小中『私のなかのベトナム戦争』、一〇六〜一〇七頁。

＊73　鶴見良行「根としての市民集団—ととのい終えた旅立ちのために—」、『潮』一九七〇年七月号、一四五頁。

＊74　前掲、大木・鈴木編著『1969　新宿西口地下広場』、六七頁。

＊75　同右、七二頁。

＊76　同右、七三頁。

＊77　飯沼二郎『キリスト者と市民運動』未来社、一九七〇年、一九頁。

＊78　島崎涼「京都六月行動報告」、『ベトナム通信』第一八号、一九六九年七月一日、二頁（『復刻版通信』、一〇八頁）。

＊79　田村「小集団への招待　そのⅢ」、『ベトナム通信』第二〇号、一九六九年九月一日、八〜九頁（『復刻版通信』、一三四〜一三五頁）。

＊80　前掲、小中『私のなかのベトナム戦争』、一二六頁。

＊81　深草三四郎「橋の下大学はつぶれたけれど」、『ベトナム通信』第六三号、一九七三年五・六・七月合併号、三頁（『復刻版通信』、六二二頁）。

＊82　大村萌太郎「反戦祇園祭報告」、『ベトナム通信』第二〇号、一九六九年九月一日、六頁（『復刻版通信』、一三二頁）。

＊83　チラシ「5・14〝友よ！フォーク集会〟に向けて　No．2」（前掲、石崎資料）。

＊84　前掲、吉見『万博と戦後日本』、六八頁。

＊85　前掲、堺屋『地上最大の行事』、一五一～一五二頁。
＊86　「万国博まであと二年」、『朝日新聞』一九六八年三月一五日。
＊87　粟津潔・多木浩二・針生一郎・宮内嘉久「参加者の論理と批判者の論理」、針生一郎編『われわれにとって万博とはなにか』田畑書店、一九六九年、一六五頁。
＊88　『朝日新聞』一九六八年三月一五日。
＊89　前掲、『佐藤栄作日記』第三巻、二七六頁。
＊90　前掲、『楠田實日記』、二〇八頁。
＊91　『デザイン批評』季刊第六号、風土社、一九六八年七月。
＊92　金石範・小田実・高良留美子・柴田翔・鶴見俊輔・真継伸彦「現実と拮抗する方法」、『人間として』第八号、一九七一年一二月、八四頁。
＊93　暮沢剛巳『オリンピックと万博―巨大イベントのデザイン史―』ちくま新書、二〇一八年、一四九頁。
＊94　「団塊世代&ビートルズ世代のための　楽しく学ぶ『ブログ　de 自分史』講座」http://blog-jibunshi.seesaa.net/article/144384756.html、「市民ライター日和―『言葉工房』的日常」（ブログ）https://thayama.hatenadiary.org/entry/20060925/1159175134（最終確認：二〇一九年九月八日）。
＊95　前掲、小田『「ベ平連」・回顧録でない回顧』、四八一頁。
＊96　「『反戦のための万国博』を！―本当の人間の文化を創り出そう―」、『ベ平連ニュース』第四二号、一九六九年三月一日、七頁（『縮刷版』、二一五頁）。
＊97　星野春信「ANTI-WAR EXPO'69」、『ベ平連ニュース』第四五号、一九六九年六月一日、七頁（『縮刷版』、二三九頁）。
＊98　前掲、小田『「ベ平連」・回顧録でない回顧』、四九六頁。
＊99　同右、四九九頁。

＊100 同右、五一〇頁。

＊101 針生一郎「反博―反戦運動の試行錯誤―」、前掲、『資料・「べ平連」運動』中巻、一三九頁。

＊102 前掲、小中『私のなかのベトナム戦争』、一四四頁。

＊103 同右、一四三頁。

＊104 前掲、吉見『万博幻想』、一〇〇頁。

＊105 「日刊ハンパク２」一九六九年、八月八日（http://www.kamamat.org/mukai-kou/hanpaku/88b.pdf 二〇一九年九月二五日最終確認）

＊106 前掲、吉見『万博幻想』、一〇〇頁。

＊107 ハンパク協会「ハンパクをつくろう」、『週刊アンポ』０号。

＊108 村元武『プレイガイドジャーナルへの道 1968～1973 大阪労音―フォークリポート―プレイガイドジャーナル』東方出版、二〇一六年、二八～二九頁。

＊109 前掲、針生「反博―反戦運動の試行錯誤」、一四一～一四二頁。

＊110 前掲、室編『時代はかわる』、一二三頁。

＊111 前掲、村元『プレイガイドジャーナルへの道』、五二頁。

＊112 高田渡『バーボン・ストリート・ブルース』ちくま文庫、二〇〇八年、一二四～一二七頁、なぎら健壱「フォークゲリラがいた」、前掲、大木・鈴木編『１９６９ 新宿西口地下広場』、一三五～一三六頁。

＊113 前掲、針生「反博―反戦運動の試行錯誤」、一四二頁。

＊114 同右、一四三頁。

＊115 同右、一四四頁。

＊116 森有正・小田実『人間の原理を求めて―揺れ動く世界に立って―』筑摩書房、一九七四年、九二～九四頁。

＊117 前掲、針生「反博―反戦運動の試行錯誤」、一四五頁。

＊118 前掲、小中『私のなかのベトナム戦争』、一五一頁。
＊119 前掲、小田『「べ平連」・回顧録でない回顧』、五二九～五三〇頁。
＊120 同右、五三七頁。

第七章

＊1 吉川勇一「安保日録（抄）②」、前掲、『資料・「べ平連」運動』中巻、二八一頁。
＊2 同右、同頁。
＊3 「70年がやってきた!インタビュー　小田実氏に聞く」、『べ平連ニュース』第五二号、一九七〇年一月一日、一頁（『縮刷版』、二九三頁）。
＊4 前掲、吉川「安保日録（抄）②」、前掲、『資料・「べ平連」運動』中巻、二八二～二八三頁。
＊5 同右、二八三頁。
＊6 古山洋三「変革を求める市民運動の方向」、『週刊アンポ』第八号、一九七〇年二月二三日、一〇頁。
＊7 吉川勇一「べ平連・六九年から七〇年へ――市民運動の可能性――」、前掲、『資料・「べ平連」運動』中巻、三一〇頁。
＊8 小田実「『アンポ』は終わったと誰が言うのか」、『週刊アンポ』第一二号、一九七〇年四月二〇日、七頁。
＊9 同右、九頁。
＊10 吉川勇一「安保日録（抄）③」、前掲、『資料・「べ平連」運動』中巻、三二二頁。
＊11 同右、三二三頁。
＊12 福富節男「六月行動委員会の軌跡」、前掲、『資料・「べ平連」運動』下巻、一二六頁。
＊13 『週刊アンポ』第一三号、一九七〇年四月二八日。
＊14 「四・二八沖縄デーについてのお知らせ」への編注、前掲、『資料・「べ平連」運動』中巻、三〇一頁。

＊15　久野収「原点への反省」、『潮』、二六七頁。
＊16　吉川勇一「安保日録（抄）④」、前掲、『資料・「べ平連」運動』中巻、三七五頁。
＊17　『週刊アンポ』第一四号、一九六〇年五月二〇日。
＊18　吉川、前掲「安保日録（抄）④」、三七八頁。
＊19　小中陽太郎「やとわれデモ指揮者の話」、『べ平連ニュース』第五八号、一九七〇年七月一日、三頁（『縮刷版』、三四一頁）。
＊20　吉川勇一「私服刑事をなぐる話　内ゲバを阻止する話　間違えてなぐった話」、『べ平連ニュース』第五八号、一九七〇年七月一日、二頁（『縮刷版』、三四〇頁）。
＊21　前掲、小中『私のなかのベトナム戦争』、一六三頁。
＊22　前掲、吉川「安保日録（抄）④」、三七七頁。
＊23　小田実「『身にしみる』ことに『身銭を切る』こと」、前掲、『資料・「べ平連」運動』中巻、三五一〜三五二頁。
＊24　同右、三五二頁。
＊25　同右、三四九〜三五〇頁。
＊26　遠藤洋一「特集　わたしたちは毎日デモをした。あしたから……あなたは…？」、『べ平連ニュース』第五八号、一九七〇年七月一日、一頁（『縮刷版』、三三九頁）。
＊27　前掲、小中『私のなかのベトナム戦争』、一六三頁。
＊28　前掲、『佐藤栄作日記』第四巻、一一二頁。
＊29　中島琢磨『現代日本政治史③　高度成長と沖縄返還　1960〜1972』吉川弘文館、二〇一二年、二五一頁。
＊30　前掲、小中『私のなかのベトナム戦争』、一六三頁。
＊31　「編集後記」、『人間として』第三号、一九七〇年九月、四三五頁。
＊32　吉次公介『日米安保体制史』岩波新書、二〇一八年、七八頁。

＊33 『朝日新聞』一九七〇年三月一六日。

＊34 前掲、堺屋『地上最大の行事』、一八二頁。

＊35 『朝日新聞』一九七〇年四月二〇日。

＊36 『朝日新聞』一九七〇年五月一五日。

＊37 『朝日新聞』一九七〇年六月八日。

＊38 『朝日新聞』一九七〇年三月二二日。

＊39 青木忠・針生一郎「状況と実践」、前掲、針生編『われわれにとって万博とはなにか』、二二一～二二二頁。

＊40 『朝日新聞』一九七〇年三月一五日。

＊41 『朝日新聞』一九七〇年三月一六日。

＊42 鈴木正穂「万博　牢獄　未来　の中の」、『週刊アンポ』第一一号、一九七〇年四月六日、一三頁。

＊43 同右、同頁。

＊44 『朝日新聞』一九七〇年四月二七日。

＊45 『朝日新聞』一九七〇年五月四日。

＊46 関西ベ平連「千里じゃなくて　あいば野へ」、『週刊アンポ』第一一号、一九七〇年四月六日、四四頁。

＊47 前掲、『佐藤栄作日記』第四巻、一六二頁。

＊48 前掲、『楠田實日記』、五〇〇頁。

＊49 同右、同頁。

＊50 「全国懇談会のはなしの中から」、『ベ平連ニュース』第六一号、一九七〇年一〇月一日、一頁（『縮刷版』、三六一頁）。

＊51 阿部裕「運動の分蘖に期待しながらも」、同右。

＊52 吉川勇一「真の連帯とは」、『ベ平連ニュース』第六一号、一九七〇年一〇月一日、三頁（『縮刷版』、三六三頁）。

＊53　「七〇年―五つの潮流―」、『べ平連ニュース』第六三号、一九七〇年一二月一日、一頁（『縮刷版』、三七七頁）。
＊54　「編集後記」、『べ平連ニュース』第六三号、一九七〇年一二月一日、八頁（『縮刷版』、三八四頁）。
＊55　前掲、森有正・小田実『人間の原理を求めて―揺れ動く世界に立って』、九五頁。
＊56　読売新聞社編『変革の思想とはなにか』読売新聞社、一九七〇年、四頁。
＊57　同右、三七頁。
＊58　同右、三八頁。
＊59　同右、四一頁。
＊60　同右、四三頁。
＊61　同右、四八頁。
＊62　小田実・開高健・柴田翔・高橋和巳・真継伸彦「生きつづけることと三島の死」（座談会）、『人間として』第四号、一九七〇年一二月、四七三頁。
＊63　同右、四七四頁。
＊64　同右、四八五頁。
＊65　同右、四九八頁。
＊66　同右、同頁。
＊67　小田実「私は畳のうえで死にたい」、『文藝春秋』一九七二年二月号、一三六頁。
＊68　小田実「素人に徹したいのだ」、『べ平連ニュース』第六六号、一九七一年二月一日、二頁（『縮刷版』、三九六頁）。
＊69　イントレピッド四人の会『脱走兵通信』第一〇号、一九七〇年四月二八日、一二頁（『縮刷版』七三五頁）。
＊70　本野義雄「『方針転換』と米軍解体運動」、前掲、関谷・坂元編『となりに脱走兵がいた時代』、一五二頁。
＊71　ジャテックセンター『ジャテック通信』第一号、一九七一年四月一五日、七頁（『縮刷版』、七七五頁）。

＊72　前掲、本野「『方針転換』と米軍解体運動」、一五四頁〜一五五頁。

＊73　「ただの市民が戦車を止める」会編『戦車の前に座り込め　'72年相模原闘争、そして―』さがみ新聞労働組合、一九八〇年、九〜一二頁。

＊74　清水知久・古山洋三・和田春樹編著『米軍隊は解体する―米国反戦・反軍運動の展開―』三一新書、一九七〇年、一〇五頁。

＊75　同右、一一一〜一一二頁。

＊76　前掲、小田・鶴見編『反戦と変革』、九二頁。

＊77　鈴木正穂「ルポ基地岩国」、『ベトナム通信』第九号、一九六八年一〇月一日、九頁（『復刻版通信』、五五頁）。

＊78　「編集後記」、『ベトナム通信』第一一号、一九六八年一二月一日、八頁（『復刻版通信』、七〇頁）。

＊79　「座談会」、『復刻版通信』、一五頁。

＊80　川本三郎『マイ・バック・ページ―ある60年代の物語―』平凡社、二〇一〇年、一〇〇頁。

＊81　「三沢に〝反戦スナック〟―べ平連が資金　基地米兵の運動支援―」、前掲『資料・「べ平連」運動』中巻、四二〇頁。

＊82　村田五郎「ゲートから百メートルの〝震源地〟」、前掲『資料・「べ平連」運動』下巻、七二頁。

＊83　前掲、川本『マイ・バック・ページ』、一〇三頁。

＊84　同右、一〇四頁。

＊85　同右、一〇七〜一〇八頁。

＊86　ＦＴＡ東京事務局「平和の旅・ＦＴＡ」、『べ平連ニュース』第七四号、一九七一年一一月一日、四頁（『縮刷版』、四七〇頁）。

＊87　前掲、小沢『よそもの連合太平記』、六八頁。

＊88　同右、六九頁。

＊89　同右、同頁。

＊90　ＪＡＴＥＣ京都「歩き続けるイワクニ―イワクニ反軍闘争の経過―」、『べ平連通信』第四〇号、一九七一年五月、六～八頁（『復刻版通信』、三五〇～三五二頁）。

＊91　前掲、清水・古山・和田編著『米軍隊は解体する』、一一七～一三四頁。

＊92　神谷康子「脱走米兵をわが家族として」、前掲『資料・「べ平連」運動』下巻、三三三頁。

＊93　中川六平『ほびっと 戦争をとめた喫茶店―べ平連1970－1975 in イワクニ―』講談社、二〇〇九年、二〇～二三頁。

＊94　鶴見俊輔「反戦米兵と日本人」、前掲『資料・「べ平連」運動』下巻、二三八頁。

＊95　「岩国警察署への抗議文」、前掲『資料・「べ平連」運動』下巻、一七九頁。

＊96　前掲、中川『ほびっと』、九二～九三頁。

＊97　「岩国警察署への抗議文」、前掲『資料・「べ平連」運動』下巻、一七九頁。

＊98　鈴木正穂「べ平連とぼくとあなたと」、『ベトナム通信』第四九号、一九七二年三月、一頁（『復刻版通信』、四三五頁）。

＊99　前掲、中川『ほびっと』、一二八～一二九頁。

＊100　同右、一三〇頁。

＊101　前掲、小沢『よそもの連合太平記』、一一〇頁。

＊102　前掲、中川『ほびっと』、一四八頁。

＊103　飯沼二郎「京都べ平連の解体」、『ベトナム通信』第三五号、一九七〇年一二月、一一頁（『復刻版通信』三〇三頁）。

＊104　飯沼二郎「歩きつづけて八十五回」、『ベトナム通信』第五八号、一九七二年一二月、四頁（『復刻版通信』、五六〇頁）。

＊105　室謙二「タイトルなし」、『べ平連ニュース』第六七号、一九七一年五月一日、八頁（『縮刷版』、四一六頁）。

＊106　石崎昭哲「全国懇談会での発言から〈2〉」、『べ平連ニュース』第七二号、一九七一年一〇月一日、二頁（『縮刷版』、四五四頁）。

＊107　前掲、小中『私のなかのベトナム戦争』、二〇〇頁。

＊108　前掲、石崎資料。

エピローグ

＊1　松岡完『ベトナム戦争—誤算と誤解の戦場—』中公新書、二〇〇一年、五〇〜五一頁。

＊2　「声明」、『べ平連ニュース』第八九号、一九七三年二月一日、一頁（『縮刷版』、五七一頁）。

＊3　「ベトナム停戦協定の成立・発行にあたって　声明　《ベトナムに平和を！》市民連合」、『べ平連ニュース』第八九号、一九七三年三月一日、三頁（『縮刷版』、五八一頁）。

＊4　小田実「新たなはじまりへ」、『べ平連ニュース』第九一号、一九七三年四月一日、一頁（『縮刷版』、五八六頁）。

＊5　「『ベトナムに平和を！市民会議』の記録　市民運動の大交流から『成長・連合』へ！」、『潮』一九七三年七月号、二七三頁。

＊6　同右、二七四頁。

＊7　「通信欄」、『べ平連ニュース』第九一号、一九七三年四月一日、四頁（『縮刷版』、五八八頁）。

＊8　「座談会〈編集部〉」、『べ平連ニュース』第九二号、一九七三年五月一日、一五頁（『縮刷版』、六〇五頁）。

＊9　鈴木正穂「べ平連とぼくと」、『ベトナム通信』第五八号、五頁（『復刻版通信』、五六一頁）。

＊10　『ベトナム通信』第六〇号、一九七三年二月、五頁（『復刻版』、五八九頁）。

＊11　「問われる運動の基軸　具体的な行動で『アジア』への展望を」、『べ平連ニュース』第九六号、一九七三年九月一日、一頁（『縮刷版』、六二七頁）。

＊12　『毎日新聞』一九七三年一〇月七日。
＊13　「〝大交流〟への第一歩　全国キャラバン西日本始末」、『べ平連ニュース』第九九号、一九七三年一二月一日、五頁（『縮刷版』、六四九頁）。
＊14　同右。
＊15　「大交流へ！　全国キャラバン事務局　今こそ全国キャラバンを」、『べ平連ニュース』第九七号、一九七三年一〇月一日、三頁（『縮刷版』、六三五頁）。
＊16　麻生薫「岩国での48時間」、『べ平連ニュース』第九九号、一九七三年一二月一日、五頁（『縮刷版』、六四九頁）。
＊17　「講演会・危機の中での出直し―べ平連以後を論ずる―」、前掲、『資料・「べ平連」運動』下巻、四六七頁。
＊18　吉川勇一「べ平連解散と小田氏からの手紙―べ平連解散集会での報告―」、前掲、『資料・「べ平連」運動』下巻、四六八頁。
＊19　同右、四六九頁。
＊20　同右、四七〇頁。
＊21　鶴見俊輔「七五調から散文精神へ―べ平連解散集会での報告―」、前掲、『資料・「べ平連」運動』下巻、四七五～四七六頁。
＊22　前掲、吉川「べ平連解散と小田氏からの手紙」四六九頁、四七一頁。
＊23　小田実「チョボチョボ9年間ののち」、『べ平連ニュース』終刊号、一九七四年三月一日、一頁（『縮刷版』、六五七頁）。
＊24　「編集後記」、『べ平連ニュース』終刊号、一九七四年三月一日、九頁（『縮刷版』、六六五頁）。
＊25　前掲、中川『ほびっと』、二七二頁。
＊26　同右、二七四頁。
＊27　荒川章二『全集　日本の歴史　第一六巻　豊かさへの渇望』小学館、二〇〇九年、一二一頁。

＊28　前掲、小熊『一九六八』上、一五八～一六六頁。

＊29　前掲、武藤「原点としての朝鮮戦争」前掲、池田・天野『検証〔昭和の思想〕V』、三二一頁。

＊30　前掲、油井『ベトナム戦争に抗した人々』、一一〇頁。

＊31　吉沢南『同時代史としてのベトナム戦争』有志舎、二〇一〇年、一六五～一六八頁、油井大三郎『平和を我らに―越境するベトナム反戦の声―』岩波書店、二〇一九年。

＊32　前掲、油井『ベトナム戦争に抗した人々』、一〇八頁。

参考資料・文献等

資料

（ベ平連及び関係団体機関紙類等）

『ベ平連ニュース縮刷版』ベ平連・〈ベトナムに平和を!〉市民連合、一九七四年

ベトナムに平和を!市民連合編『資料・「ベ平連」運動』上・中・下巻、河出書房新社、一九七四年

ベトナム通信社編『復刻版　ベトナム通信』不二出版、一九九〇年

アンポ社『週刊アンポ』一九六九～一九七〇年

『復刻版　声なき声のたより』第一巻、第二巻、思想の科学社、一九九六年

思想の科学研究会編『思想の科学　会報』第一巻～第二巻、一九八二年～一九八五年

「大泉市民の集い」三〇年の会編『大泉市民の集いニュース』（復刻版）、一九九八年

吉川勇一資料（立教大学共生社会研究センター蔵）

遠藤洋一資料（立教大学共生社会研究センター蔵）

『ヴェトナム・デモ』ノート（立教大学共生社会研究センター蔵）

国民文化会議資料（法政大学大原社会問題研究所蔵）

石崎昭哲資料（埼玉大学教養学部市橋秀夫研究室蔵）

市民の意見30の会東京『市民の意見30の会・東京ニュース』（第一〇一号から『市民の意見』）一九九一年四月～

（その他）

楠田實『楠田實日記―佐藤栄作総理首席秘書官の二〇〇〇日―』中央公論新社、二〇〇一年

佐藤榮作『佐藤榮作日記』第二巻～第四巻、朝日新聞社、一九九七、九八年

（新聞）

『朝日新聞』『毎日新聞』『読売新聞』『長﨑時事新聞』『長﨑新聞』『西日本新聞』

（雑誌）

『朝日ジャーナル』『思想の科学』『世界』『アサヒグラフ』『現代の眼』『中国』『キリスト者』『諸君！』『展望』『文藝春秋』『中央公論』『人間として』『文藝』『マスコミ市民』『潮』『デザイン批評』『話の特集』『新日本文学』『虹』

文献・論文

赤澤史朗「『戦争体験』と平和運動―第二次わだつみ会試論―」『年報・日本現代史』第八号、二〇〇二年

阿奈井文彦『ベ平連と脱走米兵』文春新書、二〇〇〇年

天野恵一・松井隆志・有馬保彦編『吉川勇一　非暴力直接行動への宿題―反戦交遊録―』ピープルズ・プラン研究所パンフレット特別号Vol.11、ピープルズ・プラン研究所、二〇一六年

天野正子・安田常雄編『戦後「啓蒙」思想の遺したもの』久山社、一九九二年

荒川章二『全集　日本の歴史16　豊かさへの渇望』小学館、二〇〇九年三月

荒川章二「地域のなかの一九六八年」安田常雄編『シリーズ戦後日本社会の歴史3』岩波書店、二〇一二年

荒川章二「『１９６８』大学闘争が問うたもの―日大闘争の事例に即して―」『大原社会問題研究所雑誌』第六九七号、二〇一六年一一月

安藤丈将『ニューレフト運動と市民社会―「60年代」の思想のゆくえ―』世界思想社、二〇一三年

安藤丈将「警察とニューレフトの『１９６８年』」『思想』第一一二九号、岩波書店、二〇一八年

安保拒否百人委員会編『遠い記憶としてではなく、今―安保拒否百人委員会の10年―』一九八一年

いいだももさんを偲ぶ会編『鬼才　いいだもも』論創社、二〇一二年
飯沼二郎『キリスト者と市民運動』未来社、一九七〇年
五十嵐惠邦『敗戦の記憶—身体・文化・物語 1945－1970』中央公論新社、二〇〇七年
池田浩・天野恵一編『検証〈昭和の思想〉Ⅴ—思想としての運動体験—』社会評論社、一九九四年
石井正己編『1964年の東京オリンピック—「世紀の祭典」はいかに書かれ、語られたか—』河出書房新社、二〇一四年
石田雄『一身にして二生、一人にして両身—ある政治研究者の戦前と戦後—』岩波書店、二〇〇六年
石坂友司・松林秀樹編著『一九六四年東京オリンピックは何を生んだのか』青弓社、二〇一八年
井関正久・梅﨑透・小熊英二「『１９６８年』再考—日米独の比較から—」『思想』第一一二九号、岩波書店、二〇一八年
市川ひろみ「『市民政治学』—高畠通敏の平和研究—」京都女子大学法学部『京女法学』第一三号、二〇一八年二月
市橋秀夫「日本におけるベトナム反戦運動史の一研究」（1）～（3）、『日本アジア研究』第一一～一三号、二〇一四～二〇一六年
五木寛之『箱舟の去ったあと—五木寛之討論集—』講談社、一九七三年
井上澄夫『歩きつづけるという流儀—反戦・反侵略の思想—』晶文社、一九八二年
井上ひさし・小森陽一編著『座談会　昭和文学史』第六巻、集英社、二〇〇四年
岩崎稔・上野千鶴子・北田暁大・小森陽一・成田龍一編著『戦後日本スタディーズ②　60・70年代』紀伊国屋書店、二〇〇九年
上野昂志『肉体の時代—体験的’60年代文化論—』現代書館、一九八九年
上野千鶴子・小熊英二・鶴見俊輔『戦争が残したもの—鶴見俊輔に戦後世代が聞く』新曜社、二〇〇四年
宇野重規『民主主義のつくり方』筑摩書房、二〇一三年
宇野重規「〈解説〉民主主義と市民社会の模索」宇野重規編『リーディングス戦後日本の思想水脈3　民主主義と市民社会』

岩波書店、二〇一六年
エドウィン・O・ライシャワー『ライシャワー自伝』文藝春秋、一九八七年
海老坂武『〈戦後〉が若かった頃』岩波書店、二〇〇二年
海老坂武『かくも激しき希望の歳月—一九六六〜一九七二—』岩波書店、二〇〇四年
海老坂武『戦争文化と愛国心—非戦を考える—』みすず書房、二〇一八年
海老坂武『シリーズ鶴見俊輔と考える⑤この時代のひとり歩き』編集グループSURE、二〇〇八年
大井赤亥・大園誠・神子島健・和田悠編『戦後思想の再審判—丸山眞男から柄谷行人まで—』法律文化社、二〇一五年
大泉市民の集い写真記録制作委員会『写真記録　市民がベトナム戦争と闘った　大泉・朝霧　1968－1975』梨の木舎、二〇一〇年
大木晴子・鈴木一誌『１９６９—新宿西口地下広場—』新宿書房、二〇一四年
大阪大学２１世紀懐徳堂編『なつかしき未来「大阪万博」』創元社、二〇一二年
大沢真一郎『後方の思想—あるいは長征への出発—』社会評論社、一九七一年
大嶽秀夫『新左翼の遺産—ニューレフトからポストモダンへ—』東京大学出版会、二〇〇七年
大野明夫『70年はどうなる—〈見通し〉と〈賭け〉—』講談社、一九六九年
大野明夫『雑兵の思想—反エリート的市民論—』創世記、一九七六年
大野正道『東大駒場全共闘—エリートたちの回転木馬—』白順社、二〇一七年
大野光明『沖縄闘争の時代1960/70—分断を乗り越える思想と実践—』人文書院、二〇一四年
岡本宏編『「1968年」時代転換の起点』法律文化社、一九九五年
奥武則『論壇の戦後史1945－1970』平凡社新書、二〇〇七年
小沢遼子『よそもの連合太平記』筑摩書房、一九七三年
小熊英二『〈民主〉と〈愛国〉—戦後日本のナショナリズムと公共性—』新曜社、二〇〇二年

小熊英二『１９６８』〈上〉〈下〉、新曜社、二〇〇九年
小熊英二「『１９６８』とは何だったのか、何であるのか」『思想』第一一二九号、岩波書店、二〇一八年
小田実『明後日の手記』河出書房、一九五一年
小田実『何でも見てやろう』河出書房新社、一九六一年
小田実『日本を考える』河出書房新社、一九六三年
小田実『日本の知識人』筑摩書房、一九六四年
小田実『壁を破る―世界のなかの体験と思想―』中央公論社、一九六四年
小田実『戦後を拓く思想』講談社、一九六五年
小田実編『市民運動とは何か―ベ平連の思想―』徳間書店、一九六八年
小田実・鶴見俊輔編『反戦と変革―抵抗と平和への提言―』學藝書房、一九六八年
小田実編『ベ平連―巨大な反戦の渦を！―』三一書房、一九六九年
小田実編『ベ平連とは何か―人間の原理に立って反戦の行動を―』徳間書店、一九六九年
小田実編『脱走兵の思想』太平出版社、一九六九年
小田実『平和をつくる原理』講談社、一九六九年
小田実『原点からの旅―気楽で重い日本―』徳間書店、一九六九年
小田実・高橋和巳・真継伸彦編『変革の思想を問う』筑摩書房、一九六九年
小田実・安岡章太郎『大逃走論―政治的行動への自由―』毎日新聞社、一九六九年
小田実『第三世界の革命―現代革命の思想４―』筑摩書房、一九七〇年
小田実『何を私たちは始めているのか』三一書房、一九七〇年
小田実『問題のなかでしゃべる　小田実対話集』講談社、一九七〇年
小田実編『裁く―民衆が日本の軍国主義を―』合同出版、一九七一年

小田実・鶴見俊輔・吉川勇一編『市民の暦』朝日新聞社、一九七三年
小田実『自立する市民』朝日新聞社、一九七四年
小田実『「べ平連」・回顧録でない回顧』第三書館、一九九五年
小田実『「難死」の思想』岩波現代文庫、二〇〇八年
小田切秀雄編『共同討議　対決の思想』勁草書房、一九六八年
開高健『ベトナム戦記』朝日文庫、一九九〇年
開高健『ああ。二十五年。開高健 1958-1983』潮出版、一九八三年
開高健『饒舌の思想』ちくま文庫、二〇〇九年
岳真也『反骨人間探訪　乱暴な幕開け』ブロンズ社、一九七二年
粕谷一希『戦後思潮—知識人たちの肖像—』藤原書店、二〇〇八年
片木篤『オリンピック・シティ 東京 1940・1964』河出書房新社、二〇一〇年
片桐ユズル『うたとのであい—フォークソング人間性回復論—』社会新報社、一九六九年
加藤登紀子『加藤登紀子の男模様』三省堂、一九九九年
加藤典洋・黒川創・鶴見俊輔『日米交換船』新曜社、二〇〇六年
加藤典洋『戦後的思考』講談社文芸文庫、二〇一六年
亀和田武『60年代ポップ少年』小学館、二〇一六年
川辺謙一『オリンピックと東京改造—交通インフラから読み解く—』光文社新書、二〇一八年
川本三郎『マイ・バック・ページ—ある60年代の物語—』平凡社、二〇一〇年
姜在彦・小野誠之・関谷滋・黒川創『鶴見俊輔さんの仕事④雑誌「朝鮮人」と、その周辺』編集グループSURE、二〇一七年
菅英輝『冷戦期アメリカのアジア政策—「自由主義的国際秩序」の変容と「日米協力」—』晃洋書房、二〇一九年

北沢恒彦、「SURE」編集部『隠された地図』クレイン、二〇〇二年
木原滋哉「岩国反戦米兵新聞 Semper Fiについての試論―複合型対抗的公共圏の潜在力をめぐって」『呉工業高等専門学校研究報告』第七八号、二〇一六年
権赫泰『平和なき「平和主義」―戦後日本の思想と運動―』法政大学出版局、二〇一六年
久野収『久野収対話集・戦後の渦の中で1　新しい市民戦線』人文書院、一九七二年
久野収『久野収対話集・戦後の渦の中で2　平和・権力・自由』人文書院、一九七三年
久野收『市民主義の成立』春秋社、一九九六年
久野収『市民として哲学者として』毎日新聞社、一九九五年
栗原幸夫『革命幻談・つい昨日の話』社会評論社、一九九〇年
栗原幸夫『未来形の過去から―無党の運動論に向って―』インパクト出版社、二〇〇六年
暮沢剛巳『オリンピックと万博―巨大イベントのデザイン史―』ちくま新書、二〇一八年
暮沢剛巳・江藤光紀『大阪万博が演出した未来―前衛の想像力とその時代』青弓社、二〇一四年
黒川伊織「朝鮮戦争・ベトナム戦争と文化／政治―戦後神戸の運動経験に即して―」『同時代史研究』第七号、二〇一四年一二月
黒川伊織「ベトナム反戦から内なるアジアへ―ベ平連こうべの軌跡―」出原政雄編『戦後日本思想と知識人の役割』法律文化社、二〇一五年
黒川伊織「いやがらせの思想―『ベトナムに平和を！』神戸行動委員会の経験―」『大原社会問題研究所雑誌』第六九七号、二〇一六年一一月
黒川創『日高六郎・95歳のポルトレ―対話をとおして―』新宿書房、二〇一二年
黒川創『鶴見俊輔伝』新潮社、二〇一八年
芸術出版企画編集（制作協力・ベ平連）『ベ平連のうた―その発展の足跡―』芸術出版、一九六九年

小泉英政・川上賢一・黒川創『鶴見俊輔さんの仕事⑤　なぜ非暴力直接行動に踏みだしたか』編集グループSURE、二〇一七年
講談社編『東京オリンピック―文学者の見た世紀の祭典―』講談社文芸文庫、二〇一四年
幸田真音『この日のために―池田隼人・東京五輪への軌跡―』（上・下）角川書店、二〇一六年
五野井郁夫『「デモ」とは何か―変貌する直接民主主義―』ＮＨＫ出版、二〇一二年
国立歴史民俗博物館編『「１９６８年」―無数の問いの噴出の時代―』国立歴史民俗博物館、二〇一七年
小杉亮子『東大闘争の語り―社会運動の予示と戦略』新曜社、二〇一八年
小玉武『開高健―生きた、書いた、ぶつかった！―』筑摩書房、二〇一七年
小中陽太郎・小田実『反戦のすすめ』三一書房（高校生新書）、一九六七年
小中陽太郎『私のなかのベトナム戦争―ベ平連に賭けた青春と群像―』サンケイ新聞社出版局、一九七三年
小中陽太郎『ラメール 母』平原社、二〇〇四年
小中陽太郎『市民たちの青春、小田実と歩いた世界―ベトナム戦争を止めようとした男―』講談社、二〇〇八年
小林哲夫『高校紛争 1969－1970 ―「闘争」の歴史と証言―』中公新書、二〇一二年
小林トミ著・岩垂弘編『「声なき声」を聞け―反戦市民運動の原点―』同時代社、二〇〇三年
小松左京『小松左京自伝―実存を求めて―』日本経済新聞出版社、二〇〇八年
小松左京『やぶれかぶれ青春期・大阪万博奮闘記』新潮文庫、二〇一八年
斎藤美奈子『日本の同時代小説』岩波新書、二〇一八年
堺屋太一『地上最大の行事―万国博覧会―』光文社新書、二〇一八年
坂本義和『人間と国家―ある政治学徒の回想（上）―』岩波新書、二〇一一年
佐々木美智子『〔増補版〕新宿、わたしの解放区』寿郎社、二〇一七年
佐世保19日市民の会『一年を迎えた19日市民の会―その回顧と展望―』一九六九年

佐世保19日市民の会編『市民運動の出発－佐世保・1968・1・19』社会新報、一九六九年
佐世保地区労三〇年史編集委員会編『佐世保地区労働運動史』、一九八七年
佐野洋『てっぺん野郎―本人も知らなかった石原慎太郎―』講談社、二〇〇三年
司馬遼太郎・小田実『天下大乱を生きる』潮出版社、一九七七年
篠原章『日本ロック雑誌クロニクル』太田出版、二〇〇四年
清水知久・古山洋三・和田春樹編著『米国軍隊は解体する―米国反戦・反軍運動の展開―』三一新書、一九七〇年
10・8山﨑博昭プロジェクト編『かつて10・8羽田闘争があった：山﨑博昭追悼50周年〔寄稿編〕』合同フォレスト、二〇一七年
ジョセフ・ヒース、アンドルー・ポター『反逆の神話―カウンターカルチャーはいかにして消費文化になったか―』NTT出版、二〇一四年
ジョーン・バエズ『ジョーン・バエズ自伝 We Shall Overcome』晶文社、一九九二年
絓秀実『１９６８』ちくま新書、二〇〇六年
絓秀実編『１９６８』（思想読本〔11〕）作品社、二〇〇五年
絓秀実『増補 革命的な、あまりに革命的な―「１９６８年の革命」史論―』ちくま学芸文庫、二〇一八年
菅原和子「『声なき声の会』の思想と行動―戦後市民運動の原点をさぐる―」新潟国際大学情報文化学部『新潟国際情報大学情報文化学部紀要』第一一号、二〇〇八年三月
鈴木道彦『私の１９６８年』閏月社、二〇一八年
『世界は業火につつまれねばならない』しいら書房、一九六九年
関谷滋・坂元良江編『となりに脱走兵がいた時代―ジャテック、ある市民運動の記録―』思想の科学社、一九九八年
高石友也・岡林信康・中川五郎『フォークは未来をひらく―民衆がつくる民衆のうた―』社会新報、一九六九年
高草木光一『連続講義 一九六〇年代 未来へつづく思想』岩波書店、二〇一一年

高橋武智『私たちは、脱走アメリカ兵を越境させた……―べ平連・ジャテック、最後の密出国作戦の回想―』作品社、二〇〇七年
高草木光一『松田道雄と「いのち」の社会主義』岩波書店、二〇一八年
高草木光一編『べ平連と市民運動の現在―吉川勇一が残したもの―』花伝社、二〇一六年
高畠通敏（栗原彬・五十嵐暁郎編）『高畠通敏集』第一巻、第五巻、岩波書店、二〇〇九年
高田渡『バーボン・ストリート・ブルース』ちくま文庫、二〇〇八年
高田渡著・高田漣編『マイ・フレンド　高田渡青春日記　1966－1969』河出書房新社、二〇一五年
高見圭司編著『反戦青年委員会―70年闘争と青年学生運動―』三一新書、一九六八年
竹内栄美子・丸山珪一編『中野重治・堀田善衛　往復書簡 1953－1979』影書房、二〇一八年
竹内洋『革新幻想の戦後史』中央公論新社、二〇一一年
「ただの市民が戦争を止める」会編『戦車の前に座り込め：'72年相模原闘争、そして』相模新聞労働組合、一九八〇年
田中勝則『中村とうよう　音楽評論家の時代』二見書房、二〇一七年
田中哲也『佐世保からの証言―「70年の選択」を前に―』三省堂、一九六九年
田中ひかる編著『社会運動のグローバル・ヒストリー―共鳴する人と思想―』ミネルヴァ書房、二〇一八年
田邊園子『伝説の編集者―坂本一亀とその時代』作品社、二〇〇三年
鶴見俊輔・開高健・小田実編『平和を呼ぶ声―ベトナム反戦・日本人の願い―』番町書房、一九六七年
鶴見俊輔・小田実・開高健編『反戦の論理―全国縦断日米反戦講演記録―』河出書房新社、一九六七年
鶴見俊輔『同時代―鶴見俊輔対話集―』合同出版、一九七一年
鶴見俊輔『戦争体験―戦後の意味するもの―』ミネルヴァ書房、一九八〇年
鶴見俊輔・吉岡忍・吉川勇一編『帰ってきた脱走兵―ベトナムの戦場から25年―』第三書館、一九九四年
鶴見俊輔・小田実『手放せない記憶―私が考える場所―』編集グループＳＵＲＥ、二〇〇四年

鶴見俊輔・小熊英二・上野千鶴子『戦争が遺したもの―鶴見俊輔に戦後世代が聞く―』新曜社、二〇〇四年
鶴見俊輔・上坂冬子『対論異色昭和史』ＰＨＰ新書、二〇〇九年
鶴見俊輔・小田実『オリジンから考える』岩波書店、二〇一一年
D・デリンジャー『「アメリカ」が知らないアメリカ』藤原書店、一九九七年
トーマス・R・H・ヘイブンズ『海の向こうの火事―ベトナム戦争と日本 1965－1975―』吉川勇一訳、筑摩書房、一九九〇年
富田武『歴史としての東大闘争―ぼくたちが闘ったわけ―』ちくま新書、二〇一九年
富永京子『社会運動と若者―日常と出来事を往還する政治―』ナカニシヤ出版、二〇一七年
豊川斎赫『丹下健三―戦後日本の構想者―』岩波新書、二〇一六年
長崎地区反戦青年委員会『長崎反戦―エンタープライズ斗争の記録―』一九六八年
中川五郎『ディランと出会い、歌いはじめる』編集グループＳＵＲＥ、二〇一七年
中川六平『ほびっと 戦争をとめた喫茶店―ベ平連 1970－1975 in イワクニ―』講談社、二〇〇九年
中島琢磨『高度成長と沖縄返還 1960～1972』吉川弘文館、二〇一二年
中野正夫『ゲバルト時代―SCINCE1967～1973 あるヘタレ過激派活動家の青春―』バジリコ、二〇〇八年
中野翠『あのころ、早稲田で』文藝春秋、二〇一七年
中村とうよう・三橋一夫・三井徹・神崎浩『フォーク・ソングのすべて：バラッドからプロテスト・ソングまで』東亜音楽社、一九六六年
中山康樹『ロックの歴史』講談社現代新書、二〇一四年
中山右介『1968年』朝日新書、二〇一八年
成田龍一『「戦争経験」の戦後史』岩波書店、二〇一〇年
西尾典祐『城山三郎伝―昭和を生きた気骨の作家―』ミネルヴァ書房、二〇一一年

西田慎・梅崎透編『グローバル・ヒストリーとしての「1968」年—世界が揺れた転換点—』ミネルヴァ書房、二〇一五年

ノーベル書房出版部編『しかし、からの出発 十七歳は告発する』ノーベル書房、一九六九年

服部訓和「『渦巻』と『コミュニケーション』—雑誌『週刊アンポ』について—」『茨木女子短期大学紀要』第三九集、二〇一二年

花崎皋平『風の吹きわける道を歩いて—現代社会運動私史—』七つ森書館、二〇〇九年

針生一郎編『われわれにとって万博とはなにか』田畑書店、一九六九年

比嘉康文『我が身は炎となりて—佐藤首相に焼身抗議した由比忠之進とその時代—』新星出版、二〇一一年

平野暁臣『四八年目の誕生秘話 太陽の塔 岡本太郎と七人の男たち』青春出版社、二〇一八年

平野暁臣『「太陽の塔」新発見！—岡本太郎は何を考えていたのか—』青春新書インテリジェンス、二〇一八年

平井一臣「戦後社会運動のなかのべ平連—べ平連の地域的展開を中心に—」『法政研究』第七一巻第四号、二〇〇五年

平井一臣「現代日本の社会運動とイデオロギー—一九六八年を起点として—」鹿児島大学法学会『法学論集』第五二巻第一号、二〇一七年一一月

平井一臣「一九六八年のべ平連—生成・共振・往還の運動のなかで—」『思想』第一一二九号、岩波書店、二〇一八年

平井一臣「再考・小田実とべ平連—べ平連への参加と『難死』の思想・『加害』の論理—」国立歴史民俗博物館『国立歴史民俗博物館研究報告』第二一六号、二〇一九年三月

福富節男「デモンストレーションと民主主義—僕が『デモ屋』になってから—」（インタビュー、聞き手：天野恵一・水島たかし）『季刊　運動〈経験〉』第一五号、二〇〇五年八月

福富節男「ベトナム反戦と『脱走兵援助』の時代」（インタビュー、聞き手：天野恵一・水島たかし）『季刊　運動〈経験〉』第二四号、二〇〇八年二月

福富節男『デモと自由と好奇心と』第三書館、一九九一年

福富節男『僕がデモ屋になったわけ―福富節男文集―』ピープルズ・プラン研究所、二〇一九年
福間良明『「戦争体験」の戦後史―世代・教養・イデオロギー―』中公新書、二〇〇九年
藤原書店編集部編『われわれの小田実』藤原書店、二〇一三年
古林尚『戦後派作家は語る』筑摩書房、一九七一年
古屋能子『新宿は、おんなの街である。―ふれあいつつ、たたかいつつ―』第三書館、一九八四年
文学的立場編『共同討議 対決の思想』勁草書房、一九六八年
編集グループSURE編『北沢恒彦とは何者だったのか？』編集グループSURE、二〇一一年
保阪正康『三島由紀夫と楯の会事件』ちくま文庫、二〇一八年
堀田善衛『めぐりあいし人びと』集英社文庫、一九九九年
前田俊彦追悼録刊行会『瓢鰻まんだら―追悼・前田俊彦―』農山漁村文化協会、一九九四年
前田祥丈・平原康司編著『日本のフォーク&ロック・ヒストリー① 60年代フォークの時代』株式会社シンコー・ミュージック、一九九三年
松井隆志「運動のつくり方の知恵―ベ平連・鶴見俊輔・プラグマティズム―」『現代思想』二〇一四年一一月
松井隆志「一九六〇年代と『ベ平連』」『大原社会問題研究所雑誌』第六九七号、二〇一六年一一月
松岡完『ベトナム戦争―誤算と誤解の戦場―』中公新書、二〇〇一年
道場親信『占領と平和―〈戦後〉という経験―』青土社、二〇〇五年
道場親信「戦後日本の社会運動」『岩波講座日本歴史』第一九巻、二〇一五年
道場親信「ポスト・ベトナム戦争期におけるアジア連帯運動―『内なるアジア』と『アジアの中の日本』の間で―」和田春樹他編『岩波講座　東アジア近現代通史　第八巻　ベトナム戦争の時代　1960－1975年』岩波書店、二〇一一年
武藤一羊『主体と戦線―反戦と革命への一試論―』合同出版、一九六七年
武藤一羊「花崎皋平さんとの交流を軸に運動史をふりかえる―『共労党』・『ベ平連』そしてその後―」（インタビュー、

聞き手：天野恵一・水島たかし）『季刊　運動〈経験〉』第二八号、二〇〇九年二月
村井良彦・深井守『反戦＋テレビジョン―〈わたし〉のカオス・〈わたし〉の拠点―』田畑書店、一九七〇年
村元武『プレイガイドジャーナルへの道 1968～1973 大阪労音―フォークリポート―プレイガイドジャーナル』東方出版、二〇一六年
室謙二編『時代はかわる―フォークとゲリラの思想』社会新報、一九六九年
室謙二『天皇とマッカーサーのどちらが偉い？―日本が自由であったころの回想―』岩波書店、二〇一一年
森有正・小田実『人間の原理を求めて―揺れ動く世界に立って―』筑摩書房、一九七一年
ヤン・イークス・小野誠之著、鶴見俊輔編『戦争の機械をとめろ！　反戦米兵と日本人』三一書房、一九七二年
矢崎泰久『残されたもの、伝えられたこと―60年代に蜂起した文革者列伝―』街から舎、二〇一四年
安岡章太郎『僕の昭和史』講談社文芸文庫、二〇一八年
安田常雄・天野正子編『戦後体験の発掘―15人が語る占領下の青春―』三省堂、一九九一年
山下弘文『諫早に死す―山下弘文・自伝―』南方新社、二〇〇一年
山本義隆『私の 1960 年代』金曜日、二〇一五年
湯浅学『ボブ・ディラン―ロックの精霊―』岩波新書、二〇一三年
油井大三郎編『越境する一九六〇年代―米国・日本・西欧の国際比較―』彩流社、二〇一二年
油井大三郎『ベトナム戦争に抗した人々』山川出版社、二〇一七年
油井大三郎『平和を我らに―越境するベトナム反戦の声―』岩波書店、二〇一九年
吉岡忍編著『フォーク・ゲリラとは何者か』自由国民社、一九七〇年
吉岡忍・鶴見俊輔『脱走の話―ベトナム戦争といま―』編集グループＳＵＲＥ、二〇〇七年
吉川勇一『市民運動の宿題―ベトナム反戦から未来へ―』思想の科学社、一九九一年
吉川勇一編『コンメンタール戦後50年 第4巻 反戦平和の思想と運動』社会評論社、一九九五年

吉川勇一「ベ平連の経験と共同行動の論理―開高健問題から反改憲運動まで―」（インタビュー、聞き手：天野恵一・水島たかし）『季刊　運動〈経験〉』第二三号、二〇〇七年一二月
吉沢南『同時代史としてのベトナム戦争』有志舎、二〇一〇年
吉田裕『日本人の戦争観―戦後史のなかの変容―』岩波現代文庫、二〇〇五年
吉次公介『日米安保体制史』岩波新書、二〇一八年
吉見俊哉『博覧会の政治学―まなざしの近代―』中公新書、一九九二年
吉見俊哉『万博幻想―戦後政治の呪縛―』ちくま新書、二〇〇五年
吉見俊哉『ポスト戦後社会　シリーズ日本近現代史⑨』岩波新書、二〇〇九年
吉見俊哉『万博と戦後日本』講談社学術文庫、二〇一一年
吉見俊哉『アメリカの越え方―和子・俊輔・良行の抵抗と越境―』弘文堂、二〇一二年
吉見義明『焼跡からのデモクラシー―草の根の占領期体験―』上・下、岩波書店、二〇一四年
読売新聞社編『変革の思想とはなにか』読売新聞社、一九七〇年
四方田犬彦『ハイスクール１９６８』新潮社、二〇〇四年
四方田犬彦編著『１９６８［1］文化』筑摩書房、二〇一七年
四方田犬彦・福間健二編『１９６８［2］文学』筑摩書房、二〇一八年
四方田犬彦・中条省平編『１９６８［3］漫画』筑摩書房、二〇一八年
立命館大学国際平和ミュージアム『２０１４年度秋季特別展　ＰＥＡＣＥ☆ＳＴＹＬＥ　ピース☆スタイル』二〇一四年

外国語文献

S. A. Avenell, *Making Japanese Citizens-Civil Society and the Mythodology of the Shimin in Postwar Japan*, University

of California Press, 2010.
M. Duberman, *Howard Zinn : A Life on the Left*, The New Press, New York, 2012.
고경태, 1968 년 2 월 12 일 베트남 퐁니・퐁넛 학살 그리고 세계 한겨레출판, 2015.

ホームページ

旧「べ平連」運動の情報ページ
http://www.jca.apc.org/beheiren/index.html
「団塊世代&ビートルズ世代のための　楽しく学ぶ『ブログ　de 自分史』講座」
http://blog-jibunshi.seesaa.net/article/144384756.html
「市民ライター日和ー『言葉工房』的日常」（ブログ）https://thayama.hatenadiary.org/entry/20060925/1159175134
「日刊ハンパク２」搭載ＨＰ
http://www.kamamat.org/mukai-kou/hanpaku/
和田春樹「講演『市民が戦争と闘った時代』」（2016年6月11日）10・8山崎博昭プロジェクトＨＰ（yamazakiproject.com/events/2016/09/01/2290）

※上記資料・文献リストに掲げているものを優先的に利用し、次の全集・著作集を補足的に活用した

『小田実全仕事』全一一巻、河出書房新社、一九七〇年～一九七八年
『小田実全集』全八二巻、講談社、二〇一〇～二〇一四年
『鶴見俊輔著作集』全五巻、筑摩書房、一九七五～一九七六年
『鶴見俊輔集』全一二巻、筑摩書房、一九九一～一九九二年
『鶴見俊輔集・続』全五巻、筑摩書房、二〇〇〇～二〇〇一年

『開高健全作品』全一二巻、新潮社、一九七三～一九七四年

あとがき

ベ平連というユニークな市民運動の誕生から解散までを扱った本書は、一九六〇年代半ばから七〇年代初頭にかけての時代のなかにベ平連の運動を位置づけ、ベ平連の運動のなかに当時の時代性を見出そうと試みたものである。本書が扱った時期を含め、戦後日本の政治史研究は近年多くの優れた成果をあげつつある。そこでは、政治家や外交官など、その時々の政治権力の中枢にあった人びとの動向を中心とした政治史の世界が描かれる。筆者はそうした政治史研究の重要性を認めながらも、政治の世界の幅をもう少し広げてみること、権力からはほど遠い場所にいる人びとが、その時々の政治をどう受け止め、どう向き合おうとしたのか、それももう一つの政治史の世界ではないかと考えている。

このように考える理由の一つは、最近の日本政治の状況にある。二〇一九年に日本財団が行った一八歳意識調査によれば、「自分で国や社会を変えられると思う」という回答者の比率は一八・三％と日本は他の国々に比べ著しく低い。選挙での低投票率のみならず、デモや集会といった異議申し立てへの参加者も多くはない。政治エリートのみならず、様々な人びとによる政治的な営みに目を向けることにより、私たちにとっての政治の意味を考えることができないか。本書はそのささやかな試みでもある。

ベ平連については、これまでにも優れた研究がなされてきている。最も早いものとしては、ヘイブンズの『海の向こうの火事』があり、その後、べ平連の当事者の回顧録やインタビュー記事など、今日では貴重な資料となりうる記録が蓄積されてきた。二〇〇〇年代に入り、湾岸戦争やイラク戦争に対する反対運動が盛り上がるなか、改めてべ平連に対する関心が高まり、道場親信氏、小熊英二氏の研究が登場、さらに近年、地域レベルのべ平連についての実証的研究も着実に進展している。本書を執筆するにあたり、これらの先行研究や当事者の記録の蓄積から多くを学んだことは言うまでもない。

筆者のべ平連研究のきっかけは、二〇〇四年の歴史学研究会での大会報告である。その当時、埼玉大学が所蔵していた吉川勇一氏の寄贈文書を利用し、地域レベルでのべ平連に焦点を当てた報告を行った。しかし、翌年から一年間の韓国での在外研究の後、大学の管理運営の仕事に長期間従事することになり、べ平連研究にはほとんど手つかずの状態が続いた。

再びべ平連研究に着手するきっかけになったのは、国立歴史民俗博物館の企画展「一九六八年　無数の問いの噴出の時代」への参加だった。準備過程の研究会での討論は刺激的であり、べ平連だけでなく当時の日本の社会運動についての史料や研究動向について様々なことを学ぶことができた。このプロジェクトにお誘いいただいた荒川章二氏に感謝したい。

また、木原滋哉、市橋秀夫、大野光明の三氏により立ち上げられた地域べ平連研究会に参加し始めたのもこの頃だった。年に二回、各地の地域べ平連や地域の社会運動の当事者の方々の「生きられた歴史」を訪ね歩くこの研究会では、社会運動研究の醍醐味を味わうとともに、自由で解放的な討論を経験することができた。研究会には、べ平連の若手メンバーだった関谷滋氏も時々顔を見せられ、貴重な体験談をお聞きすることもできた。この研究会のメンバーの方々から得ることができた知見は、本書の執筆にも大いに役立った。

地域ベ平連の現場の一つである佐世保には何度か足を運び、関係者の方々から貴重なお話しを聞かせていただいた。二〇一八年二月一九日には、一九六八年二月に始まり六〇〇回目となる佐世保十九日市民の会の「だんまりデモ」にも参加させていただいた。

著者は、本書執筆以前にベ平連についての学術論文を三本執筆しているが（本書巻末の「参考資料・文献等」に記載）、加筆修正や記述の組み換えを行い本書の一部を構成している。本書を書きあげて改めて感じるのは、ベ平連の運動が一枚岩の運動ではないのはもちろん、しばしば当事者の思惑を超えた展開を見せる運動だったということである。また、運動の当事者たちの考え方や感性にも相当な違いがあり、運動からフェイドアウトする人びと、逆に途中から運動に参入する人びとなど、随分と出入りの激しい運動でもあった。こうしたベ平連の様々な側面を考察するため、社会運動史や政治史関係はもちろんのこと、文化史、文学史、音楽史といった分野についての関連文献にもあたることになった。

ベ平連関係の資料は、ベ平連ニュースの縮刷版が発行されていることなど、他の社会運動に比べると比較的記録として残されている方だろう。これは、東京のベ平連の事務局長だった吉川勇一氏の記録に対する真摯な姿勢と極めて優れた事務処理能力によるところが大きいように思われる。筆者は吉川氏とは一度お会いしただけであったが、短い会話の中でも氏の記録への真摯な姿勢を感じ取った。

とはいえ、とくに地域べ平連関係の資料がそうであるが、まだまだ未発掘の資料も多い。筆者が最もお世話になった立教大学共生社会研究センターは、そうした社会運動関係の資料を収集、保存している貴重な機関であり、同センターのアーキビスト・平野泉氏からは多くの有益なアドバイスをいただいた。また、埼玉大学教養学部の市橋秀夫氏には、氏が収集した福岡べ平連の石崎昭哲氏が残された資料を利用させていただいた。さらに、本書では、成谷茂氏が撮影された貴重な写真を含め、当時の運動の一コマ、社会の一コマをうかがい知る写真を利用させていただいた。写真の利用にあたっては、成谷美加氏、細田伸昭氏、吉岡忍氏にも御理解・御協力いただいた。また、本書の内容についての責はすべて筆者にあるが、原稿段階で目を通していただいた畑山敏夫氏、木原滋哉氏、藤村一郎氏からは、貴重なアドバイスをいただいた。

大学院生時代が研究者生活の出発点であるとするならば、筆者の研究者生活も四〇年が経過したことになる。この間お世話になった方々に感謝したい。とくに、研究者生活の入り口からずっと、対等の研究者として、そして社会を真剣に考え行動する市民として対話をしていただいた石川捷治先生に謝意を表したい。

大学改革という旗が振られるなかでの大学の混迷、人文社会科学研究への風当たりの厳しさを肌身に感じ、特殊で閉鎖的な大学教員の世界に息苦しさを覚えいささか疲れも感じていた時、有志舎の永滝稔社長からお手紙をいただいた。べ平連について本を書いてみませんか、という内容だった。東京の喫茶店でお会いし、まだまとまりのない私の構想に耳を傾け、一冊の本に仕上げていただいた永滝社長に感謝したい。

べ平連最初のデモから五五年目の春、鹿児島にて

筆者

ター）
写真 22　人混みの大阪万博会場（毎日新聞社）
写真 23　三島事件（毎日新聞社）
写真 24　ほびっとへの弾圧に抗議するパンフレット（埼玉大学教養学部市橋秀夫研究室）
写真 25　『べ平連ニュース』最終号（立教大学共生社会研究センター）

※（　）内は所蔵先・出典。
※なお、一部撮影者が不明のものもありましたが、資料写真として重要なものであると考え、掲載させていただいたことをおことわり致します。

写真一覧

年	ベ平連関係事項	政治・社会情勢
	2月　反戦喫茶・ほびっと開店	あさま山荘事件 3月　連合赤軍リンチ事件発覚 5月　沖縄復帰 7月　田中角栄内閣発足
	8月　ただの市民が戦車を止める会発足	9月　日中国交回復
1973年	3月　アジア太平洋資料センター発起人会 4月　京都ベ平連解散集会 5月　ベトナムに平和を！市民会議 8月　反戦市民運動全国懇談会 10月　最後の定例デモ 11月　ベ平連最後のキャラバン	1月　ベトナム和平協定調印 3月　米軍、ベトナム完全撤退 10月　第一次石油危機
1974年	1月　ベ平連解散集会 3月　『ベ平連ニュース』最終号発行	

年	べ平連関係事項	政治・社会情勢
	8月　反戦と変革にかんする国際会議 10月　10・21国際反戦デー 11月　脱走兵支援、スパイ潜入により失敗（弟子屈事件）	8月　チェコ事件 10月　ジョンソン米大統領、北爆停止表明
1969年	2月　東京フォークゲリラ、新宿西口地下広場での集会開始 3月　九州反戦キャラバン（～4月） 6月　6・１５統一行動 北海道反戦キャラバン（～7月） 8月　『脱走兵通信』創刊 反戦のための万国博（ハンパク）開催 10月　べ平連こうべ発足 10・21国際反戦デー 11月　『週刊アンポ』創刊号	1月　東大安田講堂攻防 ニクソン政権発足 9月　ホーチミン没 11月　佐藤訪米（沖縄返還等共同声明発表）
1970年	4月　4・28統一集会・デモ（ 6月　反安保毎日デモ（～7月） 7月　反戦スナック・アウル開店 9月　満州事変のころ生まれた人の会発足	3月　大阪万博開幕 よど号事件 6月　日米安保条約自動延長 11月　三島事件
1971年	1月　第7回全国懇談会 4月　『ジャテック通信』創刊 12月　ＦＴＡショー・グループ来日	6月　沖縄返還協定調印
1972年		2月　ニクソン訪中

年	ベ平連関係事項	政治・社会情勢
	に意見広告掲載	
1966年		5月　中国・文化大革命開始
	6月　全国縦断反戦講演旅行	6月　ビートルズ来日
		7月　政府、新東京国際空港建設地に千葉県三里塚を決定
	8月　ベトナムに平和を！日米市民会議	
	10月　サルトルを交え討論集会	
	ベ平連第1回全国懇談会	
	総評中心に10・21反戦スト	
1967年	1月「バエズを囲む夕」開催	
	3月『ワシントン・ポスト』に意見広告掲載	
	3月　韓国人米軍兵士・金鎮洙脱走	
		4月　美濃部亮吉東京都知事当選
		5月　第1回ラッセル法廷開催
		10月　第一次羽田事件
	11月　イントレピッドの脱走兵について公表	11月　エスペランティスト・由比忠之進、焼身自殺
		第二次羽田事件
	12月　イントレピッド四人の会発足	
1968年	1月　佐世保ベ平連発足	1月　エンタープライズ佐世保入港
		テト攻勢開始
	2月　佐世保19日市民の会、最初のデモ	
	3月　王子野戦病院問題でデモ・集会はじまる	3月　ソンミ村虐殺事件
		ジョンソン大統領、次期大統領選不出馬表明
	4月　ジャテックの名称公表	4月　キング牧師暗殺
	5月　福岡ベ平連発足	5月　パリ五月革命
		日大闘争開始
	6月　初の六月行動	
	7月　大泉市民の集い発足	

関連年表

年	ベ平連関係事項	政治・社会情勢
1960年		5月　安保条約改定の強行採決
	6月　声なき声の会発足	6月　新安保条約自動承認
		7月　岸信介内閣退陣、池田勇人内閣発足
		12月　南ベトナム民族解放戦線結成
1961年		1月　ケネディ政権発足
	2月　小田実『何でも見てやろう』出版	
1962年		
		10月　キューバ危機
1963年		8月　原水爆禁止運動分裂
		11月　ケネディ大統領暗殺、ジョンソン政権発足
1964年		8月　トンキン湾事件
		10月　東京オリンピック開催
		11月　佐藤栄作内閣発足
	12月　小田実、沖縄訪問（～1月）	
1965年		1月　韓国、ベトナム派兵開始
		2月　米、北爆開始
	4月　ベ平連、最初の集会とデモ	
	5月　京都ベ平連発足	
		6月　日韓基本条約調印
	7月　韓国軍兵士・金東希脱走	
	8月　徹夜ティーチイン	8月　佐藤首相沖縄訪問
	9月　最初の定例デモ	
	神戸行動委員会、連続座り込み開始	
	10月　福岡で十の日デモの会発足	10月　いざなぎ景気始まる
	『ベ平連ニュース』発刊	
	11月『ニューヨーク・タイムズ』	

著者略歴

平井一臣（ひらい　かずおみ）

1958年生まれ

九州大学大学院法学研究科博士後期課程単位取得退学、博士（法学）

現在、鹿児島大学法文学部教員

主要著書：『「地域ファシズム」の歴史像―国家改造運動と地域政治社会―』（法律文化社、2000年）

『首長の暴走―あくね問題の政治学―』（法律文化社、2011年）

べ平連とその時代

――身ぶりとしての政治――

2020年7月25日　第1刷発行

著　者　平 井 一 臣

発行者　永 滝　 稔

発行所　有限会社　有　志　舎

〒166-0003　東京都杉並区高円寺南4-19-2

クラブハウスビル1階

電話　03(5929)7350　FAX　03(5929)7352

http://yushisha.webnode.jp

ＤＴＰ　閏 月 社

装　幀　奥定泰之

印　刷　モリモト印刷株式会社

製　本　モリモト印刷株式会社

ISBN978-4-908672-41-5